25,—

BLV Jagdbiologie

In dieser Reihe:

Bettmann   Wildtauben
Bezzel   Wildenten
Bützler   Rotwild
Burrows/Matzen   Der Fuchs
Müller-Using   Das Murmeltier

Fred Kurt

Rehwild

Zweite Auflage
mit 25 Fotos und 18 Zeichnungen

BLV Verlagsgesellschaft München
Verlag ›Das Bergland-Buch‹ Salzburg
Albert Müller Verlag Rüschlikon-Zürich

Alle Rechte der Verbreitung, einschließlich Film,
Funk und Fernsehen sowie der Fotokopie
und des auszugsweisen Nachdrucks, vorbehalten
© 1974 BLV Verlagsgesellschaft mbH, München

Umschlagentwurf: Franz Wöllzenmüller, unter Verwendung
eines Fotos von Fritz Siedel, Sande

Druck: Hablitzel, Dachau · Buchbinder: Conzella, München
Printed in Germany · 1. Auflage 1970
ISBN 3 405 10953 1

Inhalt

Einleitung	7
Das Reh, ein Wildtier in der Kulturlandschaft	9
Das Reh und seine nächsten Verwandten	13
Biologische Stichworte und Jägersprache	21
Äsung	26
Das Geweih (Gehörn)	34
Fortpflanzung	48
Der Alltag	55
Die Feinde	61
Der Wohnraum	73
Der Sprung	84
Die Mutter-Familie	95
Vom Spielen	101
Die Brunft (Blattzeit)	109
Kämpfe und Reviere	113
Die Sippe	120
Das Geschlechterverhältnis	129
Der Altersaufbau des Bestandes	134
Wildzählungen	140
Die Markierung	147
Bestandsveränderungen	151
Die Erhaltung der Rehbestände	164
Literatur	171
Sachregister	173

Einleitung

Seit Beginn unseres Jahrhunderts haben die Rehe in der mitteleuropäischen Landschaft in ganz erstaunlichem Maße zugenommen. Zugleich ist auch die Aufmerksamkeit, die Jäger, Heger, Forstleute und Naturwissenschaftler der kleinen Hirschart entgegenbringen, gestiegen. Dies spiegelt sich in der Fülle von Rehbüchern wider, die in den letzten Jahren erschienen sind. Wenn nun hier ein weiterer Band über das Rehwild vorliegt, so bedarf dies einer Erklärung.
Die ersten Rehbücher behandelten die Jagd. Bald gesellten sich Werke hinzu, die sich mit der Hege befaßten. Als die Rehbestände aufgrund der neuen Hegegedanken anwuchsen und sich in der Folge Wildschäden einstellten, erschienen Werke aus forst- und landwirtschaftlicher Sicht. In der letzten Zeit sind es Bildbände, die mit ausgezeichneten Fotografien das Leben der Rehe dokumentieren; und erst erstaunlich spät häufte sich eine Flut naturwissenschaftlicher Abhandlungen innerhalb der Fachwelt. Viele dieser Beiträge erschienen isoliert in Zeitschriften, die dem Jäger, Förster und Naturfreund nicht oder nur schwer zugänglich sind.
Der vorliegende Band soll die Biologie unseres bedeutendsten Jagdwildes skizzieren. Ich schreibe als Zoologe und nicht als Jäger, obwohl ich mich dank der Jäger meines Heimatortes schon früh mit dem Leben des Rehes auseinanderzusetzen begann. Dies sei in aller Dankbarkeit betont. Schon als kleiner Knirps durfte ich mit auf die Jagd. Später nahmen sie mich als freiwilligen Jagdaufseher in ihrer Mitte auf. Durch sie lernte ich den scheinbaren Zwiespalt kennen, die gleichen Tiere, die man jagt, zu hegen und zu achten, und die ungeheure Verantwortung, welche die Jäger und Heger gegenüber unserer Landschaft übernommen haben.
In der Runde der Jäger war ich meist Zuhörer. Nachdem ich jedoch im Rahmen eines Forschungsprogramms des Schweizerischen Nationalfonds den Auftrag erhielt, das Verhalten wildlebender Rehe zu beschreiben, forderten sie mich gelegentlich auf, zu erzählen. Meine Beiträge zu den Gesprächsrunden in den heimeligen Bauernstuben befaßten sich mit den Lebensäußerungen des Rehes, seinem Geweihwachstum, der verlängerten Tragzeit, den Anforderungen an die Umwelt, den Mutterfamilien und den Revieren.
Die Aufmerksamkeit, welche die Jäger den Schilderungen schenkten, ließ in mir den Wunsch reifen, einmal etwas leicht Verständliches über die Biologie des Rehes zu verfassen. Allerdings bot sich dazu kaum Gelegenheit. Als ich 1965 meine Untersuchungen zum Verhalten des Rehes abgeschlossen hatte und die Ergebnisse in einer wissenschaftlichen Schrift veröffentlicht wurden, reiste ich für längere Zeit in die Tropen, um einen neuen Auftrag anzunehmen. Als im vergangenen Jahr die BLV

Verlagsgesellschaft mit der Bitte an mich trat, dieses Bändchen zu verfassen, sagte ich begeistert zu. Nun, wie sich bald herausstellte, kann man kein Lebensbild des Rehes entwerfen, ohne zwangsläufig auf die Jagd zu sprechen zu kommen. So sehr man sich auch auf das Tier konzentrieren will, immer wieder erkennt man den Einfluß des Menschen, der es hegt, jagt, dessen Kulturlandschaft ihm Heimstätte geworden ist und dessen Maschinen es verstümmeln.

Meine Skizzen unterscheiden sich von den Jagdbüchern vielleicht dadurch, daß ich darauf verzichte, Anleitungen zum waidgerechten Jagen zu geben. Darüber gibt es eine Reihe ausgezeichneter Werke; denken wir nur an die Monographie von v. RAESFELD. Auch andere heute bereits klassische Werke behandeln ausgiebig dieses Thema. Ich werde sie häufig zitieren. Mein Büchlein über das Sozialverhalten des Rehes (1968) wurde allgemein sehr gut aufgenommen. Einer der Referenten, die darüber berichteten, meinte allerdings, die Erkenntnisse ließen sich nicht in allen Gebieten bestätigen. Diese Ansicht ist von großer fundamentaler Bedeutung. Ich möchte hier ausdrücklich darauf hinweisen, daß wohl alle Lebensäußerungen freilebender Tiere von der Umwelt mitbestimmt werden. Wenn man versucht, sie zu ordnen, in Gesetzmäßigkeiten zusammenzufassen, dann müssen wir immer bedenken, daß die Ergebnisse vorerst nur für diejenigen Gebiete zutreffen, in denen sie gefunden wurden. Wieweit sie für andere Gebiete bedeutend sind, kann erst nach einer sorgfältigen Prüfung sämtlicher Umwelteinflüsse wie Klima, Äsung, Deckung, Jagd usw. erkannt werden.

Nicht nur die Verschiedenheit der Beobachtungsgebiete haben in der Umweltforschung an Großtieren zu einer Situation beigetragen, die von Skeptikern mit dem Bau des Babylonischen Turms verglichen wird. Oft benützen die Forscher verschiedene Methoden, sie blicken auf unterschiedliche Ausbildungsgänge zurück und interpretieren ihre Resultate anders — kurz, sie sprechen verschiedene Sprachen. Ich glaube, wir sollten heute nicht nur die Forschung weitertreiben, sondern auch versuchen, das gesammelte Material in eine gemeinsame Sprache zu übersetzen und auf seine Allgemeingültigkeit zu prüfen. Darin sehe ich auch eine außerordentliche Bedeutung der Jäger und Förster für die Wildforschung. Sie sind nicht Spezialisten, sondern Praktiker mit einem weiten Gesichtsfeld. Sie sind meist viel enger mit »ihrem« Wild vertraut als ein zweifellos notwendiger Fachmann.

Jäger, Förster und Naturschützer spielten zu Beginn dieses Jahrhunderts die tragende Rolle zur Erhaltung und zur Erforschung unseres Großwildes. Durch berufsmäßige Forscher können sie nicht abgelöst, sondern ergänzt werden. Sollte es mir mit diesem Bändchen gelingen, sie für die Mitarbeit zu gewinnen, dann hätte die Schrift einen weiteren Zweck erfüllt. Sie sei meinen treuen Mitarbeitern, den Jägern und Wildhütern des Oberaargaus und des Oberengadins gewidmet.

Dr. Fred Kurt

Das Reh, ein Wildtier in der Kulturlandschaft

Die schweren Verkehrsflugzeuge donnern in regelmäßigen Abständen über die Pisten des Flughafens Kloten bei Zürich. Die verschneite Winterlandschaft ist in leichten Nebel gehüllt. Es ist eisig kalt. In der Abfertigungshalle drängen sich die Menschen; Reisende, Schaulustige und solche, die Bekannte und Verwandte abholen oder an den Flughafen bringen. Viele von ihnen beobachten durch die riesigen Glasscheiben das emsige Treiben auf dem weiten Abstellplatz, wo die Flugzeuge aufgetankt werden, Reisende zu den Flugzeugen oder in die warmen Gebäude eilen, kleine Elektrofahrzeuge unendlich lange Kolonnen schwer beladener Gepäckwagen zu den Jets bringen. Plötzlich zeigt einer der Schaulustigen an den nahen Pistenrand. Dort zieht eine Gruppe Rehe ruhig gegen eine kleine Gebüschpartie. Aufgescheucht durch eine heranrollende Verkehrsmaschine fallen sie in eine kurze Flucht, verhoffen und beginnen schließlich von den spärlichen, durch den Schnee ragenden Pflanzen zu äsen. Die Menschen hinter der Glasscheibe staunen: Wer hätte dies gedacht, Wildtiere mitten in einem Zentrum der technisierten Welt. Dem Flughafenpersonal sind die Rehe längst bekannt, und die Studenten der naturwissenschaftlichen Abteilungen der Zürcher Hochschulen unternehmen regelmäßig Exkursionen zu dem Flughafen, wenn es darum geht, mit dem Rehwild vertraut zu werden.
Als Student arbeitete ich an einer Doktorarbeit über das Verhalten des Rehwildes. Zudem beschäftigte ich mich als freiwilliger Hegechef eines Jagdgebietes in der Nähe von Bern. Im Mai und Juni arbeiten Jäger, Jagdbehörden und Bauern zusammen, um möglichst viele der gesetzten Rehkitze vor dem Tod durch Mähmaschinen zu retten; denn bei günstigen Wetterbedingungen fallen Setzzeit und Heuernte zeitlich zusammen, und ein Drittel der neugeborenen Rehe laufen Gefahr, von den Motormähern verstümmelt zu werden. Jeweils im April begann ich zusammen mit dem Wildhüter und einigen Jägern, unser Gebiet in kleine Bezirke aufzuteilen, die einem in der Nähe wohnenden Heger unterstanden. Die Aufgabe dieser freiwilligen Helfer bestand darin, auf einer Karte alle Stellen einzuzeichnen, wo hochträchtige Rehgeißen regelmäßig austraten. Wir konnten mit großer Sicherheit annehmen, daß hier einige Wochen später die Kitze geboren würden und teilten dies den Bauern rechtzeitig mit. Zugleich baten wir sie, uns telefonisch einige Tage vor dem Mähen zu benachrichtigen. Zur Sicherheit wurden die Telefonnummern der Heger und des Wildhüters auch regelmäßig in den Tageszeitungen veröffentlicht.
Meine Aufgabe als Hegechef bestand darin, solche Anrufe entgegenzunehmen und entweder den Einsatz von Schulkindern zu organisieren, die vor der fahrenden Mähmaschine nach Kitzen suchten, oder eine Verblendung vorzubereiten. Darunter ver-

steht man Tuchfahnen oder andere auffällige Fremdkörper, die kurz vor dem Mähen in den Setzplätzen aufgestellt werden und die Rehmutter veranlassen, ihren Nachwuchs rechtzeitig aus der Gefahrenzone zu führen. Unserem Hegesystem war großer Erfolg beschieden, wir retteten viele Kitze. Trotzdem gab es immer wieder Unfälle, etwa weil die gut getarnten Tiere bei den Suchaktionen im verfilzten Gras einfach nicht erkannt werden konnten oder weil Rehe an Stellen gesetzt hatten, wo es niemand erwartet hätte. Drei Kitze wurden einmal kaum 20 m entfernt von der Hauptlinie Bern—Zürich der Bundesbahn vermäht und viele in nächster Nähe stark befahrener Autostraßen. Gelegentlich erhielten wir Meldungen von neugeborenen Rehen, die auf Wiesen inmitten von Bauerndörfern verstümmelt wurden.

Eines Morgens bekam ich einen Anruf aus einem der neuen Einfamilienhäuser am Rande unserer Stadt. Ein Rehkitz war im Gartenweiher ertrunken. Die Kinder der tierfreundlichen Familie waren kaum zu trösten; denn jeden Abend durften sie das muntere Spiel der in der Gartenhecke geborenen Kitze beobachten. Wie ich hörte, lebte die Rehmutter schon etliche Zeit in der Nähe des Hauses, und man verzieh es ihr großzügig, wenn sie im Winter an den Blättern der Rosen naschte.

Als Student beobachtete ich Rehe nicht nur in der Kulturlandschaft des Schweizer Mittellandes, sondern wollte auch etwas erfahren über ihre Lebensgewohnheiten in den Alpen. Die Hänge des Schafberges in der Nähe von Pontresina, wo auch eine stattliche Steinbockkolonie lebt, waren ein ausgezeichnetes Beobachtungsgebiet. Oft begleitete mich Andrea Rauch, der Wildhüter von Pontresina. Er war für mich ein erstklassiger Lehrer, und gelegentlich durfte ich zusammen mit ihm nach seinen Steinböcken sehen. So stiegen wir an einem Wintertag — es hatte die ganze vorige Nacht geschneit — mühsam gegen die Felsterrassen, auf denen die Steinböcke sich aufhielten. Andrea Rauch hatte die Augen eines Adlers und endeckte, kaum waren wir angekommen, die mächtigen Bergziegen, die wiederkäuend im tiefen Neuschnee lagen. Dann machte mich der Wildhüter auf zwei Tiere aufmerksam, die etwas abseits der Steinböcke ruhten. Zuerst traute ich meinen Augen nicht — es waren zwei Rehe, gut genährt und mit glänzenden Winterdecken. Zwischen ihren Lauschern trugen sie dünne Schneekappen. Hier oben fanden sie selbst im harten Bergwinter noch genügend Futter. Allerdings nur, indem sie von den Steinböcken »parasitierten«, die mit ihren starken Hufen in der Lage sind, den Schnee an den steilen Grasborden freizuscharren.

Ich glaube, diese Erlebnisse genügen um zu zeigen, welch weite Verbreitung das Rehwild hat. Sie reicht von den Peripherien unserer Siedlungen bis hoch hinauf in die Alpen. Zweifellos ist das Rehwild nicht nur die häufigste Schalenwildart Europas, sondern auch wirtschaftlich das bedeutendste Jagdwild.

So werden z. B. heute in Deutschland jährlich 570 000 Rehe erlegt. Der Gesamtbestand wird auf 1,3 Millionen geschätzt.

Man kann mit Sicherheit sagen, daß Rehe nie so häufig in unserer Landschaft vorkamen wie heute. Zwar gehörten sie gewiß schon zum Jagdwild der Pfahlbauer, aber Überreste, die man bei Ausgrabungen findet, sind sehr selten, verglichen mit denjenigen des Rotwildes. Knochenfunde beweisen, daß Rehe auch zur Römerzeit in Mitteleuropa vorkamen. Seltsamerweise wurden sie in den römischen Berichten nie namentlich erwähnt; sie hatten wohl jagdlich keine Bedeutung, und man nimmt heute an, daß sie damals in den ausgedehnten Waldungen in viel geringerer Zahl vorkamen als in der Zivilisationslandschaft mit den vielen künstlichen Lichtungen.

In der Neuzeit gewannen die Rehe zuerst in Deutschland und später auch in den meisten anderen mitteleuropäischen Ländern an Bedeutung. Allerdings waren sie zur Mitte des 19. Jahrhunderts in Deutschland fast ausgerottet worden. Doch früh setzte sich der Hegegedanke durch, und schon im letzten Jahrzehnt des vorigen Jahrhunderts konnten in den preußischen Staatsforsten jährlich rund 10 000 Stück erlegt werden. Gleichzeitig stieg in Süddeutschland der Bestand steil an, und auch nach Norden drangen die kleinen Hirsche rasch vor.

In Skandinavien waren Rehe nach v. RAESFELD, LETTOW-VORBECK und RIECK (1965) während des 16. und 17. Jahrhunderts in großer Zahl vorhanden. Klimatische Einflüsse, vor allem aber eine zu starke Bejagung waren die Ursachen des plötzlichen Rückgangs, der soweit führte, daß zu Beginn des 19. Jahrhunderts Rehe nur noch an der Südspitze Schwedens vorkamen. Heute finden wir sie wieder bis zum 65. Breitengrad, und einige Stücke sollen sich bis an den Polarkreis vorgewagt haben. In Finnland wurden in jüngster Zeit Rehe vom Menschen ausgesetzt.

In der Schweiz drohte das Reh um die letzte Jahrhundertwende auszusterben. Zwar war es im 16. und 17. Jahrhundert noch allgemein und in großer Zahl vorhanden gewesen, wie BAUMANN 1949 schrieb. Doch schon um 1809 war es nach FATIO mehr oder weniger ausgestorben. In BREHMS Tierleben von 1892 lesen wir: »In der Schweiz ist es bis auf wenige Trupps ausgerottet ...« GÖLDI bestätigt 1914 diese Aussage: »In die Zentralschweiz wagt sich längst kein Reh mehr, am ehesten findet es sich an der Peripherie in denjenigen Kantonen, die an Nachbarstaaten mit wohlgepflegtem Jagdwesen stoßen.« GÖLDI bezweifelte die Schätzung, nach der damals noch 20 000 Rehe in der Eidgenossenschaft lebten, von denen 3000 jährlich erlegt wurden. Heute wird der schweizerische Rehbestand mit wenigstens 100 000 Tieren angegeben, der jährliche Jagdertrag beläuft sich auf 25 000 Stück. In 50 Jahren hat sich der Bestand demnach wenigstens verfünffacht, und der Jagdertrag ist nahezu achtmal größer geworden. Als Gründe, die im 18. Jahrhundert zu einer Gefährdung des Rehwildes geführt haben, nennt BURCKHARDT (1959) die technische Verbesserung der Jagdwaffen, die rechtlichen und kulturpolitischen Veränderungen im Zuge der französischen Revolution und die damit verbundene Vergrößerung der Jägerzahl, Umschichtung der Jagdausübung und Veränderung der Jagdmoral.

In der Kulturlandschaft leben heute mehr Rehe als je zuvor. Ihre Siedlungsdichte ist um ein Vielfaches höher als in Osteuropa, wo wir das Wild noch kaum vom Menschen beeinflußt vorfinden. Die hohe Wilddichte brachte erschreckenden Wildschaden, und vielerorts wird das einst gehegte Reh heute als Schädling bezeichnet. Da man aus naturschützerischen wie auch aus jagdlichen Gründen nicht auf das Reh verzichten will, anderseits aber einschneidende Maßnahmen gegen den steigenden Wildschaden durchgeführt werden müssen, wurde das Rehwild in den letzten beiden Jahrzehnten zum Gegenstand intensiver Forschung.

Das Reh und seine nächsten Verwandten

Der Zoologe reiht das Reh in die Ordnung der Paarhufer (Artiodactyla), in welche die Schweine, Flußpferde, Kamele, Lamas, Rinder, Antilopen, Giraffen und Hirsche gehören. Entwicklungsgeschichtlich betrachtet sind die Paarhufer eine »moderne« Ordnung, die erst in der Erdgegenwart ihre Blütezeit erreicht haben; mit 81 Gattungen bilden sie das Haupt der Großsäuger. Ihre Formfülle ist erstaunlich, umfaßt die Ordnung doch die kleinen Kantschile mit kaum 40 cm Schulterhöhe und einem Gewicht von ungefähr 2 kg, die Giraffe, die fast 3,5 m hoch wird, und das massige Flußpferd mit einem Gewicht von nahezu 3,5 Tonnen. Es ist deshalb auch schwer, auf den ersten Blick gemeinsame Merkmale zu erkennen. Wie schon der Ordnungsname sagt, zeichnen sich die Paarhufer durch einen ähnlichen Konstruktionsplan ihrer Extremitäten aus. Ihre Füße und Hände haben im Laufe der Stammesgeschichte eine beachtliche Entwicklung erlebt, die zu einer Anpassung an das Laufen führte, während die Fähigkeit zum Greifen verlorenging. Huftiere sind ja ausgesprochene Bodentiere und viele von ihnen gute Läufer. Sie treten nicht mit der ganzen Hand oder dem ganzen Fuß auf, wie etwa wir Menschen oder die Bären, sondern nur mit der Spitze ihrer Finger bzw. Zehen (Zehenspitzengänger). Die Hauptlast des Körpers wird nur von 2 Zehen getragen, nämlich der 3. und 4., die 2. und 5. Zehe sind reduziert und werden als Afterklauen bezeichnet. Bei den Kamelen fehlen sie sogar. Der Daumen und die große Zehe fehlen bei allen Paarhufern.
Weil die 2 mittleren Zehen meist allein das gesamte Körpergewicht tragen müssen, trat eine Verstärkung des Fußes auf, indem die beiden Mittelfußknochen verschmolzen und das stabile Kanonenbein bilden.
Die Nahrung der Paarhufer ist vorwiegend vegetarisch. Nur wenige Vertreter, etwa die Schweine und einige urtümliche Hirsche und Antilopen, ernähren sich gelegentlich von tierischer Nahrung. Eigentliche Jäger gibt es aber nicht. Umgekehrt sind Huftiere aber oft die Gejagten, stehen sie doch an der Spitze des Speisezettels vieler Großraubtiere. Sie entziehen sich den Räubern entweder durch rasche Flucht oder durch unauffälliges Sich-Drücken. Einige von ihnen haben ganz beachtliche Stirnwaffen oder setzen sich mit ihren Vorderläufen zur Wehr. Eine umfangreiche Unterordnung der Paarhufer, die Wiederkäuer (Ruminantia), haben einen hochspezialisierten Magen, der hilft, die Zeit der Nahrungaufnahme auf ein Minimum zu verkürzen. Im oft deckungsarmen, von Feinden bedrohten Weidegebiet wird die Äsung zunächst im mächtigen Vormagen gesammelt und erst später in sicherer Deckung ausgiebig durchgekaut.
Die meisten Wiederkäuer sind Stirnwaffenträger (Pecora). Zu ihnen gehören die Familien der Hirsche, Giraffen und Hornträger (Boviden) sowie die Gabelböcke

(Antilocapriden), amerikanische Huftiere von Antilopengestalt, deren Stirnwaffen aus einem bleibenden Knochenzapfen bestehen, der von einer alljährlich einmal gewechselten, zweigabligen Hornscheide umhüllt ist. Den Vertretern der Pecora wird die Teilordnung der Zwerghirsche oder Traguliden gegenübergestellt, eine kleine Gruppe hasengroßer tropischer Wiederkäuer, die keine Stirnaufsätze tragen.
Hirsche, Giraffen und Hornträger sind dermaßen auffällige Tiergestalten, daß sie eigentlich nicht näher vorgestellt werden müßten. Hirsche und Hornträger werden aber immer wieder miteinander verwechselt, hier seien sie deshalb einander in Stichworten kurz gegenübergestellt:

Familie	Hornträger (Boviden)	Hirsche (Cerviden)
Typische Vertreter	Rind Ziege Schaf Gemse und Antilopen	Rothirsch Elch Rentier Reh
Stirnaufsatz	Hörner bestehen aus Knochenzapfen, die von einspitziger Hornscheide umhüllt sind	Geweih; falls vorhanden aus nacktem Knochen bestehend, der alljährlich abgeworfen und neu gebildet wird. Nach dem Geweihwachstum stirbt die umhüllende Basthaut ab. Meist mehrendig.

In der Familie der Hirsche treffen wir auf eine stattliche Zahl verschiedener Vertreter: solche, die so klein sind wie Hasen, andere von der Größe des Pferdes. Abgesehen von zwei Arten, dem Wasserreh und dem Moschustier, tragen alle männlichen Hirsche Geweihe. Weibliche Tiere mit Stirnwaffen gibt es ganz im Gegensatz zu den Hornträgern nicht. Allerdings mit einer Ausnahme: Beim Rentier sind beide Geschlechter bewaffnet. Die Systematiker teilen die Hirschfamilie in zwei große Gruppen auf; ausschlaggebendes Merkmal ist dabei der Bau der Mittelhandknochen. Bei der ersten Gruppe (Telemetacarpalia) sind vom 2. und 5. Finger nur die unter Enden der Mittelhandknochen erhalten, so z. B. bei den Wasserhirschen (Hydropterinae), Trughirschen (Odocoilinae), Elchen (Alcinae) und Rentieren (Rangiferinae). Bei der zweiten Gruppe, zu der die Echthirsche (Cervinae) und Muntjaks (Muntiacinae) gehören, sind nur die oberen Enden der Mittelfußknochen vom 2. und 5. Finger erhalten geblieben (Plesiometacarpalia). Das Reh ist ein Vertreter der Trughirsche und somit ein telemetacarpaler Hirsch, während z. B. Rothirsch oder Damhirsch sogenannte Echthirsche sind, also Vertreter der plesiometacarpalen Hirsche. Die nächsten Verwandten des Rehes leben in Amerika, es sind der Virginia- oder Weißwedelhirsch, der Maultier- oder Großohrhirsch, die Pampashirsche und andere. Alle gehören der gleichen Gattung *Odocoileus* an. Das Reh ist nicht nur der einzige Trughirsch der Alten Welt, es steht auch einer eigenen Gattung *Capreolus* zu, deren einzige Art es darstellt. Sein wissenschaftlicher Name lautet: *Capreolus capreolus* LINNÉ. Er wurde vom großen schwedischen Naturforscher Carl von LINNÉ gegeben, der die moderne Nomenklatur der Zoologen und Botaniker begründete.

Der systematische Steckbrief des Rehes kann wie folgt zusammengefaßt werden:

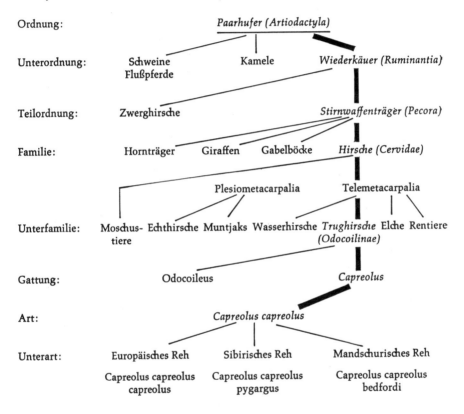

Zwar ist das Reh das häufigste unserer großen Wildtiere, und man sollte deshalb annehmen, daß es jedermann bekannt sei. Es wird jedoch dauernd mit Vertretern der Echthirsche verwechselt. So sieht man häufig in Zoologischen Gärten oder Wildparks, in denen regelmäßig Damwild, Sika- oder Rothirsche gezeigt werden, aber nur ganz selten Rehe, daß die Besucher sämtliche getupften Hirsche als Rehe ansprechen, obwohl gerade dieses Merkmal den erwachsenen Rehen fehlt. Zu Verwechslungen kommt es aber auch zwischen dem größten einheimischen Schalenwild, dem Rothirsch, und dem Reh. Grundsätzlich unterscheiden sich Hirsch und Reh einmal in ihrer Körpergröße: Der Hirsch erreicht in Europa die beachtliche Schulterhöhe von 75—130 cm, eine Körperlänge von 165—250 cm und ein Gewicht von 100—220 kg. Das weit zierlichere Reh mißt an der Schulter etwa 70 cm, die Körperlänge beträgt 95—135 cm und das Gewicht entspricht 15—27 kg. Das Geweih des Hirsches ist stattlich und kann viele Enden tragen, sein Gewicht beläuft sich auf 4% des Gesamtkörpergewichtes. Die Stirnaufsätze der Rehe sind eher bescheiden. Nur ganz selten werden Achtender erbeutet, die Regel sind Sechser oder Gabler. Das Gewicht der Stangen entspricht 1—1,5% des Körpergewichtes. Während die Kitzböcke — wie wir später noch sehen werden — oft ein Erstlingsgehörn schieben, fehlt eine entsprechende Bildung den jungen Rothirschen.

Ein weiteres, ganz deutliches Unterscheidungsmerkmal zwischen Hirsch und Reh ist der Schwanz oder — wie der Jäger sagen würde — der Wedel. Dieser ist beim Hirsch gut ausgeprägt und mißt 12—15 cm, beim Reh dagegen derart kurz, daß er äußerlich nicht einmal sichtbar ist. Beim Hirsch sind Einergeburten die Regel, Zwillinge selten. Beim Reh dagegen sind Zwillinge die Regel, es treten sogar Drillinge und ganz selten Vierlinge auf. Auch sonst unterscheiden sich beide Arten beträchtlich in ihrem Fortpflanzungsverhalten: Die Brunftzeit des Rehes fällt in die Sommermonate Juli und August, die Jungen werden nach einer verlängerten Tragzeit von 39—42 Wochen im Mai und Juni geboren. Die Brunft der Hirsche findet im September und Oktober statt. Die Jungen werden nach einer normalen Tragzeit von 33—34 Wochen geboren. Beide Arten fegen die Geweihe kurz vor der Brunft. Der Hirsch trägt sein fertiges Geweih in den Monaten Juli—Februar. Der Rehbock fegt sein Geweih im Frühjahr, kann es im Sommer als Waffe einsetzen und wirft es im Herbst nach der Brunft ab, um während des Winters einen neuen Stirnschmuck zu schieben. Hirsche sind Grasäser, die besonders in offenen Gebieten leben, sie sind weniger vitaminbedürftig und weniger parasitenanfällig als das Reh und demzufolge in Gefangenschaft auch leichter zu halten. Das Reh dagegen weidet nicht, sondern nascht — Blätter, Knospen und Kräuter. Seine bevorzugten Aufenthaltsgebiete sind Waldränder, Feldgehölze und Buschlandschaften. Nur ganz selten tritt es in großen Gruppen auf, meist lebt es einzeln oder in kleinen Verbänden, den sogenannten *Sprüngen*.

Wie in ihrer Lebensweise, so sind Hirsch und Reh auch in ihrem Körperbau verschieden. Der Hirsch entspricht dem Pferdehabitus, einem Läufertyp mit mehr oder weniger geradem Rücken und Hinterextremitäten, die wie ein gerader Hebel wirken, dessen Drehpunkt im Hüftgelenk liegt. Die Rückenlinie des Rehes fällt nach vorne leicht ab. Seine Hinterextremitäten sind — wie H. Hediger (1966) ausführt — Winkelfedern vergleichbar, deren Glieder aus Ober- und Unterschenkel und Mittelfuß bestehen.

Junger, zweijähriger Rehbock mit guter Gehörnentwicklung. Foto: M. Danegger

Rehe in der Kulturlandschaft. Fotos: oben A. Kaiser, unten O. Hock

Abb. 1 Verbreitung des Rehwildes

Säugetiere, die eine ähnliche Lebensweise und einen entsprechenden Körperbau wie das Reh besitzen, werden von den Zoologen allgemein als *Schlüpfer* bezeichnet. Man findet solche Tierformen nicht nur bei den Hirschen, sondern auch unter Antilopen und Nagetieren, die dicht bewachsene Gebiete bewohnen. H. HEDIGER charakterisiert den Schlüpfertyp wie folgt: »Alle Schlüpfer sind hinten überbaut, d. h. ihre Vorderextremitäten sind kürzer als die hinteren, welche das Tier gewissermaßen durch das Dickicht schieben. Die Stirnaufsätze, seien es Gehörne oder Geweihe, sind, wenn überhaupt vorhanden, durchwegs nur klein, gegen hinten gerichtet, sie bilden also kein Hindernis bei Durchdringen der Vegetation. Physiologisch ist der Schlüpfer ausgezeichnet durch verhältnismäßig geringe Lungenkapazität und Herzleistung. Er ist kein ausdauernder Läufer. Seine Chancen der Feindvermeidung bestehen aus flinkem, geräuschlosem Sich-Ducken, nicht in schnellen Fluchten über weite Strecken. Psychologisch typisch für den Schlüpfer ist die große Standortstreue, mit erstaunlicher

Hartnäckigkeit halten sie so lange als irgend möglich an ihren Wechseln fest und kleben an der Scholle bis zuletzt.«

Besonders im Norden und Nordosten Europas leben die sogenannten *Feldrehe*. Sie halten sich fast dauernd in offenen Wiesen oder Feldgehölzen auf, suchen den Wald nur bei äußerster Gefahr auf und bilden bedeutend größere Sprünge als die *Waldrehe*. Sie müssen als Zeichen der hohen Anpassungsfähigkeit des Rehes gewertet werden. In Dänemark wurden Feldrehe in ein neues Revier umgesiedelt und behielten vorerst ihr ursprüngliches Verhalten, obwohl das neue Gebiet kaum offene Stellen bot.

Echte Mutationen treten beim Reh gar nicht so selten auf, wie man annehmen möchte. Die bekanntesten sprunghaften Veränderungen des Erbgutes führen zu auffälligen Farbvarianten. Gelegentlich werden ganz oder teilweise schwarz oder weiß gezeichnete Rehe beobachtet. Die Mutationen treten in bestimmten Gebieten häufiger auf als in anderen. Melanisten, d. h. *Schwärzlinge,* sind besonders häufig in Norddeutschland. In der von G. v. Lettow-Vorbeck und Prof. W. Rieck 1965 neubearbeiteten Ausgabe von v. Raesfelds Monographie über das Rehwild wird auf die bekannten Farbmutanten ausführlich eingegangen. Bereits um 1100 lebten schwarze Rehe westlich von Hannover in der Umgebung von Haste. Von den außergewöhnlichen Tieren berichten Urkunden des 17. Jahrhunderts aus Braunschweig-Lüneburg sowie aus dem Herzogtum Celle. Die hauptsächliche Ausbreitung soll erst kurz vor 1900 stattgefunden haben. Ausschließlich schwarze Bestände gibt es nicht. Im eigentlichen Kerngebiet sind 80% aller Rehe Schwärzlinge. In der Nachbarschaft betrug 1935 deren Anteil 30—50%. In weiten Teilen des Verbreitungsgebietes sind weniger als 5% des Gesamtbestandes Melanisten.

Neben diesen rabenschwarzen Mutanten, bei denen wir den weißen Spiegel vermissen, kennen wir heute eine Reihe anderer Farbvarianten, z. B. Schwärzlinge mit weißem oder gelbem Spiegel, sie kommen besonders in der Altmark im Kreis Osterburg vor. Aus verschiedenen Gebieten werden *Schwarzschecken* gemeldet. Entsprechend wie bei den Melanisten finden wir auch unter den *Weißlingen* von ganz weißen bis gescheckten Tieren sämtliche Übergangsstufen. Abgesehen von den wenigen Gebieten, in denen Farbmutanten vom Menschen gehegt werden, sind Schwärzlinge, Albinos und gescheckte Rehe selten. Zwar können solche Mutationen spontan auftreten; nie aber nehmen sie zahlenmäßig derart überhand, daß sie ohne menschliche Einflüsse die normal gefärbten Rehe aus dem Bestand verdrängen könnten.

Biologische Stichworte und Jägersprache

Die Jägerschaft hat dem Rehwild ein außergewöhnliches Interesse entgegengebracht, das bei weitem nicht nur in der jagdlichen Nutzung der Bestände und in der Hege zum Ausdruck kommt, sondern auch in der Jägersprache. Sie beschreibt derart treffend einzelne Körperteile und Lebensäußerungen des Wildes, daß sie Eingang in weite Kreise gefunden hat. Förster, Naturfreunde und Wissenschaftler bedienen sich heute dieses Wortschatzes. Die geläufigsten Ausdrücke möchte ich hier kurz vorstellen, vor allem auch deshalb, weil sie im vorliegenden Bericht immer wieder verwendet werden.

Der Rumpf des Rehes wird von den schlanken Beinen, den *Läufen*, getragen. Der Kopf heißt *Haupt*, der Hals *Träger* und die großen Ohren *Lauscher*. Die Augen werden als *Lichter* bezeichnet. Der Mund gilt als *Äser*, die Nase als *Windfang*. Dem Reh fehlt ein äußerlich sichtbarer Schwanz oder *Wedel*, wie er in der Jägersprache heißen würde. Am Hinterteil leuchtet besonders während des Winters der weiße *Spiegel*. Der Rücken endet im *Ziemer*, die Flanken heißen *Dünnungen*, das Vorderende des Brustkorbes, das von der Seite gesehen über die Vorderläufe herausragt, nennen die Jäger den *Vorschlag* oder den *Stich*. Man spricht nicht von Hufen, sondern von *Schalen*.

Die Brunftzeit heißt auch *Blattzeit*, weil es in dieser Zeit den Jägern gelingt, die Böcke mit einem Buchen- oder Grasblatt herbeizulocken, das zwischen die Daumen gespannt wird und beim Durchblasen einen fiependen Ton erzeugt. Vor und während der Brunft *schlagen* die Böcke mit den Geweihen gegen Bäume und Büsche, dazu scharren, oder besser, *plätzen* sie mit den Vorderläufen. Rehe stehen durch *Fieplaute* miteinander in Stimmkontakt. Sie *schrecken* und *schmälen* bei Gefahr und *klagen*, wenn sie verwundet sind.

Die nachfolgende Zusammenstellung gibt einige Angaben über die wichtigsten waidmännischen Ausdrücke, wie sie Herbert KREBS 1964 zusammengestellt hat:

Körperbau:

Kopf: *Haupt*
Nase: *Windfang*
Ohren: *Lauscher*
Augen: *Lichter*
Maul: *Geäse, Äser*
Zunge: *Lecker, Weidlöffel*
Hals: *Träger*
Schulterblatt: *Blatt*

Rippen: *Federn*
Haut: *Decke*
Helles Haarfeld hinten: *Spiegel*
Beine: *Läufe*
Klauen, Hufe: *Schalen*
Hinterzehen: *Geäfter*
Haare: *Haar, Grannen*
Luftröhre: *Drossel*

Brust von vorn: *Stich*
Brustseite: *Wände*
Bauchseiten: *Flanken*
After: *Weidloch*
Euter: *Gesäuge*
Weiblicher Geschlechtsteil: *Feuchtblatt*
Männliches Glied: *Brunftrute*
Hoden: *Brunftkugeln, Kurzwildpret*

Kehlkopf: *Drosselknopf*
Speiseröhre: *Schlund*
Magen: *Pansen, Weidsack*
Brusthöhle: *Kammer*
Blut: *Schweiß, Farbe*
Fleisch: *Wildpret*
Fett: *Feist*
Beckenknochen: *Schloß*
Geweih: *Gehörn, Gewichtl, Krone*

Verhalten:

Fressen: *Äsen, Verbeißen*
Nahrung: *Äsung*
Trinken: *Schöpfen*
Regelmäßiges Aufsuchen bestimmter Futterstellen: *Annehmen*
Urinieren: *Nässen*
Koten: *Sich lösen*
Kot: *Losung*

Sehen: *Äugen, Eräugen*
Haupt hochnehmen: *Aufwerfen*
Aufmerksam umheräugen: *Sichern*
Hören: *Vernehmen*
Riechen: *Winden*
Unbekümmert: *Vertraut*
Abziehen: *Rege werden*
Einzelner Schalenabdruck: *Tritt, Trittsiegel*
Spur: *Fährte*

Langsame Gangart: *Ziehen, Wechseln*
Traben: *Trollen*
Schnelle Gangart: *Flüchtig werden*
Überspringen: *Überfallen*
Schwimmen: *Rinnen, Durchrinnen*
Hinsetzen: *Niedertun*
Liegen: *Sitzen*
Lager: *Bett*

Kontaktruf: *Fiepen*
Schmerzruf: *Klagen*
Warnruf: *Schrecken, Schmälen*

Begattung: *Beschlag*
Begattungszeit: *Brunft(-zeit), Blattzeit*
Trächtiges Wild: *Geht beschlagen*

Mit dem Geweih verletzen: *Forkeln*
Bast vom Geweih entfernen: *Fegen*
Hinken: *Lahmen*
Angeschossenes Wild: *Krank*
Gestörtes Wild: *Vergrämt*

Noch in einem weiteren, im Zusammenhang mit diesem Buche wichtigen Punkt wollen wir uns an die Jägersprache halten — den Bezeichnungen für verschiedene Alters- und Geschlechterklassen. Männchen werden als *Böcke*, Weibchen als *Geißen* oder *Ricken* bezeichnet. Die Jungtiere heißen *Geißkitze* bzw. *Bockkitze*. Bockkitze im Alter von über 5 Monaten (wenn sie das Erstlingsgehörn schieben) werden oft auch als »Kitzböcke« bezeichnet. Als *Schmalrehe* bezeichnet man ein-, selten zweijährige Geißen, Tiere, die zwar trächtig sein können, aber noch nie gesetzt haben. Ältere Weibchen werden als *Geißen* oder *Ricken* angesprochen. *Galt* oder *gelt* sind Ricken, die nicht am Fortpflanzungsgeschehen teilnehmen. *Jährlinge* heißen die Böcke im ersten Lebensjahr. Bei erwachsenen Männchen sprechen wir von *Böcken*, tragen sie ein außerordentlich starkes Geweih, dann nennen wir sie *Kapitale*.

Bereits im vorangegangenen Kapitel habe ich einige Worte über den Körperbau des Rehes verloren. Weitere Einzelheiten folgen in späteren Abschnitten. Hier möchte ich zwei wichtige Einzelheiten stichwortartig erwähnen: Das Körpergewicht und die Decke. BIEGER (1931) veröffentlichte in den »Beiträgen zur Wild- und Jagdkunde« das Durchschnittsgewicht aufgebrochener Rehe. Er wog in Deutschland 8000 Böcke und nahezu 7000 Ricken. Das mittlere Gewicht der Böcke betrug 14,9 kg, dasjenige der Geißen 14,2 kg. Böcke sind in der Regel schwerer als Ricken.

Das Gewicht der Rehe variiert stark nach der Güte des Standortes. Gewichtsunterschiede im gleichen Gebiet gehen auf verschieden günstig verlaufene Jugendentwicklung zurück und spiegeln selbstverständlich auch den Gesundheitszustand der Tiere wider. Die schwersten Rehe fand BIEGER in Ostpreußen, wo im Mittel die Böcke 17,8 kg, die Ricken 16,6 kg wogen. Die leichtesten Rehe stammten aus Sachsen, Böcke und Geißen wogen hier 13,7 kg.

»Im allgemeinen nehmen die Gewichte mit dem Steigen der durchschnittlichen Temperatur ab, also von Nordost nach Südwest und vom Gebirge in die Tieflagen«, schreibt v. RAESFELD (1965). Er erwähnt dabei Werte aus Bayern, wonach in Höhenlagen von 500 m ü. M. im Durchschnitt die Böcke 13,6 kg, die Ricken 12,2 kg wiegen. Zwischen 500 und 1000 m ü. M. betragen die entsprechenden Werte 15,1 kg und 13,7 kg und über 1000 m ü. M. 15,7 kg und 14,7 kg.

Diese Resultate scheinen die Bergmannsche Regel zu bestätigen, nach der warmblütige Tiere in kalten Gebieten größer sind als in warmen, denn mit zunehmender Höhe wird natürlich die Temperatur tiefer. Später fanden auch HUBER und SÄGESSER (1966) in der Schweiz Zusammenhänge zwischen Höhenlage und Gewicht. Die von ihnen untersuchten Böcke wogen ausgeweidet 18,5 kg in Lagen zwischen 400 und 1000 m ü. M. Bis zu 1400 m ü. M. stellten sie eine deutliche Gewichtszunahme fest. Das durchschnittliche Gewicht betrug hier 20,5 kg. In höher gelegenen Zonen erfolgte dann wiederum eine Abnahme. Sie schreiben dazu: »In tiefen Lagen ist wohl ausreichend Sommeräsung vorhanden, bei starkem Schneefall aber ist die Winteräsung oft ausgesprochen schlecht. In der oberen montanen Stufe, im Bereich des Schachtelhalm-Tannenwaldes (etwa 1000–1350 m), beurteilen die Forstwissenschaftler die Äsung eher als ganzjährig ausreichend. Man könnte also die Gewichtszunahme grob folgendermaßen interpretieren: Nach der Bergmannschen Regel sollte das Gewicht

des Rehs mit steigender Höhe gleichmäßig zunehmen, da die Temperatur gleichmäßig abnimmt. In tieferen Lagen werden die Rehe aber nicht schwerer, weil ihnen ungenügende Winteräsung eine Gewichtszunahme verwehrt. Über 1400 m ist die Äsung ebenfalls ungenügend. Das zierliche Reh findet sein Auskommen nur noch schwer; über der Baumgrenze wird es als Tierform unmöglich. Der nachweisbare Einfluß der Temperatur auf das Rehwild bestätigt auch seine Standortstreue.«
Nach BUBENIK (1959) erreichen die Rehgeißen das maximale Körpergewicht von 22—28 kg im dritten Lebensjahr. Die Böcke sind erst im vierten Lebensjahr voll ausgewachsen, sie wiegen dann 23—32 kg. Neuerdings brachten auch WANDELER und HUBER (1969) einige Angaben über die Gewichtsentwicklung des Rehes. Kurz nach der Geburt betrug der Mittelwert 0,9 kg. Es wird aber auf die großen Schwankungen aufmerksam gemacht. Neugeborene können 0,5—1,6 kg wiegen. Die ersten Lebensmonate sind durch einen rapiden Gewichtsanstieg charakterisiert. Bis im November erreichen die Kitze ein Gewicht von durchschnittlich 11,5 kg, dann erfolgt keine Zunahme mehr, gelegentlich werden sogar Gewichtsverluste verzeichnet. Erst im April, im 10. Lebensmonat, werden die Kitze wiederum schwerer, sie sollen jetzt im Mittel 13 kg wiegen. Im Oktober zeigen die nun anderthalbjährigen Rehe das bisher höchste Gewicht. Die Schmalrehe wiegen zu dieser Zeit 16 kg, die Jährlinge 18 kg. Darauf folgt wiederum eine Gewichtsabnahme bis in den März.
Auch die erwachsenen Rehe zeigen Gewichtsschwankungen. Sie folgen prinzipiell dem gleichen Rhythmus mit je einem Maximum im Juni und Juli und im Oktober und Tiefwerten im März und, allerdings bedeutend weniger, im August, also während der Brunft.
Das Gewicht der Rehe wird unterschiedlich angegeben. Als Lebendgewicht wird das Gewicht des ganzen Tieres verstanden. Als aufgebrochen gilt erlegtes Wild, wenn die Bauchhöhle ausgeweidet ist (also ohne Pansen, Därme, Leber, Milz, Nieren und Fortpflanzungsorgane); sauber aufgebrochen ist das Wild, wenn auch noch Herz und Lunge nebst Drossel und Zwerchfell entnommen sind. Beim Wildpretgewicht fehlen auch noch Kopf, Decke und die Läufe bis zum Sprunggelenk. PRIOR (1968) hat in England vergleichende Daten gesammelt, die ich an dieser Stelle erwähnen möchte:

Sommerbock:		Geißen:	
Lebendgewicht	100%	Lebendgewicht	100%
Aufgebrochen	82%		
Sauber aufgebrochen	76%	Sauber aufgebrochen	76%
Wildpret	55%	Wildpret	58%

Das Jugendkleid der Rehe ist braun, gelegentlich fast schwarz mit reihenweise angeordneten weißen Flecken, die recht unterschiedlich sein können. In der Regel sind sie nicht einmal auf beiden Körperhälften spiegelbildlich verteilt. Etwa im zweiten Lebensmonat verschwindet die Fleckenzeichnung. An ihre Stelle tritt die rotbraune Sommerdecke.

Die Färbung der erwachsenen Rehe ist, natürlich abgesehen von den bereits erwähnten Farbvarianten, im Sommer rotbraun und im Winter graubraun. Besonders im Sommer fallen Unterschiede auf: braunrote, graurote, hellere und dunkle und fast gelbe Farben sind bekannt. Gesunde Tiere erscheinen meist rostbraun, alte und kranke dagegen hell. Im Laufe des Sommers bleichen die Haare aus. Rehe sind deshalb im Frühjahr allgemein dunkler als im Herbst. Im graubraunen Winterkleid fallen die Farbunterschiede viel weniger auf. Unmittelbar nach dem Haarwechsel ist die Farbe intensiver als im Frühjahr, wenn die Haarspitzen abbrechen.

Die Decke wird jedes Frühjahr und jeden Herbst gewechselt. Im Frühjahr werden zuerst Haupt und Träger verfärbt. Später verlieren die Rehe die alten Haare auch am Rücken, an den Flanken, am Bauch und am Hinterende. Der Herbstwechsel geht viel unauffälliger vor sich als derjenige im Frühjahr. Man findet jetzt auch nie ganze Büschel ausgefallener Grannen wie im Frühjahr. Der Herbstwechsel ist auch rascher vollzogen.

Äsung

Wirbeltiere verdauen Pflanzenkost vor allem deshalb schwerer als tierische Stoffe, weil ihnen die nötigen Fermente (Wirkstoffe) fehlen, um die aus Zellulose bestehenden Wände der Pflanzenzellen aufzuschließen. Dagegen besitzen jedoch bestimmte Bakterien die Fähigkeit, Zellulose abzubauen. In riesigen Mengen leben sie im Magen der Wiederkäuer, fressen Zellwände und machen so den Inhalt der beim Kauen größtenteils unversehrt gebliebenen Zellen den Verdauungssäften ihres Wirtes zugänglich. Der Magen der Wiederkäuer ist eine komplizierte Verdauungseinrichtung. Er besteht nicht nur aus einem oder zwei Abschnitten, sondern aus deren vier. Bei der Nahrungsaufnahme gelangt das Futter vorerst in den größten Abschnitt, den Pansen oder Vormagen; hier wohnen die Bakterien. Zusammen mit einer gehörigen Portion Bakterien gelangt der Nahrungsbrei anschließend in den Netzmagen oder die Haube, wie der Jäger sagt, wo die beiden Komponenten miteinander vermischt werden. Nachdem Bakterien und Futter genügend miteinander vermengt worden sind, wird das Gemisch aufgewürgt, zwischen den scharfkantigen Backenzähnen ein zweites Mal ausgiebig gekaut und wieder geschluckt. Der Brei gelangt nun nicht mehr nur in den Vormagen, sondern durch die Schlundrinne auch in die dritte Abteilung des Magens, den Blättermagen (Psalter), und von dort in den Labmagen. Pansen, Haube und Psalter sind drüsenlose Ausstülpungen der Speiseröhre, die mit verhornter Haut ausgekleidet sind. Verdauungsdrüsen münden nur in den Labmagen, den eigentlichen Magen, wo die körpereigene Verdauung einsetzt.
Durch das Wiederkäuen wird die Nahrung besser ausgenützt. Es verkürzt aber auch die Zeit, während der die Tiere im oft deckungsarmen, gefährlichen Gelände äsen; denn das gründliche Kauen der Nahrung erfolgt erst später am sicheren Ruheplatz.
Vom Labmagen wird der Nahrungsbrei weitergeschoben in den Zwölffingerdarm, den vorderen Abschnitt des Dünndarmes, wo mit Hilfe von Ausscheidungen der Darmwand, der Bauchspeicheldrüse und der Leber die Nährstoffe soweit abgebaut werden, daß sie von den Darmzotten aufgenommen und vom Blut in den Körper transportiert werden können. Die Galle, der Verdauungssaft aus der Leber, wird beim Reh nicht in einer Blase gesammelt, sondern gelangt je nach Bedarf direkt in den Darmkanal. Die restliche Futtermenge, der nun die wesentlichsten Nährstoffe fehlen, verläßt den Dünndarm und erreicht den riesigen Blinddarm, das vordere Stück des Dickdarmes. Hier sind es wiederum Bakterien, die sich mit der Nahrung beschäftigen. Sie lösen bisher unverdaute Zellulosestoffe auf, so daß sie vom Wirtskörper verdaut werden können. Bei diesem wichtigen chemischen Vorgang werden Fäulnis- und Gärprozesse eingeleitet, die große Gasmengen entstehen lassen. Einige der Bakterien im Blind-

darm bauen Vitamine auf, die vom Rehkörper aufgenommen werden können.
Die unverdaute Äsung erreicht schließlich den spiralig aufgerollten Grimmdarm, wo ihr Wasser entzogen wird. Durch Schleimabsonderung wird die Weiterbeförderung des eingedickten Darminhaltes erleichtert. Die rhythmischen Bewegungen der Darmwände formen nun auch die Losung, die im Weiddarm, dem Endstück des Dickdarmes, gesammelt wird.
Rehe benötigen eine vielseitige Äsung. Sie sind naschhaft wie Ziegen und weiden nicht ruhig wie Hirsche, sondern unterbrechen die Nahrungsaufnahme häufig, um zu sichern oder weiterzuziehen. Ihr reicher Speisezettel umfaßt junge Laub- und Nadelhölzer, Sträucher, Stauden, Gräser sowie zahllose Kräuter. W. Esser (1958) fand anläßlich seiner Untersuchungen in Gebieten der Schwäbischen Alb aufgrund von Untersuchungen am Panseninhalt, daß von 160 im Revier vorkommenden Pflanzen 100 (63%) geäst werden. F. Klötzli (1965) widmete eine umfangreiche Studie der Qualität und Quantität der Rehäsung in Wäldern, Wiesen und Rieden der Schweiz. Er fand, daß rund 70% der über 500 vorkommenden und untersuchten Pflanzenarten geäst werden, davon gehören aber nur etwa 12% in die höchste Beliebtheitsgruppe. Selbst für den Menschen giftige Pflanzen sind beim Reh beliebt, z. B. Eibe, Gemeiner Schneeball, Weißwurz und Eisenhut.

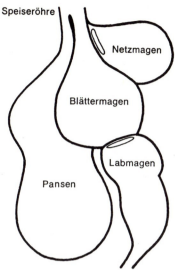

Abb. 2 Magen des Rehes

Im Frühjahr und Sommer werden fast alle Laubtriebarten aufgenommen, ferner Hülsenfrüchtler (Leguminosen), Himbeer- und Brombeerlaub, grünes Getreide, Wiesengras, Kartoffelkraut, Raps, Kohlarten und Pilze. Verholzte, trockene Pflanzenteile, harte Gräser und Moose werden dagegen gemieden. Vom Spätherbst an gehören wildes Obst, Bucheckern, Eicheln, Roßkastanien auf den Speisezettel. Vielfalt und Menge der vorhandenen Äsung nehmen nun rasch ab. Besonders in größeren, unterwuchsarmen Nadelwäldern wird die Äsung äußerst knapp. Während der Wintermonate ist das Reh zur Hauptsache auf Baumknospen, Laubholz- und Nadelholzreisig, Brombeertriebe und -blätter sowie Wintersaaten angewiesen.
In seiner grundlegenden Arbeit erschien es F. Klötzli zweckmäßig, sich von der herkömmlichen Monatseinteilung zu lösen und das Jahr in die fünf folgenden Äsungsperioden aufzuteilen, um den wechselnden Speiseplan zu veranschaulichen:

	Ungefährer Zeitraum	Wichtigste Äsung
1.	16. 3. – 30. 4.	Gräser – Knospen
2.	1. 5. – 15. 6.	Einkeimblättrige – Laubtriebe
3.	16. 6. – 15. 10.	Zweikeimblättrige – Laubtriebe
4.	16. 10. – 31. 12.	Pteridophyten – Knospen – Brombeere
5.	1. 1. – 15. 3.	Gras – Knospen – Brombeere

KLÖTZLI unterschied die fünf folgenden Beliebtheitsgrade: (1) regelmäßig stark verbissen, (2) periodisch stark oder zu jeder Jahreszeit mäßig verbissen, (3) oft mäßig verbissen, (4) zuweilen schwach verbissen und (5) praktisch nie verbissen. In der anschließenden Zusammenstellung werden die Pflanzenarten der ersten zwei Klassen aufgeführt, für die nächsten drei Gruppen sind nur die Artenzahlen erwähnt.

	Wald	Wiese	Ried
(1) regelmäßig stark verbissen:			
Pteridophyten:	keine	keine	keine
Grasartige:	keine	Gem. Ruchgras Franz. Raygras Wolliges Honiggras Gem. Rispengras Saatweizen	keine
übrige Einkeimblättrige:	Türkenbund Vielbl. Weißwurz	keine	keine
Jungbäume:	Weißtanne Hainbuche; Esche Traubeneiche Stieleiche; Eibe Falsche Akazie	keine	Salweide Grauweide Schwarzweide
Sträucher, Halbsträucher und Lianen:	Roter Hartriegel Strauchwicke Deutscher Ginster Färberginster Rainweide Kriechende Weide Schwarzer Holunder Traubenholunder Pfriem; Mistel Gemeiner Schneeball Kratzbeere (Brombeere); Himbeere Heidelbeere Preißelbeere	keine	Kratzbeere

	Wald	Wiese	Ried
übrige Zweikeimblättrige:	Eisenhut Waldgeißbart Nesselblättrige Glockenblume Sumpfpippau Widderbart Mädesüß Ruprechtskraut Waldruhrkraut Des Etangs' Johanniskraut Waldknautie Rainkohl Gem. Gilbweiderich Blutweiderich Wolliger Hahnenfuß	Luzerne Roter Feldklee Weißklee Wiesenkerbel Runkelrübe Wiesenbärenklau Rauher Löwenzahn Spitzwegerich Kriechender Hahnenfuß Wiesensauerampfer Gem. Gänsedistel Wiesenlöwenzahn	Gem. Akelei Sumpfpippau Mädesüß Geflügeltes Johanniskraut Zottiger Klappertopf Kleiner Klappertopf

(2) periodisch stark oder immer mäßig verbissen:

	Wald	Wiese	Ried
Pteridophyten:	Waldfrauenfarn	keine	keine
Grasartige:	Waldsegge Waldhainsimse	Saathafer Weiche Trespe Wiesenschwingel Engl. Raygras Wiesenrispengras Goldhafer	Wolliges Honiggras
übrige Einkeimblättrige:	Rotbrauner Sumpfstendel Breitblättriger Sumpfstendel Violetter Sumpfstendel	keine	keine
Jungbäume:	Feldahorn Bergahorn Rotbuche Föhre Weymouthföhre Salweide Gewöhnliche Vogelbeere Winterlinde Sommerlinde Feldulme Bergulme	keine	Mandelweide

	Wald	Wiese	Ried
Sträucher, Halbsträucher und Lianen:	Hasel Eingriffliger und Zweigriffliger Weißdorn Pfaffenkäppchen Schwarzdorn Heidekaut	keine	Färberginster Faulbaum
übrige Zweikeimblättrige:	Zipperleinskraut Waldengelwurz Gem. Akelei Sumpfdotterblume Bergkälberkropf Bachweidenröschen Gem. Hohlzahn Waldlabkraut Bachnelkenwurz Echte Nelkenwurz Schönes Johanniskraut Goldnessel Kuckuckslichtnelke Mauerlattich Hasenlattich Scharbockskraut Kriechender Hahnenfuß Kleiner Sauerampfer Waldgreiskraut Gem. Goldrute Waldziest	Stangenbohne Rebse Zipperleinskraut Ölraps Rübenkohl Rapunzel Gem. Hornkraut Bergkälberkropf	Waldengelwurz Sumpfdotterblume Wiesenglockenblume Bachnelkenwurz Geflecktes Johanniskraut Blutweiderich Kleine Bibernelle Waldhahnenfuß Kleiner Wiesenknopf Großer Wiesenknopf Silge Wiesensilge Heilziest

(3) oft mäßig verbissen

	Wald	Wiese	Ried
Pteridophyten:	2	keine	keine
Grasartige:	12	8	3
übrige Einkeimblättrige:	6	keine	1
Jungbäume:	7	keine	3
Sträucher, Halbsträucher und Lianen:	8	keine	1
übrige Zweikeimblättrige:	29	14	25

	Wald	Wiese	Ried
(4) zuweilen schwach verbissen:			
Pteridophyten:	5	keine	1
Grasartige:	11	4	10
übrige Einkeimblättrige:	2	keine	keine
Jungbäume:	8	keine	keine
Sträucher, Halbsträucher und Lianen:	6	keine	keine
übrige Zweikeimblättrige:	53	30	13
(5) praktisch nie verbissen:			
Pteridophyten:	9	1	3
Grasartige:	12	4	42
übrige Einkeimblättrige:	7	2	14
Jungbäume:	1	keine	keine
Sträucher, Halbsträucher und Lianen:	5	keine	keine
übrige Zweikeimblättrige:	43	15	50

Die meisten Äsungspflanzen spielen nur innerhalb weniger Wochen und Monate eine wesentliche Rolle als Nahrung, weil sie entweder nur während kurzer Zeit sichtbar sind oder vom Rehwild in der übrigen Zeit verschmäht werden.
Als Beispiel dafür können die Seggen gelten: Ausdauernde Blätter der meisten Arten werden während des Winters und bis Ende April geäst. In den Monaten Mai, Juni, September, Oktober und November dagegen werden kaum Seggenteile angenommen. Die reifenden und reifen Fruchtstände spielen nach der Blüte im Juli und August eine Rolle als Futterspender. Als diplomierter Chemiker studierte F. KLÖTZLI nicht nur den Nähr-, Mineral- und Wirkstoffgehalt der geästen Pflanzen, sondern stellte sich auch die Frage, warum die einen mehr verbissen werden als andere. Dabei gelangte er aufgrund statistischer und chemischer Analysen zum Schluß, daß die Hauptursache für die Beliebtheit zahlreicher Äsungspflanzen Duft- und Geschmackstoffe sind, die von den feinen Sinnesorganen des Rehes wahrgenommen werden. Pflanzenarten mit dem Gerbstoff werden von allen anderen bevorzugt.
Auch J. MELCHIAR (1960) untersuchte den Panseninhalt des Rehes. Er fand 62% Baum- und Strauchnahrung, 10% Gras, 16% Kräuter und 12% niedere Pflanzen, z. B. Flechten. Baum- und Strauchäsung bilden demnach im Jahresdurchschnitt etwas mehr als die Hälfte der gesamten Nahrung. Ihre grobe, faserige Struktur erfüllt im Verdauungstrakt eine wichtige Aufgabe. Sie fördert die Bewegung und Verwertung

der Nahrung im Magen und Darmkanal und regelt somit die Verdauungstätigkeit. Aufgrund genauer Untersuchungen steht fest, daß die mechanischen, strukturellen Eigenschaften des faserigen Futters meist noch wichtiger sind als ihr eigentlicher Nährstoffgehalt. Man weiß z. B., daß viele für Haustiere leicht verdaulichen Futtersorten, etwa Luzerne, vom Rehwild ohne schwer- oder sogar unverdauliche, ligninreiche Rohfasern kaum verdaut werden können. Ein plötzliches Ausbleiben grobfaseriger Äsung hat Verdauungsstörungen und unter Umständen einen lebensbedrohlichen Gewichtssturz zur Folge. Es wirkt sich im weiteren auch ungünstig auf die Geweihbildung aus.

Besonders im Winter kommt der Baum- und Strauchäsung eine große Bedeutung zu; denn Rehe — wie übrigens viele verwandte Huftiere — brauchen in der Regel nicht zu schöpfen, um dem Körper die benötigte Wassermenge zuzuführen. Sie sind dank ihres hochspezialisierten Verdauungstraktes in der Lage, Wasser aus dem Futter aufzunehmen. Was allerdings nicht heißt, Rehe würden überhaupt nie schöpfen — dies beweisen ja die gelegentlich veröffentlichten Schnappschüsse, welche Rehe zeigen, die mit gegrätschten Vorderläufen bei einem Gewässer stehen und mit tiefgehaltenem Haupt schöpfen. Pfaffenhütchenzweige besitzen selbst im Winter noch 62% Wasser, Weißtannen 58%, Fichtenreisig 55%. Auch andere Reisigarten, z. B. Esche, Buche, Ahorn und Hartriegel, besitzen mit 46—52% einen hohen Wassergehalt. Rechnet man zum Wassergehalt des Holzes noch das unvermeidliche Haftwasser von Tau, Nebel, Reif oder Eis, so kann damit gerechnet werden, daß das Winterreisig anderthalbmal soviel Wasser enthält wie Trockensubstanzen.

Durch tiefe Kälteeinbrüche oder hohe Schneedecken kann besonders in unterholzarmen Waldungen plötzlicher Wassermangel eintreten, weil nun die Rehe nicht mehr in der Lage sind, Reiser zu äsen. Kann in derartigen Situationen neben der vom Menschen herbeigeschafften Heu- oder Strohäsung kein Wasser geschöpft werden, dann wird einmal die Speichelabsonderung gering und es treten schwere Verdauungsstörungen auf. Besonders aus Schweden wurden in den letzten Jahren wiederholt Fälle bekannt, in denen künstlich gefüttertes Rehwild praktisch neben gefüllten Futterraufen wegen Wassermangel »verhungerte«. Die Erkenntnisse, welche die genauen Untersuchungen über die Wichtigkeit der Reisigäsung vermittelten, wurden glücklicherweise als wichtiger Hinweis zur Bereitung von Kunstfutter beachtet.

A. BUBENIK (1960) studierte gefangene Rehe und stellte dabei fest, daß sie vor allem während des Tages äsen. Während 8—11 Perioden, deren Rhythmus vom Sonnenaufgang bestimmt ist, wird geäst. Den Äsungsperioden folgen regelmäßig längere Ruhepausen, in denen die Tiere wiederkäuen. Die tägliche Äsungszeit dauert 7—12 Stunden, die zum Wiederkäuen eingesetzte Zeitspanne 6—7 Stunden. Die Beobachtungen von MOTTL (1957) ergaben Aufschlüsse über die täglich aufgenommene Nahrungsmenge. Ein etwa 25 kg schweres Reh äst innerhalb von 24 Stunden rund

1,6 kg. Im Durchschnitt rechnet MOTTL mit einer Tagesration von 1,5—2 kg. Der Tagesbedarf an Roheiweiß beläuft sich auf etwa 35—45 g, führende Geißen benötigen mehr, nämlich 110 g, und Kitze, die noch im Wachstum stehen, 55 g. Täglich werden 300—600 g Zucker, Stärke und stärkeähnliche Verbindungen gebraucht. Der Nährstoffbedarf der Rehe ist jahreszeitlich verschieden und wesentlich vom Sexualzyklus beeinflußt. Vor und während der Brunft — Ende Juli und August — ist besonders bei Böcken die Futteraufnahme unregelmäßig und von Gewichtsverlusten begleitet. Allgemein sind auch gegen Ende des Winters vermindert Äsungstätigkeit und Gewichtsverluste zu verzeichnen.

Das Geweih (Gehörn)

Jede der beiden *Geweihstangen* steht auf einem festen Sockel, einem Auswuchs des Stirnbeines, der in der Fachsprache als *Rosenstock* bezeichnet wird. Geweihstangen und Rosenstöcke haben einen runden oder ovalen Durchmesser. An der Basis der Geweihstangen finden wir einen wulstartig aufgeworfenen Kranz scharfkantiger Knochenstrukturen, die sogenannte *Rose*. Je nach Zahl der Geweihenden werden *Spießer, Gabler, Sechser* oder sogar *Achter* unterschieden. Ein Spießer trägt unvereckte Stangen, ein Gabler je zwei Enden, ein Sechser je deren drei und ein Achter je deren vier. Ganz selten werden sogar *Zehnender* geschossen. Als ungerade Gabler, Sechser und Achter bezeichnet man Böcke mit ungleich vereckten Stangen, wobei diejenige mit der höheren Endenzahl für die Bezeichnung verantwortlich ist. Demnach ist ein ungerader Sechser dadurch gekennzeichnet, daß eine Stange drei, die andere nur zwei Enden oder nur einen einfachen Spieß trägt. Das unterste, kopfwärts gerichtete Geweihende wird als *Vordersproß*, das obere, nach hinten ausladende als *Hintersproß* bezeichnet, zwischen ihnen liegt der *Mittelsproß*. Die weiteste innere Entfernung der Stangen voneinander bezeichnet man als *Auslage*. Besonders an seiner Basis und auf der Innenseite der Stangen ist das Geweih mit tropfenartigen Strukturen, den *Perlen*, und scharfkantigen Rillen versehen.

Im Alter von 3—4 Monaten bilden sich auf dem Stirnbein des Kitzbockes die ersten Geweihanlagen. Die Stellen sind durch zwei kleine, dunkel gefärbte Haarbüschel gekennzeichnet. Von außen sind die ersten Wachstumsvorgänge nur durch zwei kaum abstehende Höcker zu erkennen. Nach wenigen Wochen, im November oder Dezember, ist das Wachstum abgeschlossen. Die Haut, die es während des Aufbaues umschlossen hielt, stirbt und wird abgefegt. Das Erstlingsgeweih oder die Knöpfe sind gebrauchsfertig. Meist aber werden sie nach wenigen Tagen oder Wochen wieder abgeworfen, und das erste Folgegeweih beginnt zu wachsen. Nicht alle, sondern nur die stärksten Kitzböcke schieben und verfegen ein Erstlingsgeweih im Winter, die schwächeren verfegen erstmals im kommenden Frühjahr.

Der Geweihaufbau geht erstaunlich rasch vor sich, beträgt doch die Zeit zwischen Abwerfen des alten und Fegen des neuen Geweihes nur etwa 20 Wochen. Während des ganzen Wachstums ist die Geweihstange umschlossen von einer samtartigen Haut — dem *Bast* —, die gelegentlich als Nährhaut bezeichnet wird; denn das Geweih wächst nicht als Auswuchs des Rosenstockes von innen, sondern vielmehr von außen, indem die Baustoffe vom Blut in die gefäßreiche Basthaut getragen und an den Wachstumszonen aufgeschichtet werden. Wer Gelegenheit hat, das Kolbengeweih eines Bastbockes anzufassen, wird mit Erstaunen feststellen, wie warm sich die wachsende Struktur

Jährlingsbock, zu Beginn der Jagdzeit (Ende Mai/Anfang Juni), noch im Bast.
Foto: M. Danegger

◁ Der alte Rehbock verfegt bereits im März/April. Das frisch verfegte Gehörn erscheint noch hell; die soeben abgelegte Basthülle hängt hier noch herab.
Foto: H. Koll

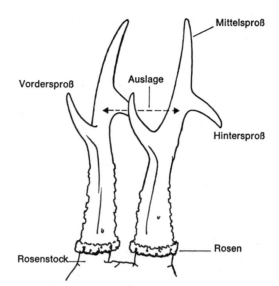

Abb. 3 Gehörn

anfühlt, und auch rasch merken, daß der Bock die Berührung als schmerzhaft empfindet. Denn das Nährgewebe enthält nicht nur ein dichtes Netz von Blutgefäßen, sondern auch zahlreiche Nervenstränge, die die Gefäße begleiten. In ihrem Bau gleicht die Basthaut weitgehend der Decke. Allerdings fehlen Schweißdrüsen, ihre kurzen Flaumhaare sind marklos und können nicht durch besondere Hautmuskeln aufgerichtet werden. Besonders an der Wachstumsspitze und an der Basis des Kolbengeweihes ist die Basthaut mit zahlreichen Duftdrüsen durchsetzt, die ein gelbes oder braunes Sekret absondern, das sogar von der menschlichen Nase wahrgenommen werden kann und an Moschus erinnert.

Der Bast schützt nicht nur das wachsende Kolbengewebe, sondern auch die in ihm verlaufenden Blutgefäße und Nerven. Je zwei Äste der Schläfenarterie (Arteria temporalis superficialis) sind für den Transport der Baustoffe verantwortlich. An der Geweihbasis verzweigen sie sich und verlaufen tief eingebettet im Kolbenmaterial zuerst parallel nebeneinander in Richtung Kolbenende. Je höher sie verlaufen, um so mehr verzweigen sie sich. Als feine Kapillaren enden sie an den Baustellen und lagern das mitgeführte Baumaterial ab. Beladen mit Abfallprodukten fließt dann das Blut durch Venen, die unter der Basthaut liegen, in den Körper zurück.

Der Geweihaufbau geht nach folgendem Muster vor sich: Ganz am Anfang wird auf dem Fundament, dem Rosenstock, knorpelähnliches Material aufgetürmt, das nicht hart, sondern elastisch und leicht biegsam ist. In einem späteren Wachstumsprozeß wird der Knorpel durch eingelagerten Kalk gefestigt. Die verkalkten Knorpelzellen lösen sich allmählich auf und werden durch Knochenzellen ersetzt. Die Geweihbasis ist schon lange fertig gebaut, wenn an der Spitze noch immer neues Knorpelmaterial aufgetürmt wird. Verkalkungs- und Verknöcherungsprozesse verlaufen am Rande der Geweihstangen nicht nur rascher, sondern auch vollständiger.

Das Wachstum ist mit dem Abschluß des Verknöcherungsprozesses beendigt. Die Blutzufuhr versiegt, die Basthaut hat ihren Dienst erfüllt, sie erschlafft und hebt sich von dem fertig vereckten Geweih ab. In kurzer Zeit wird sie vom Bock an Sträuchern und Bäumen abgefegt. Oft versucht er auch, sie mit Hilfe der Hinterklauen abzukratzen, und gelegentlich kann man sogar feststellen, daß die ganze Basthaut oder einige Stücke davon gefressen werden. Vorübergehend wird also ein ausgesprochener Pflanzenfresser zum Fleischfresser, eine seltene Ausnahme im Leben der Rehe. Auch die Rehmütter fressen kurz nach der Geburt ihrer Kitze die Nachgeburt.

Das frischgefegte Geweih erscheint weißlich und besitzt noch nicht die braune, gelegentlich fast schwarze Färbung. Verschiedene Theorien befassen sich mit der Herkunft des Farbstoffes. Während die einen Forscher körpereigene Substanzen annehmen, die entweder aus Hautdrüsen an der Geweihbasis, aus Geweihabsonderungen oder geronnenem Blut stammen sollen, vermuten andere Wissenschaftler Pflanzensäfte, die beim Fegen an der porösen Geweihoberfläche haften blieben. Heute wird allgemein angenommen, daß die Farbe aus einem Gemisch von oxydiertem Blut aus der abgestorbenen Basthaut und Säften der verfegten Pflanzen entsteht. Nach dem Fegen ist das Geweih einsatzbereit, ein totes Stück Knochenmaterial, das mit gleichem Erfolg als offensive Stich- und Schlagwaffe, aber auch als Defensivwaffe, gewissermaßen als Schild, eingesetzt wird. Aber nicht nur im Rivalenkampf spielt das Geweih eine entscheidende Rolle, sondern auch als Organ zur Sicht- und Geruchsmarkierung der Reviere; und man kann annehmen, daß — wie beim Rothirsch — die von Bock zu Bock verschiedenen Geweihformen als individuelle Erkennungsmerkmale in gegenseitigen Begegnungen eine Bedeutung haben.

Bis in den Herbst bleibt das Geweih fest mit den Rosenstöcken verwachsen, und der Körper zeigt keine der sonst üblichen Maßnahmen, die zum Ausstoßen toten Materials führen. Im Oktober oder November allerdings brechen die Stangen plötzlich ab. Der Vorgang des Abwerfens geht auf besondere Veränderungen im Trennungsbereich (Demarkationslinie) zwischen dem lebendigen und dem toten Knochenmaterial zurück. Einige Wochen vor dem Abwerfen beginnen knochenfressende Zellen, die Osteoklasten, unterhalb der Rosen die Geweihstangen von außen anzunagen. Etwas später lagert sich um die Rosenstöcke neues Knochenmaterial an und vergrößert dadurch den Durchmesser der Geweihbasis. Inzwischen haben die Osteoklasten tiefe Hohlräume gefressen. Nur noch wenige Stützpfeiler verbinden Rosenstock und Geweih. Auch sie werden abgebaut. Das Geweih fällt ab. Meist gehen beide Stangen gleichzeitig verloren. Gelegentlich ist der Abwurf der einen Stangen verzögert. Nach dem Geweihverlust bleibt eine zwei- bis fünfmarkstückgroße blutige Wunde, an deren Rand sich rasch ein Schorfwulst bildet, der beim Zuheilen nach innen verschoben wird. Kaum ist die Wunde zugewachsen, erkennt man auch schon wieder die neue Basthaut und die ersten Ansätze des neu heranwachsenden Kolbengeweihes.

Weil man abgeworfene Geweihstangen sehr selten findet, glaubte man früher, die Böcke würden sie entweder einscharren oder beim Abwerfen tief in den Boden graben. In Wirklichkeit aber werden die abgefallenen Stangen meist vom Herbstlaub zugedeckt und von Mäusen und Eichhörnchen gefressen.

Nicht immer entwickeln sich die Geweihstangen nach dem gewohnten Bauplan, gelegentlich treten durch innere oder äußere Einflüsse Abweichungen auf, die zu Regelwidrigkeiten führen. Die Vielfalt abnormer Geweihe ist erstaunlich groß, und ich kann im Rahmen dieses Bandes höchstens versuchen, einige der auffälligsten kurz zu erläutern.

Fehler in der Geweihanlage der Stirnbeine ereignen sich gelegentlich während der Embryonalentwicklung. Sie führen zu sehr enggestellten oder sogar verwachsenen Rosenstöcken. Dadurch entstehen nicht zwei voneinander getrennte Geweihstangen, sondern ein einziger Stirnaufsatz. Je nach dem Abstand der ursprünglich getrennten Fundamente sind dabei die Stangen mehr oder weniger ausgeprägt miteinander verschmolzen. In der Regel sind bei verwachsenen Stangen die Basen vereint, die Geweihenden dagegen getrennt. In seltenen Ausnahmen allerdings findet eine Verwachsung erst über den Rosen statt. Hier beruht der Fehler in einer falschen Wachstumsrichtung des Kolbengeweihes, die durch zu starke Blutversorgung in den außenliegenden Teilen der Stangen zustande kommt. Gelegentlich verkümmert eine Rosenstockanlage, und die Folge ist, daß entweder zwei Stangen mit verschiedener Stärke wachsen oder eine vollkommen fehlt (Einstangenböcke).

Geweihe sind Strukturen, die alljährlich während der Periode höchster Futterknappheit neu aufgebaut werden. Sie spiegeln deshalb ziemlich genau das herrschende Nahrungsangebot wider, indem sie stärker oder schwächer ausgebildet und mehr oder weniger vereckt sind. Zudem kommen in ihnen auch krankhafte Störungen im Stoffwechsel des Bockes zum Ausdruck. Treten z. B. die Prozesse der Geweihverkalkung und Verknöcherung zu spät auf, verbiegen sich die weichen Kolbenstangen unter Einfluß des eigenen Gewichtes. Es entstehen abnorme Strukturen, die unter den Bezeichnungen *Korkzieher* und *Widdergeweihe* zusammengefaßt werden. Korkziehergeweihe sind spiralige, Widdergeweihe seitlich oder nach vorn abgebogene Strukturen, deren Spitzen aufgerichtet sind.

Gelegentlich fällt der Erhärtungsprozeß vollständig aus. Solche *Gummigeweihe* sind — noch nachdem sie gefegt wurden — weich und verformbar.

Das vorübergehende oder dauernde Ausbleiben der Kalkproduktion im Körper kann auf verschiedenen Ursachen beruhen. v. RAESFELD (1965) erwähnt ein Revier, in dem fast sämtliche ältere Böcke in einem Jahr plötzlich Korkziehergeweihe aufsetzten. Den Grund sieht er in einem außergewöhnlichen Kälteeinbruch, der für bestimmte Zeit zu einer Erkrankung des Kalkstoffwechsels führte. Starker Parasitenbefall und rachitische Erkrankungen (Knochenweiche) führen ihrerseits ebenfalls zu Stoffwechselstörungen. Meist sind bei Störungen des Kalkstoffwechsels beide Stangen in gleichem Maße verformt. Je nach Ursache der Erkrankung handelt es sich bei Korkzieher- und Widdergeweihen um einmalige oder bleibende Erscheinungen.

Verletzungen an den Stirnbeinen und Rosenstöcken, die beim Kampf, bei Unfällen oder während der Jagd entstehen können, sind Ursachen weiterer Regelwidrigkeiten.

Gelegentlich bricht der Rosenstock bei einem Kolbengeweih oder bei einer gefegten Stange vollständig. Dabei wird die Haut meist nicht verletzt. Sie vermag die abgebrochene Stange zwar zu halten, aber nicht in aufrechter Stellung, weil Muskeln fehlen. Die gebrochene Stange fällt nach unten. Es entstehen sogenannte *Pendelstangen*. Pendelgeweihe auf falschen Gelenken werden dann gebildet, wenn die Bruchstelle durch Knorpelgewebe, das nicht verkalkt, geschlossen wird. Dadurch entsteht ein elastisches Gelenk, das die abgebrochene Stange mit dem Schädel verbindet.

Ist der Bruch in der Kolbenzeit erfolgt, so wächst meist ein rudimentäres Geweih heran, das nicht vollständig verfegt wird. Bei völligem Rosenstockbruch kann es auch vorkommen, daß die beiden Teile nie mehr durch Knorpel verbunden werden. Die abgebrochene Stange und der obere Teil des Rosenstockes hängen dann frei an einem Hautschlauch.

Verletzungen der Geweihfundamente, Stirnbeine und Rosenstöcke sind bleibende Schäden. Äußere Schädigungen des Kolbengewebes dagegen sind in der Regel einmalige Veränderungen, die sich in nachfolgenden Geweihen nicht mehr zeigen. Obwohl die Bastböcke Berührungen am Kolbengeweih zu vermeiden versuchen, kommt es trotzdem gelegentlich zu Unfällen, bei denen die Wachstumszonen verletzt oder sogar die ganze Kolbenstange gebrochen werden. Bei der Heilung einer Verletzung im Keimbereich entstehen oft mehrere neue Keimbereiche, die zu einer regelwidrigen Vielendigkeit führen. Brüche der Kolbenstangen haben entweder eine mehr oder weniger vollkommene Einstangigkeit zur Folge oder — falls der abgebrochene obere Teil durch die Basthaut am unteren Teil festgehalten wird — einen verwachsenen Knickbruch, bei dem die Bruchstelle verheilt. Verheilte Bruchstellen erkennt man später leicht an den sogenannten *Notenden*, senkrecht nach oben wachsende Vereckungen.

Außergewöhnlich harte Kälteeinbrüche stören den Aufbau des Kolbengewebes. Das Blut wird unterkühlt, oder die Wachstumszonen und der Bast erfahren nicht wieder gutzumachende Frostschäden. Dabei sterben Bast und Knochengewebe ab, bevor das Geweihwachstum abgeschlossen ist. Frostgeweihe haben stumpfe Enden; sie sind meist glatt bis auf eine bestimmte Höhe über der Basis. Sie spiegeln dadurch genau den Verknöcherungszustand wider, in dem sich das Geweih befand, als die Basthaut erfror. Mitunter entstehen auch lokale Verletzungen des Nährgewebes und des Kolbenmaterials. Blutergüsse und Eiterungen im Kolbengewebe, die etwa durch Dornen, Schrotkugeln oder andere Fremdkörper hervorgerufen werden, bewirken blasenartige Vergrößerungen des Kolbenvolumens. Es entstehen bis faustgroße Aufblähungen. Schädigungen der Basthaut heilen meist rasch und ohne besondere Auswirkungen auf das Geweih, gelegentlich aber führen Blutergüsse zu Ausbuchtungen oder Knickungen der Stangen.

Rehböcke verletzen gelegentlich ihr Kurzwildpret (Hoden), wenn sie auf rasender Flucht durch dichtes Unterholz preschen. Heute sind solche Unfälle gar nicht so selten wegen der Stacheldrahtzäune, mit denen häufig Viehweiden umfriedet sind. Überleben die Böcke solche Unfälle, dann äußern sich die Schädigungen an den Geschlechtsdrüsen und im Geweihwachstum. Werden die Hoden kurz nach der Geburt verletzt, also noch bevor der Kitzbock sein Erstlingsgehörn zu schieben begonnen hat, dann bleibt er zeitlebens ein geweihloser *Plattkopf*. Werden die Hoden eines erwachsenen Bockes, der schon ein Folgegehörn trägt, beschädigt, dann wirft er, falls er ein gefegtes Geweih trägt, dieses sofort ab und beginnt unmittelbar danach ein neues zu schieben. Die neuen Stangen wachsen zwar anfangs nach den gewohnten Proportionen, stellen aber ihr Wachstum nicht mehr ein, um gefegt zu werden, sondern wuchern weiter und überdecken bald große Teile der Stirn, im fortgeschrittenen Stadium vielfach fast das ganze Haupt. Werden die Hoden bei Bastböcken verletzt, dann werfen diese zwar nicht ab, doch auch hier unterbleibt das Fegen des Geweihes, und die Wucherungen des Kolbens und Bastgewebes überschreiten sämtliche Normen. Ganz selten werfen übrigens kastrierte Böcke ihr letztes gefegtes Geweih nicht mehr ab. In solchen Fällen wuchert der neue Kolben neben dem alten Geweih. Die mit Bast überzogenen Strukturen der kastrierten Böcke bezeichnet man als *Perücken*. Die erstaunlich schnell wachsenden Gebilde können von verschiedener Form sein. Bei den »Bischofsmützen« wuchert das Bastgewebe derart rasch, daß bald häutige Anhängsel über Lichter und Wangen hängen, bei den Helmperücken ist es vor allem das Kolbenmaterial, das ungehemmt aufgetürmt wird.

Die natürlichen Experimente, in denen Rehböcke durch Unfälle kastriert wurden, gaben wichtige Anhaltspunkte über den hormonellen Mechanismus, der den zyklischen Geweihwechsel und das Wachstum der Stangen überwacht. Daß bei diesen Vorgängen die männlichen Geschlechtsorgane, oder besser gesagt das von ihnen hergestellte und in den Körper abgegebene männliche Geschlechtshormon Testosteron eine wichtige Rolle spielt, läßt sich ja schon deshalb erahnen, weil die Brunft zeitlich

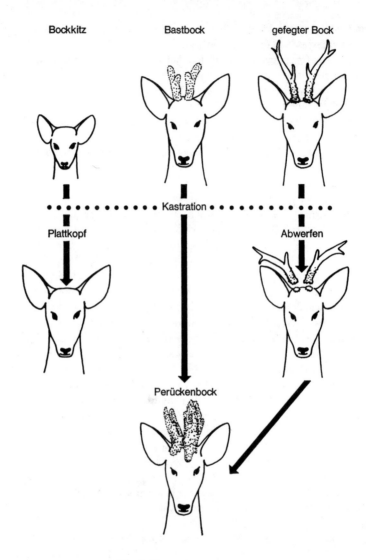

Abb. 4 Kastrationsexperimente

in die Periode der gefegten Geweihe fällt. Zahlreiche Forscher haben sich dem Studium der Geweihperiodik zugewandt. Sie kastrierten Rehböcke verschiedenen Alters und zu verschiedenen Jahreszeiten. Durch Injektion des Geschlechtshormones prüften sie dessen Wirkung auf das Geweih. Die bei diesen fundamentalen Untersuchungen gefundenen Erkenntnisse können wie folgt zusammengefaßt werden:
1. Kastration von Kitzböcken, die noch keine Rosenstöcke geschoben haben, führt zu dauernder Plattköpfigkeit. Wird den geweihlosen Kastraten Testosteron injiziert, schieben sie zuerst Rosenstöcke und später eine Perücke.
2. Kastration von Kitzböcken, die bereits wenigstens Rosenstöcke tragen, oder erwachsenen Böcken, so erfolgt je nach Geweihzustand sofortiger Abwurf bei gefegten Geweihen, oder das Fegen bleibt aus. In beiden Fällen werden Perücken geschoben. Injiziert man jetzt Testosteron, dann wird die Perücke mehr oder weniger vollständig gefegt, abgeworfen und bald durch eine neue ersetzt.

Die Versuche haben eindeutig bewiesen, daß das Erstlingsgeweih nur geschoben werden kann, wenn Geschlechtshormone im richtigen Zeitpunkt einwirken und die Bildung von Rosenstöcken veranlassen. Sie ließen aber auch vermuten, daß das Testosteron bei älteren Böcken hemmend auf das Kolbenwachstum einwirkt, indem es den Verkalkungs- und Verknöcherungsprozeß einleitet. Die nötigen Beweise dafür lieferten Versuche, bei denen die Hoden von Kolbenböcken künstlich zu vermehrter Testosteronabgabe angeregt wurden. Als Folge davon stellten die Tiere sofort das Kolbenwachstum ein, verfegten und warfen das Geweih gleich ab; dann begannen sie ein neues zu schieben.

Der Gegenspieler des Testosterons ist das wachstumsfördernde Hormon Somatotropin, das im Vorderlappen der Hirnanhangsdrüse (Hypophyse) hergestellt wird. Zu einer Geweihbildung und einem Wachstumszyklus kann es nur dann kommen, wenn die beiden Hormongegenspieler nicht während des ganzen Jahres in gleicher Stärke auf die geweihbildenden Gewebe einwirken. Wir wissen, daß Rehböcke nur während weniger Wochen zeugungsfähig sind. Genaue Untersuchungen von STIEVE (1950), TACHEZY (1956) und in jüngster Zeit von SHORT und MANN (1965) zeigten, daß die Böcke im Winter »geschlechtslose« Wesen sind, deren stark verkleinerte Brunftkugeln überhaupt keine zeugungsfähigen Spermien enthalten. Wenn im Frühjahr die Tage länger werden, dann regt die vermehrte Lichtintensität die Hypophyse zur Ausschüttung des Gonadotropins an, eines Hormones, welches das Hodenwachstum anregt. Der Hoden bildet reife Spermien und auch das männliche Geschlechtshormon Testosteron. Hat der Testosteronspiegel eine bestimmte Höhe erreicht, dann beginnen am Kolbengeweih, das bis jetzt unter dem Regime des wachstumsfördernden Hormons Somatotropin heranwuchs, die Verkalkungs- und Verknöcherungsprozesse. Später wird das Wachstum völlig blockiert. Das Geweihwachstum ist aber nur so lange gehemmt, wie die Brunftkugeln genügend Testosteron herzustellen vermögen.

Mit dem Kürzerwerden der Tage stoppt die Hypophyse die Herstellung des Gonadotropins. Die Reifung der Spermien fällt aus, die Brunftkugeln werden kleiner. Das alte Geweih fällt ab und muß einem neu heranwachsenden Platz machen. Gelegentlich setzt die Hemmwirkung des Testosterons verspätet ein, was ein besonderes »Luxurieren« der Geweihe zur Folge hat. Geweihe, die reichlich über das normale Maß Knochenmaterial angelagert haben, werden meist als *Tulpengehörne* bezeichnet. Durch künstliche Veränderung der Lichtintensitäten, der gefangene Hirschstiere und Rehböcke ausgesetzt wurden, konnten JACZEWSKI (1952) und BUBENIK (1966) jährlich drei bzw. zwei Geweihbildungen stimulieren. Einen weiteren Beweis, daß die Lichtintensität maßgebend an der Geweihbildung beteiligt ist, liefern Hirscharten, die von der nördlichen Halbkugel in die südliche verfrachtet wurden, indem sie hier entsprechend der herrschenden Verhältnisse und nicht gemäß ihres angestammten Rhythmus die Geweihe zu schieben begannen.

Außer den Rentieren tragen keine weiblichen Vertreter der Hirschfamilie Geweihe. Doch keine Regel ohne Ausnahme. Gelegentlich werden tatsächlich geweihtragende Ricken, die irrtümlicherweise für Böcke gehalten werden, auf der Jagd erlegt. Die Ursachen, die zu gehörnten Ricken führen, sind in den wenigsten Fällen genau geklärt worden, obwohl man das Phänomen verhältnismäßig oft beschrieb; allerdings gelangten nur wenige der abnormen Tiere in die Hände kompetenter Wissenschaftler. Die mehr oder weniger stark ausgewachsenen, gelegentlich sogar vereckten und gefegten Stangen können auf verschiedene Weise entstanden sein. Sie wuchsen entweder infolge ernsthafter Verletzungen oder Erkrankungen des Stirnbeines oder gehen auf hormonelle Störungen zurück. Gelegentlich handelt es sich bei den geweihtragenden Weibchen aber auch um Zwitter.

Kaum ein anderes Organ des Rehes hat Jäger und Wissenschaftler dermaßen fasziniert wie das Geweih. Hegepläne wurden aufgrund der Geweihstärke entworfen, Zuchtpläne zur Veredelung des Wildbestandes, ohne daß es allerdings bis heute gelungen wäre, eine Erblehre der Geweihbildung aufzustellen oder auch nur die geringsten Anhaltspunkte zu finden. Über die banalsten Gesetzmäßigkeiten fehlen uns heute noch genaue Anhaltspunkte. BLAUPOT TEN CATE (nach BUBENIK, 1966) sagt sicher mit Recht: »Wie Blinde von der Farbe reden wir Jäger, wenn wir Rehwildaufwertung diskutieren, ohne überhaupt zu wissen, wie sich das Gehörn beim Rehwild vererbt.« Man kann höchstens, wie dies BUBENIK (1966) getan hat, hinzufügen, daß auch die Wissenschaftler noch völlig im dunkeln tappen.

Man kennt wenige auffällige Regelwidrigkeiten, wie z. B. das Tulpengeweih, die ähnlich wie schwarze Deckenfärbung in bestimmten Gebieten gehäuft auftreten und sich anscheinend rezessiv (überdeckt) vererben.

Wir unterscheiden verschiedene Geweihbaupläne. Beide Stangen können entweder gerade sein und parallel zueinander oder ausladend verlaufen, sie können leicht oder stark nach außen geschwungen sein und dabei *Eier-* oder *Korbform* annehmen. Verlaufen die Stangen an ihren Basen parallel zueinander und weichen nach oben auseinander, so spricht man von *Lyraformen.* Als *geschnürte Geweihe* werden Trophäen bezeichnet, bei denen die Stangen zwar eine weite Auslage zeigen, an ihren Unterteilen vorerst aber nahe beieinanderstehen. Stehen die Stangen von der Seite gesehen in ihrer Richtung verschoben, dann spricht man von *schreitenden Geweihen.* Bei *Kreuzgeweihen* weichen alle Vereckungen vom gleichen Punkt aus ab.

Obwohl diese Geweihformen leicht erkennbar sind, ist es bis heute nie gelungen, stichhaltige Grundlagen eines Erbganges zu erarbeiten. Wiederholt wurde berichtet, daß Stärke und Form der Geweihe nicht direkt vom Vater auf den Sohn, sondern vielmehr von der Mutter auf den Sohn weitergegeben würden. Doch solche Äußerungen bleiben im besten Fall Theorien, solange nicht in umfangreichen Untersuchungen über viele Generationen die Geweihformen miteinander verglichen werden. Solche Zuchtversuche können wohl nur an gegatterten Tieren erfolgreich und eindeutig durchgeführt werden, die zudem auch unter gleichbleibenden Umwelteinflüssen gehalten werden müßten; denn die alljährlich neu geschobenen Geweihe spiegeln — wie wohl kaum ein anderes Organ — die herrschenden Umwelteinflüsse wider. In diesem Zusammenhang möchte ich nur an die tiefgreifenden Mißbildungen erinnern, die plötzliche Kälteeinbrüche während der Kolbenzeit herbeiführen. Neben dem Gesundheitszustand der Böcke spielt auch das Futterangebot während des Geweihaufbaues eine maßgebende Rolle, denn nicht vergebens werden in bestimmten Gattern und Revieren Hirsche und Rehe mit zusätzlichem Futter — etwa Sesamkuchen — gefüttert, um Rekordgeweihe zu erzielen. Die natürlichen Futterpflanzen ihrerseits werden ebenfalls von der Umwelt und den herrschenden Bedingungen beeinflußt und wirken selbstverständlich auch auf das Geweihwachstum ein. Umwelteinflüsse überdecken nicht nur allfällige Erbmerkmale, sondern meist auch die erwarteten Altersveränderungen am Geweih. F. v. RAESFELD (1965) gibt hierzu eine Reihe von eindrücklichen Beispielen. Er zitiert u. a. einen von RHEINFELS beschriebenen Fall von einem markierten Bock. Der Bock hatte im ersten Lebensjahr geringe Durchschnittsstangen aufgesetzt, trug im dritten und fünften Lebensjahr kapitale Geweihe, dazwischen kümmerte er. Das sechste Folgegehörn entsprach einem geringen Durchschnitt, das siebte war wiederum stark. Die beiden letzten, das achte und das neunte Geweih, entsprachen gutem Durchschnitt.

Die Endenzahl der Rehtrophäen steht mit dem Alter nicht direkt in Verbindung. Hierzu möchte ich einige Zahlen anführen, die ich im Bernischen Mittelland gesammelt habe. Sie beziehen sich auf die Geweihstärke von 228 Böcken im Alter von 1—3 Jahren. Die Altersschätzung wurde mit der wohl zuverlässigsten Methode, derjenigen des Zahnbildes, vorgenommen.

Geweihzustand	Alter der Böcke			Total
	1 Jahr	2 Jahre	3 Jahre	
gerade und ungerade Sechser	48	51	62	161
gerade und ungerade Gabler	39	7	7	53
Spießer und Kümmerer	8	4	2	14
Zusammen	95	62	71	228

Die meisten Böcke waren Sechser. Spießer und Gabler sind zwar bei den Einjährigen häufiger zu finden als bei den älteren Böcken. Trotzdem geben die gefundenen Werte keinen Anlaß, die Endenzahl als Altersmerkmal anzusehen.

In diesem Zusammenhang möchte ich auch auf die 7 gezinkten von VOORMANN beschriebenen Böcke hinweisen (aus v. RAESFELD 1965). Dabei seien nur die Endenzahlen erwähnt.

Bock Nr.	1. Jahr	2. Jahr	3. Jahr	4. Jahr	5. Jahr	6. Jahr	7. Jahr
1	Spießer	?	Spießer	Spießer	?	Spießer	Spießer
2	?	Sechser	Sechser	Sechser	Sechser	Sechser	?
3	Spießer	Spießer	?	Sechser	Spießer	Sechser	—
4	Spießer	?	Sechser	?	Spießer	Sechser	Sechser
5	Gabler	?	Sechser	Sechser	Spießer	—	—
6	Spießer	Gabler	Gabler	Sechser	Gabler	—	—
7	Sechser	Sechser	Spießer	—	—	—	—
8	Spießer	?	Sechser	?	?	?	?
9	Spießer	Gabler	Sechser	?	?	?	?

Die Periode bester Geweihbildung liegt zwischen dem dritten und sechsten Altersjahr. v. RAESFELD (1965) maß Gehörnvolumen von 569 Wildmarken-Böcken und erhielt folgende Werte:

Alter in Jahren	Zahl der Fälle	Durchschnittliches Volumen (ccm)
1	72	88
2	222	115
3	137	148
4	78	146
5	33	126
6	15	137
7	7	(102)
8	3	(170)
9	1	(250)
10	1	(118)

Vom siebenten Altersjahr an reichen die Zahlen zur statistischen Auswertung nicht aus, die Mittelwerte sind deshalb in Klammern gesetzt. Ältere Böcke setzen zurück, d. h. ihre Geweihe werden von Jahr zu Jahr schwächer. An erlegten Böcken ist es möglich, die Geweihe und die sie tragenden Knochenfundamente näher zu studieren. Wiederholt wurden die Rosenstöcke als Altersanzeiger verwendet. Als besondere Merkmale dienen Höhe und Durchmesser. Die Rosenstöcke der Jährlinge sind dünn, lang und bilden mit ihrer Basis einen deutlichen Winkel zum Stirnbein. Jedes Jahr werden sie ein Stück kürzer, gleichzeitig aber auch dicker, da jeder Geweihwechsel mit Knochenbildung am Rosenstock verbunden ist. Die größten Rosenstockdurchmesser werden in den Jahren erreicht, in denen sich auch der Geweihstangendurchmesser maximal entfaltet. Doch während bei zurücksetzenden Böcken die Geweihstangen von Jahr zu Jahr dünner werden, behalten die Rosenstöcke ihren maximalen Durchmesser bei. Ganz alte Böcke zeigen daher nicht selten eine auffällige Fehlproportion zwischen dickem Rosenstock und dünner Geweihstange. Sicher handelt es sich bei Tieren, deren Rosen unmittelbar auf dem Schädel ansetzen, um ganz alte Böcke.

Fortpflanzung

Rehe erreichen die Geschlechtsreife im Alter von 14 Monaten. Allerdings werden gelegentlich Ausnahmen von dieser Regel beobachtet. RAESFELD (1965) erwähnt 2 Geißen, die im Alter von 7 bzw. 11 Monaten schon erfolgreich beschlagen worden waren. Daneben können schlechte Lebensbedingungen oder allzu hohe Wilddichte bewirken, daß der Eintritt der Geschlechtsreife verzögert wird, d. h. die Geißen setzen nicht nach Ablauf ihres zweiten, sondern erst am Ende ihres dritten Lebensjahres zum ersten Mal. Von 9 Schmalrehen, die PRIOR (1968) in Südengland im Laufe des Winters sezierte, waren 6 trächtig, bei 3 fanden sich keine Embryonen.
Rehgeißen pflanzen sich bis ins hohe Alter fort. In 11 Jahren schenkte eine künstlich aufgezogene Geiß 19 Kitzen das Leben.
Geschlechtshormone steuern beim Rehbock nicht nur den Geweihzyklus, sondern auch den Reifungsprozeß der Spermien und führen Veränderungen im Verhalten herbei, die es ihm ermöglichen, erfolgreich um eine brunftige Geiß zu werben. Auch bei den Geißen wird im Frühjahr von der Hirnanhangdrüse ein Geschlechtshormon ausgeschüttet, das die weiblichen Geschlechtsdrüsen zu vermehrter Tätigkeit anregt. Im Eierstock reifen die Eier, der Tragsack wird stärker durchblutet, die äußeren Genitalien, das Feuchtblatt, schwellen an, und die Hautdrüsen produzieren mehr Duftstoffe als sonst. Die Brunft beginnt Anfang Juli, erreicht ihren Höhepunkt in den beiden ersten Augustwochen und klingt gegen Ende des Monats aus. Abweichungen von dieser Regel wurden an wildlebenden wie auch an gefangenen Rehen festgestellt. Das Brunftverhalten werden wir in einem späteren Abschnitt ausführlich behandeln.
Die jungen Rehe werden meist in den Monaten Mai und Juni geboren. Auch hier werden gelegentlich Abweichungen festgestellt. Für Deutschland und die Schweiz kann der 1. Juni als Mittelpunkt der Setzzeit gerechnet werden.
Einige Autoren nehmen an, daß die Setzzeit je nach herrschenden Klimabedingungen um einige Tage oder Wochen verschoben werden könne, andere dagegen bezweifeln diese Auffassung. Daten, die zur Klärung beitragen, könnten vor allem durch Jäger und Wildhüter leicht zusammengebracht werden. Bis heute steht nur fest, daß im Flachland die Kitze früher gesetzt werden als im Gebirge.
Genaue Beobachtungen über den Geburtsverlauf stellte neben anderen Forschern auch BUBENIK (1965) an. Bei einer Ricke, die erstmals setzte, konnte der tschechische Forscher keine Vorzeichen der Geburt feststellen. Er wurde erst durch das Erscheinen der Fruchtblase auf das bevorstehende Ereignis aufmerksam gemacht. Die Ricke preßte abwechslungsweise stehend und liegend, plätzte und klagte und leckte wiederholt die austretende Fruchthülle. 22 Minuten nach dem ersten Erscheinen der Fruchtblase wur-

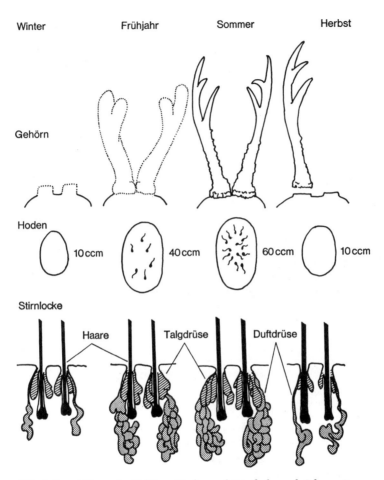

Abb. 5 Entwicklung der Gehörne, Hoden und Stirnlocke nach Jahreszeiten
(nach Schumacher v. Marienfrid 1939, Stieve 1950 und Tachezy 1956)

den die Vorderfüße des immer noch eingeschlossenen Kitzes sichtbar. Nach 1 Stunde 12 Minuten erschien das Haupt. 21 Minuten später hatte die Ricke die Fruchtblase durchgekaut. 4 Minuten danach wurde das Kitz geboren. Die Geiß setzte nur ein Junges.
Unmittelbar nach der Geburt biß die Geiß die Nabelschnur durch und sog das Fruchtwasser vom Boden auf. Dann begann sie vom Hinterende her das Kitz zu lecken. Sie

fraß auch die Hüllen. 6 Minuten nach der Geburt versuchte das Kitz aufzustehen, 1½ Stunden später machte es die ersten Kriechbewegungen. 57 Minuten nach der Geburt versuchte es mit gespreizten Beinchen zu stehen und 30 Minuten später suchte es das Euter, das es nach 17 Minuten fand. Im Alter von 2 Stunden und 9 Minuten unternahm das Neugeborene die ersten unbeholfenen Schritte. 3 Stunden 42 Minuten nach der Geburt wurde die Nachgeburt ausgetrieben und von der Mutter gefressen.
BUBENIK beobachtet auch eine fünf- bis sechsjährige Geiß, die Drillinge setzte. Die Fruchthüllen der beiden letztgeborenen Kitze erschienen 62 Minuten nach der Geburt des ersten. Wie im ersterwähnten Beispiel wurden auch hier die Kitze in Kopfendlage geboren. Bei dieser Geiß wurden die Kitze »blitzartig« ausgestoßen. Die Nabelschnur wurde nicht abgebissen, sie riß von selbst. Das Mutter-Kind-Verhalten verlief sozusagen gleich wie beim oben erwähnten Beispiel. Die letzten Reste der Nachgeburt erschienen 4 Stunden nach der Geburt des ersten Kitzes.
Rehe setzen meist 1 bis 3, gelegentlich sogar 4 Junge. Ganz unterschiedlich ist das Gewicht der Neugeborenen, es schwankt zwischen 0,5 kg und 1,6 kg. Die Nachgeburt wiegt etwa 1,2 kg.
Die nachfolgende Zusammenstellung enthält Angaben über die Satzgröße, wie sie im Schweizer Mittelland, in England (PRIOR, 1968) und Dänemark (ANDERSEN, 1953) gefunden wurden.

Land	Kitze				Anzahl der Sätze
	1	2	3	4	
Schweiz	224	306	41	2	573
England	5	31	2	–	38
Dänemark	6	38	2	–	46

Bei den Werten aus dem Schweizer Mittelland handelt es sich deshalb um Minimalwerte, weil sie aufgrund von Feldbeobachtungen gesammelt wurden und nicht auf Untersuchungen an Embryonen basieren. Man kann also damit rechnen, daß gelegentlich eines der Kitze übersehen wurde.
Die Satzgröße hängt von einer Reihe Umwelteinflüssen ab. Wir werden später noch näher auf diese Erscheinung eingehen. Ich möchte an dieser Stelle nur ein Beispiel von ECKERMANN (nach TEGNER, 1951) erwähnen: In Schweden wurden Rehe in einem großen Gehege gehalten, wo sie künstlich gefüttert wurden, die Geißen setzten hier bereits im Alter von 2 Jahren Drillinge. Auch ältere Tiere hatten meist 2 oder 3 Junge. Einzelgeburten waren seltene Ausnahmen. Als man während des Krieges die Kunstfütterung unterbrach, wurden Drillinge nur nach milden Wintern geboren. Nach harten Wintern gab es vor allem Einergeburten und in ganz seltenen Ausnahmen Zwillinge.

Bei erstmals setzenden Geißen ist die Satzgröße kleiner als bei Ricken, die schon wenigstens einmal geboren haben. 8 Geißen, die durch Marken bekannt waren, konnte ich während ihrer ersten zwei Wurfperioden beobachten. 5 davon setzten erstmals je 1 Kitz und im nächstfolgenden Jahr Zwillinge. 2 Geißen setzten schon erstmals Zwillinge und auch nach einem Jahr wiederum. Eine setzte erstmals Zwillinge und nach einem Jahr nur 1 Kitz.

Die Zeit, in der die einheimischen Huftiere — Hirsch, Reh, Gemse und Steinbock — ihre Jungen zur Welt bringen, ist ungefähr die gleiche, nämlich Mai und Juni. Erstaunlicherweise ist aber die Tragzeit des kleinsten von ihnen, des Rehes, weitaus die längste. Sie beträgt beim Hirsch 33—34 Wochen, beim Steinbock 21—23 Wochen und bei der Gemse 25—27 Wochen, beim Reh dagegen 39—42 Wochen. Das ist sogar etwas länger als beim Menschen. Diese Feststellung, die erst in den letzten Jahrzehnten wissenschaftlich bewiesen werden konnte, steht in scheinbarem Gegensatz zu der allgemeinen Regel, wonach kleine Tiere eine kurze, große Tiere dagegen eine lange Tragzeit haben.

Zwar kannten die Jäger seit jeher auffälliges Treiben der Rehe im Juli und August, doch lange Zeit hielt man es nicht für Zeichen der Brunft; denn man fand bei der Herbstjagd nie Embryonen im Tragsack der erlegten Ricken. Folglich erklärte man sich das häufige Zusammensein von Böcken und Ricken im Hochsommer als eine Art »Scheinbrunft«. In der Mitte des letzten Jahrhunderts gelang den beiden Forschern ZIEGLER (1843) und BISCHOFF (1854) eine ganz fundamentale Entdeckung: die *verspätete Implantation*.

Nachdem Ende Juli oder Anfang August das Ei von den männlichen Samenzellen befruchtet worden ist, entwickelt es sich normal bis zum sogenannten Blastulastadium. Während der Zeit zwischen August und Ende Dezember verbleibt die Blastula in der Gebärmutter, Uterus, ohne allerdings, wie dies bei Säugetieren normalerweise der Fall ist, in die Uteruswand implantiert zu werden. Der Keim wächst sehr langsam. Er vergrößert sich von etwa 0,1 mm auf 2 mm im Durchmesser. Erst am Ende des freien Zustandes setzt ein plötzliches Wachstum ein, bei dem der Keim eine Länge von etwa 2 cm erreicht. Erst jetzt erfolgt die Implantation, die Verwachsung mit der Gebärmutter. Von nun an entwickelt sich der Embryo normal und wird etwa 144 Tage später geboren.

Im Jahre 1950 veröffentlichte der Berliner Anatom H. STIEVE umfassendes Beobachtungsmaterial, das er im Laufe von 40 Jahren sorgfältig gesammelt hatte. STIEVE bestätigte die Brunft im Hochsommer und die verlängerte Tragzeit von etwa $9^{1}/_{2}$ Monaten. Hingegen gab er auch einer Gruppe von Beobachtern recht, die immer wieder behauptete, es gäbe nach der auffälligen Brunft im August noch eine zweite im November und Dezember. STIEVE, der über 450 Rehe untersucht hatte, fand die überraschende Tatsache, daß etwa $3^{0}/_{0}$ aller Geißen aus irgendwelchen Gründen im Sommer nicht oder jedenfalls erfolglos beschlagen wurden, dagegen aber Anfang des Winters brunften und beschlagen werden. In Südengland, so versichert PRIOR (1968), setzt die sogenannte *Nachbrunft* bereits im Oktober ein und dauert etwas mehr als eine Woche. In Deutschland wurde sie im Dezember festgestellt, und in Belgien und Frankreich fällt sie in die Zeit zwischen November und Dezember.

Geißen, die erst während der Nachbrunft beschlagen wurden, gebären ihre Kitze ebenfalls im Mai oder Juni, also nach einer viel kürzeren Tragzeit. Bei Rehen können daher 2 ganz unterschiedliche Längen der Tragzeit unterschieden werden: eine von $9^{1}/_{2}$ Monaten (nach Befruchtung in der Sommer-Hauptbrunft) und eine von 5 oder 6 Monaten (nach Befruchtung in der Winter-Nebenbrunft).

Das außergewöhnliche Verhältnis der verlängerten Tragzeit ist gar nicht so selten bei unseren einheimischen Wildtieren, wie wir annehmen möchten. Sogenannte *Schalttragzeiten* finden wir auch bei Iltis, Marder und Dachs. In den letzten Jahren wurde die Diskussion um die Nachbrunft erneut entfacht, nachdem englische Wissenschaftler, unter ihnen vor allem SHORT und MANN (1965), eine Reihe von Rehen untersucht hatten. Zwei bisher ungeklärte Fragen harren ihrer Lösung: Man ist sich nicht im klaren darüber, warum Ricken, die im August erfolglos beschlagen wurden, ausgerechnet erst nach wenigstens zwei Monaten erneut brunftig werden und nicht schon nach wenigen Wochen, wie dies bei anderen Huftieren der Fall ist. Ein zweiter Problemkreis betrifft die Böcke. Die Hoden beginnen bereits im Februar zu wachsen, erreichen im August ihre maximale Größe, um im Oktober wieder minimal klein zu werden. Reife Samenzellen sind bereits im Mai vorhanden, sie fehlen aber im Oktober. STIEVE, dem dieser Tatbestand bewußt war, nahm an, daß die Spermien im Nebenhoden gespeichert werden können. Die neuen Untersuchungen konnten dies nicht bestätigen.

Stirnlockereiben und Schlagen des Rehbocks dienen zur Markierung seines Territoriums. Fotos: oben R. Bender, unten Rehak

Gezähmte Rehböcke zeigen dem Menschen gegenüber die gleichen Verhaltensweisen wie zu Artgenossen. Fotos: C. A. v. Treuenfels

Der Alltag

Junge Rehe liegen in den ersten Wochen nach der Geburt verborgen. Ihr Alltag ist ausgefüllt mit Ruhen. Nur selten stehen sie auf, um bei ihrer Mutter zu trinken und von ihr geputzt zu werden. Bei älteren Rehen, die auf selbständige Nahrungssuche gehen müssen, beträgt die Zeit, die täglich zur Futteraufnahme eingesetzt wird, 7—12 Stunden. In weiteren 6—7 Stunden beschäftigen sich die Tiere mit Wiederkäuen, wie wir ja schon aus einem früheren Kapitel wissen. Zum Wiederkäuen suchen die Rehe besonders geeignete Stellen auf, die einerseits geschützt sind gegen schlechtes Wetter, anderseits aber doch genügend Übersicht gewähren, um nahende Feinde rechtzeitig zu erkennen. Hier legen sich die Rehe hin. Aber auch zum Dösen und Schlafen liegen die Rehe. Dösen ist eine Form des Ruhens, die dem Kulturmenschen nur andeutungsweise aus eigener Erfahrung bekannt ist — als Übergang zwischen Wachsein und Schlafen. Diese Art des Halbschlafes ist beim Wildtier die typische Form des Ruhens. Das dösende Tier nimmt viel mehr Außenreize wahr als das richtig schlafende, es ist alarmbereiter. Beim Reh, wie übrigens auch bei anderen Huftieren, tritt Dösen oft in Verbindung mit dem Wiederkäuen auf, die Augen sind dabei halb geschlossen. Sozusagen automatisch erfolgt das Aufwürgen und Kauen des Nahrungsbreies. Beim Dösen knien die Rehe auf den angewinkelten Vorderläufen und sitzen gleichzeitig auf den hinteren, das Haupt ist erhoben. Etwas anders sieht die Schlafstellung aus: Die Lichter sind geschlossen, der Träger ist eingeschlagen. Das Haupt ruht versteckt im Winkel zwischen Rumpf und Hinterläufen. Gelegentlich fand ich Rehe, die seitlich mit weit von sich gestreckten Läufen schliefen oder den Träger und das Haupt gerade nach vorne streckten und auf den Boden auflegten.

Eine weitere Handlung im Alltag der Rehe ist die Ortsverschiebung. Bei ruhiger Fortbewegung im Ziehen werden nacheinander die Läufe der einen und dann der andern Seite abgehoben und wieder aufgesetzt, z. B. rechts hinten, rechts vorne, links hinten, links vorne. Der Hinterlauf wird mehr oder weniger vollständig in das Trittsiegel des Vorderlaufes abgestellt. Die Länge einzelner Schritte beträgt 35—45 cm. Als zweite, selten gebrauchte Gangart unterscheidet RAESFELD (1965) den Troll oder Trab. Im Wechselgang werden dabei ein Vorderlauf und der Hinterlauf der Gegenseite nach vorne bewegt, z. B. links hinten, rechts vorn, dann rechts hinten und links vorn. Flüchtige Rehe galoppieren. Die Bewegung setzt sich aus einzelnen Sprüngen zusammen, bei denen beide Vorderläufe und danach beide Hinterläufe fast gleichzeitig auf den Boden gesetzt werden. Der Körper wird durch Strecken der Hinterläufe vom Boden abgestoßen, fliegt völlig frei mit geradem Rücken und wird von den gestreckten Vorderläufen abgefangen. Bei stark gekrümmtem Rücken werden anschließend die Hinterläufe weit nach vorn gespreizt und vor den Trittsiegeln der Vorderläufe aufgesetzt. Der nächstfolgende Sprung wird wiederum eingeleitet durch Streckung der Hinterläufe und der Rückenmuskulatur. Die Galoppfährte sieht ganz anders aus als diejenige ruhig ziehender Rehe. Sie besteht aus oft recht verschieden zueinander angeordneten Vierergruppen der Trittsiegel. Vorn bilden sich die Tritte der Hinterlaufschalen und hinten diejenigen der Vorderlaufschalen ab. Die Siegel der Hinterklauen sind schräg zueinander gestellt, diejenigen der Vorderläufe fast parallel. Im Trittsiegel des ziehenden Rehes sind die Schalen eng nebeneinander abgebildet, beim flüchtenden dagegen gespreizt, mit deutlicher Abzeichnung der Afterklauen.

Regelmäßig strecken die Rehe ihre Glieder, nachdem sie sich aus der Ruhelage erhoben haben, und beginnen anschließend mit dem Äser und der Zunge die erreichbaren Köperstellen zu putzen. Allerdings können Haupt und Träger nicht auf diese Art geputzt werden, sie werden aber mit den Klauen der Hinterläufe gekratzt. An den vielen Rehen, die bei uns zu Hause lebten, konnte ich das Putzverhalten oft aus nächster Nähe beobachten. Sie ordnen die Haare entweder, indem sie die Schneidezähne des Unterkiefers gleich einem Kamm benützen oder befeuchten und schlecken ihre Decke mit Äser und Lecker.

Ich finde, es wäre äußerst verdienstvoll, wenn sich die Verhaltensforschung einmal genau mit dem Putzen bei Huftieren auseinandersetzen würde. Ich vermute, daß diesen Verhaltensmustern eine viel weitere Bedeutung zukommt, als nur die Haare zu ordnen oder sich an juckenden Körperstellen zu kratzen.

Man weiß heute von vielen Säugetierarten, daß dem Speichel eine ausgesprochene Signalwirkung zukommt, daß er gewissermaßen ein Individualparfüm darstellt, mit dem sich zwei Partner bei Begegnungen gegenseitig ausweisen. Die Erkennungsmarke wird entweder direkt von Mund zu Mund abgelesen oder — wie wir es vom Igel und verschiedenen Halbaffen kennen — erst mit Hilfe der Zunge und der Füße über den Körper verteilt und sogar an wichtigen Teilen des Wohnraumes deponiert. Zweifellos spielt in der Begegnung zweier Rehe der Speichel eine Rolle als Identifikationssignal; denn immer werden direkte Kontakte eingeleitet, indem sich die Tiere gegenseitig kurz mit den Äsern berühren. Ob allerdings auch dem Speichel, der beim Putzen über Rumpf und Läufe verteilt wird, die gleiche Funktion zukommt, wissen wir heute noch nicht, wir können es aber vermuten. Wenn die Rehmutter ihr Neugeborenes mit dem Lecker reinigt, so erfüllt sie einmal eine für das Junge lebenswichtige Aufgabe, indem sie durch die Massage die Blutzirkulation anregt. Sie lernt es aber auch geruchlich kennen und versieht es mit ihrer Eigenmarke, ihrem Speichel. Erwachsene Rehe putzen sich gelegentlich gegenseitig. Dabei fällt einem auf, daß sie besonders diejenigen Stellen am Partner aussuchen, die diesem selbst nicht zugänglich sind, also Lauscher, Haupt und Träger. Diese Stellen werden aber nicht nur vom Sozialpartner gekämmt und geschleckt, sondern können auch mit den Hinterläufen gekratzt werden.

Dabei ist durchaus denkbar, daß das zähflüssige Sekret der Zwischenklauendrüse übertragen wird und bei Direktkontakten mit anderen Rehen von diesen abgelesen werden kann. Doch wie gesagt, es fehlen uns heute noch genaue Beobachtungen und Versuche, um allgemeingültige Schlüsse darüber zu ziehen. Wenden wir uns deshalb wieder dem Alltag der Rehe zu. Von der Körperpflege sind wir bereits zu einer anderen wichtigen Tätigkeit, dem Sozialverhalten, gelangt. Ich verstehe darunter Verhaltensweisen, die Rehe nur in Begegnungen mit Artgenossen oder gegenüber Geruchsmarken anderer Rehe zeigen. Dem Sozialverhalten sind im Rahmen dieses Buches mehrere Kapitel gewidmet. Es geht hier lediglich darum, den Begriff Sozialverhalten näher zu umschreiben. Soziale Verhaltensmuster garantieren den Zusammenhalt zwischen Ricke und Kitzen. Sie regeln das Zusammentreffen von Bock und brunftiger Geiß während der Brunft. Auch kämpferische Auseinandersetzungen gehören in diese Verhaltenskategorie. Sozialverhalten ist dafür verantwortlich, daß ganz bestimmte Tiere in Sprüngen zusammenbleiben, sich gegenseitig über ihre Stimmungen und Absichten Mitteilungen machen können. Der soziale Verhaltenskode macht es aber auch möglich, daß sich Tiere, die bei naher Begegnung sofort in Kämpfe verwickelt würden, sich rechtzeitig auszuweichen vermögen. Irrtümlicherweise haben wir allzu lange den einzelgängerischen Rehbock mit menschlichen Asozialen gleichgestellt, einem geistig Kranken, der weder Kontakt mit seinen Artgenossen sucht, noch deren Kontaktinitiativen zu verstehen vermag. Rehböcke dulden selbst kurz vor der Brunft die meisten Artgenossen, Geißen, Schmalrehe, Kitze und Jährlinge in ihren Revieren. Angegriffen werden nur gleichstarke Rivalen. Ihre Besitze behalten sie nur dadurch, indem sie sie mit Geruchsmarken versehen, die von den Nachbarn abgelesen und richtig gedeutet werden können. Die Duftmarken der Stirnlocke sind demnach Träger indirekter Kontaktmöglichkeiten, und wir wollen deshalb auch die Markierverhalten als sozial betrachten.

A. BUBENIK (1960), der mit seinen Mitarbeitern das Aktivitätsmuster an gegatterten Rehen einem genauen Studium unterzog, fand folgende mittlere Verteilung der fünf wichtigsten Handlungen im 24-Stunden-Tag.

	Äsen	Wiederkäuen	Ruhe	Schlaf	Orts-verschiebung
Frühjahr/Sommer	6 h	6 h	6 h	4 h	2 h
Herbst/Winter	7 h	7 h	5 h	2 h	3 h

Erstaunlich wenig Angaben liegen vor über das *Aktogramm* freilebender Rehe. Meine eigenen Beobachtungen, die ich schematisch in einem Kreisdiagramm dargestellt habe,

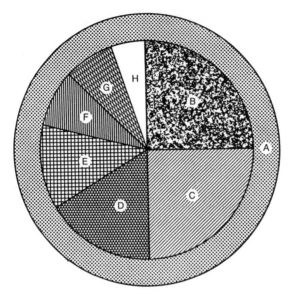

Abb. 6 Aktogramm des Rehes
A Feindvermeidung, B Äsen,
C Wiederkäuen, D Ruhen,
E Schlafen, F Ortsveränderung,
G Putzen, H Sozialverhalten

beziehen sich lediglich auf Beobachtungen aus dem Schweizer Mittelland während der Monate März und April. Sie dürfen auf keinen Fall verallgemeinert werden, denn die Zeitspanne, die einzelnen Aktivitäten gewidmet ist, hängt stark von den Umweltbedingungen ab und ist auch jahreszeitlich verschieden. Während der Brunft und der Zeitspanne, in der die Kitze gesetzt und aufgezogen werden, nimmt der Sektor des Sozialverhaltens ganz beträchtlich auf Kosten anderer Aktivitäten zu. Im Winter dagegen schmilzt die Periode, die Auseinandersetzungen mit Artgenossen gewidmet wird, stark zusammen. Mehr Zeit wird jetzt der Futterbeschaffung und den Ortsveränderungen eingeräumt.

Uns fehlen heute Daten über den Alltag des Rehes nicht zuletzt deshalb, weil wir bei der Beobachtung eines Einzeltieres oder gar eines ganzen Sprunges auf beachtliche Schwierigkeiten stoßen. Solange sich die Tiere im offenen Gelände aufhalten, wo wir sie auf weite Distanz sehen können, gestatten Feldgläser und Fernrohre und nachts Infrarotauswerter, wie sie BUBENIK verwendete, genaue Einblicke in ihren Alltag. Im Walde dagegen schrumpft die Beobachtungsdistanz dermaßen zusammen, daß sie meist kleiner ist als die Fluchtdistanz der Rehe, d. h. diese fliehen meist schon lange, bevor wir sie überhaupt zu sehen bekommen. Ich stehe deshalb den oft gepriesenen indirekten Beobachtungsmethoden, bei denen das Wild besonders im Winter aufgrund seiner Fährten verfolgt wird, eher skeptisch gegenüber; denn es ist ja durchaus

denkbar, daß das Wild dauernd von den Beobachtern vergrämt wird, obwohl es nie gesehen wird und sich deshalb anders verhält als gewohnt.
Über allen in unserem Kreisdiagramm dargestellten Aktivitäten dominiert die Feindvermeidung, das biologisch wichtigste Verhalten. Äsen, Ruhen und Wiederkäuen sind zweifellos lebensnotwendig, sie können aber nötigenfalls aufgeschoben werden. Nicht so das Sichern und die Flucht. Dauernd müssen Wildtiere damit rechnen, von einem Feind angenommen zu werden. Fluchtbereitschaft ist das erste Gebot zur Sicherung der eigenen Existenz und somit zur Erhaltung der Art. Ununterbrochene Wachsamkeit, dauerndes Sichern ist bei weitem die Hauptbeschäftigung jedes freilebenden Wildes und auch des Rehes. Wir müssen dieser Tatsache auch in unserem Schema gerecht werden und die dauernde Sicherungs- und Fluchtbereitschaft durch einen Ring charakterisieren, der sämtlichen anderen Aktivitäten übergeordnet ist.

Bevor wir uns im nächsten Kapitel mit den Feinden des Rehes und der Feindvermeidung näher auseinandersetzen, möchte ich hier noch einige Beobachtungen erwähnen, die verschiedene Forscher über den Tagesrhythmus zusammengetragen haben. Grundsätzliche Untersuchungen zu diesem Thema stammen auch hier wiederum von A. BUBENIK (1960), der feststellte, daß Rehe ursprünglich tagaktive Tiere sind und während des 24-Stunden-Tages 8–11 Äsungsperioden besitzen. KLÖTZLI (1965) konnte BUBENIKs Feststellungen, die an gefangenen Rehen gemacht wurden, auch in freier Wildbahn bestätigen. Er bezeichnete die Zeitspanne zwischen 2 Perioden der Futteraufnahme als Äsungszyklus. Der 1. Zyklus, der in der Morgendämmerung beginnt, geht oft ohne erkennbare Pause in den zweiten über. Das gleiche kann vom 7. und 8. Zyklus gesagt werden, die in die Abendstunden fallen. Die Zeiten der Nahrungsaufnahme und der Ruhe ändern sich im Jahresablauf und sind, so berichtet KLÖTZLI, von Sonnaufgang und -untergang abhängig. Die nächtlichen Äsungszyklen bleiben unsicher, da ungenügend Beobachtungen angestellt werden konnten.

Um die zeitlichen Unterschiede zwischen den Äsungs- und Ruheperioden der Sommer- und Wintermonate hervorzuheben, seien hier KLÖTZLIS Daten kurz zusammengefaßt:

Äsung:	1.	2.	3.	4.	5.	6.	7.	8.	9.	10.	11.
Juli	5.30–9.00	10.30	12.00	13.45	15.00		18.00–21.00		23.30	1.00	3.00
Dezember	7.45–8.30	10.15	11.45	13.15	14.15		16.15–18.30		?	?	?

Ruhe								
Juli		9.30	11.30	12.45	14.15	16.45		21.45
Dezember		9.15	11.00	12.15	13.45	15.30		19.30

Diese Daten können selbstverständlich nur Anhaltspunkte geben. Abweichungen von der Regel erfolgen dann, wenn das Reh vom Menschen gestört wird. In England, so berichtet R. PRIOR (1968), wurden die Rehe während vieler Jahre vom Menschen tagsüber gestört und verschoben deshalb ihre Aktivitäten in die Nachtstunden. PRIOR war zwar nicht in der Lage, Nachtbeobachtungen anzustellen, er verglich aber die Zahl der Rehe, die er tagsüber beim Äsen traf, mit der jeweils herrschenden Mondphase und kam zum Schluß, daß nach mondhellen Nächten weniger Rehe tagsüber angetroffen wurden als nach mondlosen Nächten. Angeregt durch PRIORS Untersuchungen, die eindeutig zeigen, daß die Mondphasen einen Einfluß auf den Aktivitätsrhythmus der Rehe haben können, begann ich mein eigenes Material, das ich in den Monaten Februar bis Mai 1964 und 1965 im Schweizer Mittelland gesammelt hatte, nach diesen Gesichtspunkten auszuwerten. In dieser Jahreszeit äsen die Rehe vorwiegend auf dem Feld. Ich zählte zwischen 6 Uhr morgens und 7 Uhr abends alle Rehe, die ich traf, und gruppierte sie nach Tagesstunden. Dann teilte ich die Beobachtungen in zwei Gruppen ein, eine Vollmondgruppe zwischen zunehmendem (1. Viertel) und abnehmendem (3. Viertel) Mond und eine Neumondgruppe zwischen abnehmendem und zunehmendem Mond. Beide Gruppen enthielten genau gleichviele Beobachtungstage.

In der Vollmondgruppe beobachtete ich insgesamt 943, in der Neumondgruppe 1088 Rehe, also ungefähr gleichviele. Ganz beträchtliche Unterschiede wurden aber gefunden in der Verteilung der Häufigkeiten während des Tages: Zwischen 6 und 8 Uhr morgens zählte ich nach hellen Nächten insgesamt 110, nach dunklen Nächten fast das Doppelte, nämlich 208. Zwischen 8 Uhr und 12 Uhr mittags wurde der Unterschied noch deutlicher. In der Vollmondgruppe stehen insgesamt nur 48, in der Neumondgruppe über viermal mehr, nämlich 198 Rehe. Am Nachmittag betrugen diese Werte 81 und 128. Einzig in der Zeitspanne zwischen 16 Uhr und 19 Uhr überwiegen die Rehe in der Vollmondgruppe, die Zahlen betragen 704 und 554.

Ich glaube, diese Zahlen zeigen deutlich, daß nach dunklen Nächten Rehe häufiger während der Vormittagsstunden zur Äsung austreten als während der Vollmondphasen, in denen sie anscheinend vermehrt nachts auf Nahrungssuche gehen.

Die Feinde

Raubtiere, Krankheiten und in jüngster Zeit ganz besonders der Mensch dezimieren den Rehbestand. Obwohl die natürlichen Feinde der Rehe, die großen Raubtiere, in unserer Kulturlandschaft entweder ausgerottet sind oder nur noch ganz vereinzelt vorkommen, wollen wir sie trotzdem kurz erwähnen. – Zuerst muß wohl der Luchs genannt werden. Eine der letzten dieser Raubkatzen fiel in der Schweiz um 1872, und zwar im Val Uina, im Kanton Graubünden. Im Kanton Waadt fiel der letzte Luchs um 1830. Etwas länger konnten sich die Luchse im Wallis halten: 1857 wurde einer bei Sitten und 1867 einer im Val d'Hérens erbeutet. Noch um 1894 wurde angeblich ein Luchs auf dem Weißhornpaß erlegt. Sogar noch um 1902 sollen zwei Luchse im Wallis gelebt haben. 1964 geisterte das »Fricktaler Ungeheuer« durch die Wälder des Kantons Aargau und die Presse. Wiederholt fand man Rehkadaver mit »messerscharf« abgetrennten Häuptern, die nach Angaben lokaler »Spezialisten« nur von einem Luchs gerissen worden waren. Die Presse griff den Fall auf. Nie wurde ein Fachmann beigezogen. Niemand dachte an das Naheliegendste, nämlich an einen oder mehrere streunende Hunde, die ja oft Rehe reißen. Der Fricktaler Luchs verschwand plötzlich aus den Wäldern und den Zeitungen. Es wurde nie klar, wer die Rehe getötet hatte. – 1938 siedelte man den Luchs mit Erfolg in der Rominter Heide an. In den sechziger Jahren wurden laufend Nachweise über Nachkommen gemeldet. Heute sollen etwa ein Dutzend Luchse in der Rominter und Johannisburger Heide leben. Zur Zeit versucht man auch in der Schweiz den Luchs wieder einzubürgern, doch die Bestrebungen der Naturschutzorganisationen sind bisher an der Meinung der Jägerschaft gescheitert, nach welcher der Luchs ein maßlos gieriges Raubtier sei, vor dem weder Wild, Haustiere noch Menschen sicher seien – eine Auffassung, die von allen ernstzunehmenden Schilderungen, die heute vorliegen, eindeutig widerlegt wird.

Auch der Wolf, der heute in Mitteleuropa praktisch ausgestorben ist, gehört zu den aktiven Rehjägern. Gelegentlich traten nach dem Kriege wiederholt Wölfe in Deutschland auf, so z. B. am 27. 8. 1948 in Lichtenmoor, Kreis Nienburg, am 23. 3. 1952 in Unterlüss im Kreis Celle, am 22. 6. 1952 im Kreis Uelzen. 1955 wurde ein Wolf im Kreis Nienburg erlegt, am 15. 2. 1956 einer im Kreis Gifhorn.

In der Schweiz starb der Wolf im 19. Jahrhundert aus, nachdem man ihm pausenlos nachgestellt hatte. Der letzte fiel 1872 bei Iragna am Monte Ceneri. Einzig 1947 machte sich wiederum ein Wolf bemerkbar, und zwar im Kanton Wallis. Er riß eine Anzahl Schafe, stiftete ungeheure Verwirrung bei der Bevölkerung und wurde schließlich bei Eischoll von einem Wilderer erlegt. Heute sind es streunende Haushunde, die gelegentlich die Rolle der Wölfe übernehmen.

Das größte europäische Raubtier, den Braunbären, dürfen wir aufgrund vorliegender Befunde kaum als aktiv jagenden Feind des Rehes betrachten. Sicher vergriffen sich Bären an neugeborenen Kitzen und Rehen, die geschwächt waren oder im hohen Schnee nicht fliehen konnten, aber richtig gejagt hat der Bär die Rehe sicher nicht. Er war ein Gelegenheitstöter, genau wie der Fuchs, der Dachs, die verwilderten Hauskatzen, Steinadler und Uhu, die nur ausnahmsweise Rehe erbeuten. Sogar Stein- und Edelmarder, so berichtet v. RAESFELD (1965), sollen ausnahmsweise Rehwild anfallen (vgl. H. J. FENGEWISCH, Großraubwild in Europas Revieren. BLV Verlagsgesellschaft, München 1968).

Wildtiere fliehen erst dann vor ihren Feinden, wenn diese eine ganz bestimmte Distanz, die Fluchtdistanz, überschritten haben. Die Fluchtdistanz ist eine meßbare Größe, die allerdings — wie sämtliche andere Lebensäußerungen des Wildes — von der Umwelt und dem momentanen Zustand des Wildes mitbestimmt werden. In der Nähe von Pontresina, wo die Rehe nicht bejagt werden und durch Touristen, Bergsteiger und Skiläufer weitgehend an die Nähe des Menschen gewöhnt sind, mißt die Fluchtdistanz höchstens 30 m. Im verkehrsreichen Schweizer Mittelland, wo die Rehe stark bejagt werden, fliehen sie spätestens, nachdem ein sich ihnen nähernder Mensch die Distanz von 60 m unterschritten hat.

Allgemein kann man sagen, daß äsende Rehe früher fliehen als solche, die sich zum Wiederkäuen oder zur Ruhe niedergetan haben. Ich glaube, dies hängt davon ab, wie vertraut ihnen der Ort ist, an dem ein vermeintlicher Feind ihnen entgegentritt. Die Äsungsstellen wechseln häufig und erreichen dadurch nie den Vertrautheitsgrad wie die Ruhestellen, die viel seltener gewechselt werden. Sichern, rechtzeitiges Erkennen des Feindes und Flucht sind nur die einleitenden Bestandteile der Feindvermeidung. Der geordnete Rückzug vor dem Feind ist ebenso lebenswichtig. Das verfolgte Reh hat dann eine erhöhte Überlebenschance, wenn es das Gebiet, in welches es sich zurückzieht, besser kennt als seine Verfolger. Hinzu kommt, daß Rehe zwar sehr schnelle, als Schlüpfer aber nicht besonders ausdauernde Läufer sind. Im Oberengadin beobachtete ich viele Male, wie Touristen, bewaffnet mit unzweckmäßigen Kameras ohne Teleobjektive, Rehe anschlichen, die im offenen Bergwald ästen, und früher oder später zwangsläufig die Fluchtreaktion auslösten. Die aufgescheuchten Rehe — und dies ist nun ganz bezeichnend — flüchteten nicht kopflos möglichst rasch und möglichst weit von den enttäuschten Fotografen weg, sondern verlangsamten ihre Fluchtsprünge, sobald sie eine gewisse Entfernung zu den vermeintlichen Feinden erreicht hatten, und bezogen dann auf einem Umweg Rückzugsquartiere, in denen sie sich ganz besonders sicher fühlten. Ein solches Quartier lag in einem dichten Unterholz unterhalb des Fußgängerpfades eines steilen Berghangs. Rehe, die sich auf dem Rückzug befanden, schlüpften jeweils unter die Tannen und taten sich nieder. Menschen, die nichts von diesem Zufluchtsort ahnten, gingen dran vorbei, ohne die Rehe zu bemerken, die sich bei ihrer Annäherung duckten und bewegungslos verharrten. Man konnte die Rehe im Dickicht zwar nicht gerade berühren, aber immerhin gestatteten sie einem, sich ihnen bis auf fünf oder sechs Schritte zu nähern, erst dann schreckten sie aus der geduckten Haltung auf und flohen. Rehe entziehen sich einer Gefahr nicht immer durch Flucht. Von den Rehkitzen wissen wir, daß sie starr mit angewinkelten Läufen und auf den Boden gepreßtem Haupt und Träger ausharren, obwohl sie schon ganz beachtliche Geschwindigkeiten entwickeln können. Bis ins Alter von 3—6 Wochen ducken sich die Kitze beim Nahen einer Gefahr. Dabei werden sie von ihrer hellgetupften Kitzdecke außerordentlich gut getarnt. Zudem fehlen ihnen in diesem Alter auch noch funktionstüchtige Hautdrüsen, die sie der feinen Nase eines Feindes verraten könnten. Das Flüchten konnte ich erstmals bei einem $2^{1}/_{2}$ Wochen alten Kitz beobachten. Das Sich-Ducken bricht hier und da bei älteren Kitzen wieder durch, nämlich dann, wenn der »Feindreiz« außergewöhnlich hoch ist. So können von den riesigen, lärmenden Traktormähern selbst 5 oder 6 Wochen alte Kitze noch vermäht werden, während gleichaltrige vor den bescheideneren Handmähern schon fliehen. Ein 7 Monate altes Geißkitz und ein $1^{1}/_{2}$jähriger Bock, die ich in einem Zwangswechsel gefangen hatte, warfen sich plötzlich zu Boden, nachdem sie vergeblich versucht hatten, von den sich nähernden Menschen zu flüchten. Einmal beobachtete ich, wie ein schwaches Schmalreh, das von einem Bock heftig getrieben wurde, sich plötzlich in die für Kitze typische Duckstellung niederwarf. Bei jungen Kitzen kommt das Sich-Ducken übrigens nicht nur gegenüber vermeintlichen Feinden vor, sondern auch in Begegnungen mit unbekannten Böcken und Schmalrehen.

Raubtiere können nur dann erwachsene Rehe schlagen, wenn es ihnen entweder gelingt, unbemerkt den Sicherungskreis zu durchbrechen, sich anzuschleichen oder das flüchtige Tier einzuholen. Vom Luchs weiß man, daß er seiner Beute auflauert, sie plötzlich aus nächster Nähe anfällt und in einem kurzen Spurt einholt und überwältigt. Luchse und Katzen im allgemeinen sind selten schnellere Läufer als ihre Beute, sie verfügen aber über eine höhere Anfangsgeschwindigkeit.

Wölfe, so berichten viele Beobachter aus Kanada und Rußland, jagen das Wild unermüdlich über weite Strecken, bis es endlich zusammenbricht. Sie sind nicht nur ausdauernde Läufer, die in einer einzigen Nacht oft mehr als 100 km zurücklegen können, sondern auch geschickte Taktiker. Obwohl das Wild schneller als die verfolgenden Wölfe fliehen kann, wird es schließlich doch eingeholt, weil die Jäger sich gegenseitig bei der Verfolgung ablösen. Sie nehmen die Verfolgung nicht im geschlossenen Verband auf, sondern im weit ausgebreiteten Fächer, in einer Treiberkette, aus der jeweils dasjenige Tier die Hetze anführt, das der hakenschlagenden Beute am nächsten ist. Lado SVIGELJ (1967) berichtete 1965 aus dem großen jugoslawischen Jagdrevier von »Rog«. Das Revier war lange Zeit nicht von Wölfen bewohnt worden. Man hatte die Tiere vernichtet. Die Raubtiere wanderten jedoch während des Zweiten Weltkrieges wieder ein. In der wolfslosen Zeit hatten sich die Huftierbestände — ganz besonders die Rehe — enorm vermehrt. Dies zeigte sich auch in der Jagdstrecke. Zwischen 1794 und 1808 wurden jährlich nur 1 Reh und 2 Hirsche erlegt. Nachdem die Wölfe ausgerottet und die Hege eingeführt worden waren, erlegte man jährlich im 43 000 ha großen Gebiet 100 Hirsche, 400 Rehe und 120 Wildschweine.

SVIGELJ berichtet nun, daß die wiedereingewanderten Wölfe das Wild nicht hetzten, wie sie es gewöhnlich tun, sondern anschlichen und es nach einer kurzen Jagd niedermachten. Falls sie hungrig waren, fraßen sie von der Beute, sonst wurde sie einfach liegengelassen. Im Jahre 1952 sollen 22 Hirsche, 435 Rehe und 16 Widschweine von Wölfen gerissen worden sein. 1953 waren es 10 Hirsche, 254 Rehe und 8 Wildschweine. Dies scheint außerordentlich hoch. Doch dürfen wir nicht vergessen, daß auch der Lebensraum eines Wolfsrudels sehr groß ist. SVIGELJ spricht von 100 000 ha. Dieser Raum soll selbst bei hoher Beutedichte nicht verkleinert werden. Zudem war natürlich das Beuteangebot nach vielen Jahren der Hege wirklich groß. Es scheint, daß in solchen Fällen die Raubtiere mehr Beute töten, als sie tatsächlich benötigen. Solche Beobachtungen sind auch vom Luchs bekannt. Raubtiere gehen zwar in solchen Ausnahmefällen mit der Beute verschwenderisch um, sie verhelfen damit aber kleineren Raubtieren und Aasfressern zu einer Mahlzeit. Bären, Füchse, Dachse, Wildschweine, Greifvögel und viele andere stellen sich mit Vorliebe bei Kadavern ein.

Bertil HAGLUND (1967) studierte in Schweden die Jagdweise von Luchs und Vielfraß. Auf die Beuteliste des Luchses gehören Elch, Rentier, Reh, Hase, Fuchs, Marder, Hermelin, Wühlmäuse, Lemminge, Spitzmäuse und verschiedene Waldhühner. Eindeutig konnte HAGLUND feststellen, daß sich die Beutewahl des Luchses dem herrschenden Angebot anpaßt. Im November werden Kleintiere in gleichem Maße wie Rehe und Rentiere geschlagen. Im März dagegen, wenn viele Rehe und Rentiere durch Parasiten geschwächt sind und im tiefen Schnee kaum noch genügend Nahrung finden, fallen sechsmal mehr Huftiere dem Luchs zum Opfer. Wir wollen HAGLUNDS Ausführungen noch eine Weile folgen, obwohl sie sich nicht auf das Reh als Beute beziehen, sondern auf das Rentier. Sie erscheinen mir aber in unserem Zusammenhang wichtig. HAGLUND unterscheidet drei Konstitutionsgrade der geschlagenen Beute: (1) normal, (2) weniger gute Kondition infolge von Hunger, (3) unheilbar Kranke, die meist von einem Parasiten *(Aelaphostrongylus rangiferi)* befallen sind, der eine Lähmung des Bewegungsapparates zur Folge hat.

Unter den geschlagenen Tieren waren 60%/o gesunde, 28%/o geschwächte und 12%/o unheilbar kranke. Im gleichen Zeitraum, in dem HAGLUND die Beutetiere fand, wurden 273 Rentiere von der Eisenbahn überfahren. Der Forscher untersuchte auch diese Tiere und fand 84%/o gesunde, 14%/o geschwächte und 2%/o unheilbar kranke. Diese Verteilung betrachtete er als die tatsächlich in der Population vorhandene. Werden diese beiden Wertegruppen nun miteinander verglichen, so stellt man ganz eindeutig fest, daß Luchse selektiv jagen, also eine Auslese treiben, indem sie sechsmal soviel Kranke töten, doppelt soviel Geschwächte, dafür aber weniger Gesunde als die »objektiv« jagende Eisenbahn.

Neuerdings wurde die Raubtier-Beute-Beziehung zwischen Luchs und Reh in der Tschechoslowakei von E. NOVAKOWA und R. HANZL untersucht. Darüber berichtet H. WEINZIERL (1969): »In vier verschiedenen Gegenden, nämlich im slowakischen Erzgebirge, im Bergland von Strazov und in den mährisch-schlesischen Beskiden, wurde fünf Jahre lang in einem überschaubaren Gebiet die Luchsernährung studiert, auch im Hinblick auf die mögliche Wiedereinbürgerung an anderen Stellen. Diese Untersuchungen zeigten die Abhängigkeit der Rot- und Rehwildrisse sowohl von der Jahreszeit als auch dem Gesundheitszustand und dem Angebot der Beutetiere. Sind genügend kleinere Säugetiere greifbar, vor allem Mäuse, so macht sich der Luchs nicht erst die Mühe, Rehwild zu erbeuten. Solches nimmt er hauptsächlich an den Wineransammlungsorten, und dabei werden immer nur kranke und schwache Stücke erbeutet. Dies gilt ebenso für weibliches und junges Rotwild, während der Luchs selbstverständlich nicht in der Lage ist, einen ausgewachsenen Hirsch zu schlagen. Die Untersuchungen der tschechischen Forscher haben auch gezeigt, daß die Hälfte der Rot- und Rehwildbeute noch nicht ein Jahr alt und dreiviertel der gerissenen Tiere weiblich waren.«

Mit Erfindung der Handfeuerwaffen erhielt der menschliche Jäger ein Hilfsmittel, mit dem er Tiere auf große Distanz erlegen kann; zudem hilft ihm sein treuer Jagdgefährte, der Hund, beim Aufspüren und Zutreiben des Wildes. Die menschliche Jagdweise unterscheidet sich deshalb — jedenfalls was die Verhaltensabläufe betrifft — in ganz wesentlichen Punkten von der Jagd der Raubtiere. Wir wollen uns daher fragen, ob die Jagd durch den Menschen als unbiologischer Eingriff gewertet werden muß — ein Vorwurf, der übrigens dem Waidwerk von Außenstehenden immer wieder entgegengehalten wird.

Die Raubtiere bemächtigen sich vorwiegend kranker, geschwächter Beute. Ihnen fallen auch mehr junge unerfahrene als alte, mit Gefahren vertraute Individuen zum Opfer. Dadurch erfüllen sie vom Standpunkt ihrer Beutepopulation aus gesehen zwei wichtige Aufgaben: Sie erhalten den Bestand gesund und niedrig. Die heutigen Jäger sind nicht weiter reine Nutznießer des Wildes unserer Kulturlandschaft, in der Rehe und Hirsch schon längst nicht mehr von ihren natürlichen Feinden, Luchs und Wolf, überwacht werden, sie sind vielmehr bemüht zu hegen, indem sie versuchen, kranke und schwache und vermehrt junge Tiere zu erlegen und damit den Bestand gesund und niedrig zu halten. Gelingt es ihnen, das Beutespektrum der Raubtiere zu kopieren, dann ist das Waidwerk biologisch sinnvoll, obwohl die menschliche Jagdweise und das menschliche Jagdmotiv nicht die gleichen sind wie bei den natürlichen Feinden. Die Hegegedanken, die in der ersten Hälfte unseres Jahrhunderts Eingang fanden in die entlegensten Reviere, gehören sicher zu den fundamentalsten Wandlungen im Verhältnis zwischen Mensch und Wildtier. Ihre Verwirklichung geht vielerorts aber nur zögernd vor sich, entweder, weil uns heute noch die Grundlagen zur Hegeplanung fehlen oder weil wir oft nicht wissen, wie krankes Wild anzusprechen ist, oder weil uns eine überlieferte Hemmung daran hindert, junge Tiere zu töten.

Der Mensch tötet das Wild — ganz besonders das Reh — aber nicht nur als Jäger, sondern auch als Lenker von Autos und Mähmaschinen. Unzählige Rehe fallen alljährlich Verkehrsunfällen zum Opfer und gefährden dadurch nicht selten die Fahrzeuginsassen. Wildunfälle gehören ins alltägliche Bild auf unseren verkehrsreichen Straßen. Grundsätzlich müssen wir diese sehr unerfreuliche Tatsache von zwei Seiten betrachten, vom Standpunkt der Verkehrssicherheit und vom Standpunkt der verunfallten Tiere. Die Zahl der unfallverursachenden ist kleiner als die Zahl der verunfallten Arten. In der Regel sind es große Arten, die die Fahrsicherheit gefährden: Hirsche, Rehe, Wildschweine, Dachse, Füchse und Hasen, gelegentlich auch Vögel, die gegen die Fahrzeugscheiben prallen. Meist wird viel unternommen, die Sicherheit der Fahrzeuglenker zu gewährleisten, aber nur sehr wenig oder gar nichts, um »ungefährliche«, kleine Arten vor dem Verkehrstod zu schützen. In letzter Zeit wird besonders auf den dringend notwendigen Schutz der Amphibien hingewiesen. Kröten, Frösche und Molche müssen auf ihrem Weg zu den Laichtümpeln oft Fahrbahnen überqueren, wo sie zu Tausenden getötet werden. Ganze Bestände werden durch Fahrzeuge ausgerottet. Die Folgen des durch den Massentod der nützlichen Insektenfresser gestörten Gleichgewichtes sind nicht abzusehen.

Nach Erhebung der Forschungsstelle für Jagdkunde und Wildschadenverhütung in Bonn-Beuel beträgt der jährliche Wildverlust an Rehen auf den Straßen der Bundesrepublik 43 687 Stück. 1964 verursachten 678 Rehe Verkehrsunfälle allein in Bayern, 1965 waren es hier 796 Rehe und 1966 bereits 1244 Rehe.

S. Müller, der 1967 dem Thema Straßenverkehr und Wild eine umfassende Studie gewidmet hat, erwähnt, daß den beiden schweizerischen Automobilverbänden zwischen 1963 und 1965 insgesamt 2469 Wildunfälle gemeldet worden waren. Davon entfielen 2260 (91,6%) auf Zusammenstöße mit Rehen. Der Rest beschränkte sich auf Unfälle mit Hirschen, Hasen, Dachsen, Füchsen und Vögeln. In der Tat werden nicht alle Unfälle gemeldet, sondern 20—50%. Müller rechnet, daß alljährlich in der Schweiz etwa 1350 Rehe Unfälle verursachen, davon sind rund 40% Böcke und 60% Geißen.

Weitaus die meisten Unfälle mit Rehen ereignen sich nachts, nämlich 78%, ganz besonders zwischen Abenddämmerung und Mitternacht. Zu dieser Zeit wechseln die Rehe häufig ihre Einstände. Es scheint aber auch, daß sie vom Licht der Fahrzeuge zwar geblendet, aber nicht zur Flucht veranlaßt werden.

60% der hiesigen Unfälle ereigneten sich bei einer Fahrgeschwindigkeit zwischen 40 und 100 Stundenkilometern, 40% bei einer Geschwindigkeit von 60—80 km pro Stunde. Laut Aussagen der am Unfall beteiligten Fahrzeuglenker sollen die Tiere plötzlich auf der Fahrbahn erschienen sein. Eine Untersuchung — so berichtet S. MÜLLER — stellte fest, daß bei hohen Geschwindigkeiten das Gesichtsfeld der Fahrer beschränkt ist. Eine Minderung der Geschwindigkeit zum Schutz des unberechenbaren Wildes verkleinert nicht nur den Bremsweg, sondern vergrößert auch das Gesichtsfeld des Fahrzeuglenkers. Die ideale, für das Wild kaum gefährliche Geschwindigkeit liegt — so meint MÜLLER — bei 40—50 km pro Stunde. Für unsere verkehrsschnellen Straßen ist diese Lösung nicht möglich. Man versucht deshalb, das Wild entweder mit Zäunen oder mit Spiegeln, die in regelmäßigen Abständen aufgestellt werden und das Licht der Fahrzeuge seitlich ablenken, von der Straße fernzuhalten. Wildwarntafeln haben nachgewiesenermaßen keinen Erfolg. Sie werden kaum beachtet und stehen zudem oft an völlig falschen Orten. Spiegel werden vor allem in Holland und Schweden verwendet. Einzäunungen finden wir in Deutschland, Österreich, der Schweiz; sie sind auch in Frankreich geplant. Die Zäune messen wenigstens 1,25 m bei einem Pfostenabstand von 2,5 m in bewohnten Gebieten bzw. 7,5 m in unbewohnten Gebieten und einer Maschenweite von 5—15 cm. Einzäunungen bringen nicht nur ungeheure Kosten mit sich, sondern auch eine Reihe weiterer Probleme. Man fragt sich u. a., ob die geläufige Höhe von $1^{1}/_{4}$ m auch während der Jagd genüge, wenn die Tiere von Hunden gehetzt werden. Zudem ist es oft nicht leicht festzustellen, wo Zäune tatsächlich notwendig sind und wo man auf sie verzichten kann. Weitere Schwierigkeiten entstehen bei Kreuzungen, Unter- und Überführungen. In der Schweiz wurden kürzlich auch Unterführungen für das Wild gebaut, die regelmäßig benutzt werden. Persönlich glaube ich nicht daran, daß das Wild aus Erfahrung lernt, gefährliche Straßen zu meiden. Dies wäre ja nur denkbar, wenn bestimmte Individuen, die eine negative Begegnung hatten, in der Lage wären, dies in irgendeiner Form anderen Mitgliedern des Bestandes zu vermitteln. Solche Traditionen sind sicher in vielen Lebensbereichen möglich, aber nicht beim Verkehrstod, hier bezahlt ja das verunfallte Tier seine Erkenntnis mit dem Leben.
Die Unfähigkeit des Wildes, sich mit dem Feind »Maschine« sinnvoll auseinanderzusetzen, tritt in noch viel größerem Maß während der Heuernte auf. In jedem Frühjahr zwingt der seines Unterwuchses beraubte Wald die Rehgeißen, ihre Kitze im Heugras zu setzen. Für die Dauer eines Monats ist die Mähwiese Kinderstube der weißgetupften Jungen. Bei günstiger Witterung fallen im Flachland Heuernte und die Setzperiode zeitlich zusammen. Heute wird das Gras größtenteils maschinell geschnitten. Bei dem raschen Mähtempo ist der Bauer nicht mehr in der Lage, still liegende Rehkitze zu bemerken. Zudem erlaubt der Personalmangel in der Landwirtschaft oft kein Absuchen der Wiesen vor dem Mähen.

Die jungen Rehkitze entziehen sich einer Gefahr nicht durch Flucht, sie ducken sich vielmehr und liegen regungslos. Dieses Verhalten bewährt sich gegenüber natürlichen Feinden wie Fuchs, Greifvögel und auch gegenüber Hunden und Katzen, gegenüber der Mähmaschine wird es ihnen aber zum Verhängnis. Die Mähmaschine treibt geradezu eine negative Auslese, weil sie vor allem diejenigen Jungen erfaßt, die biologisch richtig, nämlich mit Sich-Ducken, auf die Gefahr reagieren, und weil sie hauptsächlich in den flachen, bestgewachsenen Grasfeldern zum Einsatz kommt, dort, wo die stärksten Geißen ihre Kitze gesetzt haben.

Ich habe mich in vielen Jahren intensiv mit dem Problem des Vermähens von Rehkitzen und den möglichen Rettungsmethoden befaßt. Dabei ließ ich mich sicher nicht von sentimentalem Tierschützertum leiten. Trotzdem denke ich noch heute an die Bemerkung eines hohen Jagdfunktionärs, den ich um Unterstützung für die Rettungsaktionen bat. »Ganz unter uns gesagt«, teilte er mir mit, »weiß die Jagdverwaltung von den ungeheuren Verlusten, sie begegnet dem Aderlaß aber deshalb absichtlich unbeteiligt, weil in den letzten Jahren die Rehe dermaßen zugenommen haben und sich die Jägerschaft trotz Klagen der Bauern und Förster nicht bereit erklärte, mehr Tiere abzuschießen.« Diese Aussage des angeblich sehr hegebewußten Herrn zeugt nicht nur von einer niederen Einstellung gegenüber den Wildtieren, deren Schicksal ihm von Staats wegen anvertraut war, sie war auch äußerst dumm, und zwar aus verschiedenen Gründen. Als oberster Heger ist er für einen in jeder Hinsicht gesunden Rehbestand verantwortlich, dabei muß er ihn von unbiologisch jagenden Feinden, die — wie die Mähmaschine — eine negative Auslese treiben, verschonen. Im weiteren war die Antwort auch wirtschaftlich gesehen falsch; denn die Mähmaschine hinterläßt Krüppel, im besten Fall Kadaver, aber sicher kein Wildpret. Da nachgewiesenermaßen die Wildschäden im Sommer sehr gering sind, weil das Futterangebot sehr hoch ist, wäre eine erhöhte Wilddichte bis zum Herbst durchaus tragbar. Im Herbst stünden der Jagd somit auch die geretteten Tiere zur Verfügung, was zweifellos wirtschaftliche Vorteile bringen würde. Zudem kann dann der Bestand nach hegerischen Gesichtspunkten verkleinert werden.

Die Unkenntnis der Tatsache, daß alljährlich Tausende von Rehkitzen von Mähmaschinen auf brutalste Weise verstümmelt werden, ist erstaunlich. Als ich kürzlich einmal einen befreundeten Revierjäger fragte, ob es in seinem Gebiet keine vermähten Rehe gäbe, erhielt ich die Antwort, daß keine Meldungen vorliegen. Das stimmt; denn die Bauern lassen die verletzten Kitze meist wieder laufen, und die getöteten Tiere werden immer sogleich »abgelegt«. Für den gesamten Natur- und Jagdschutz stellt sich hier noch ein weiteres Problem ersten Ranges!

Im folgenden habe ich einige Zahlen aus dem Amt Aarwangen (Berner Mittelland) zusammengestellt, um etwas über den jährlichen Kitzverlust auszusagen. Als Geburtsrate nahm ich 120% der im Frühjahr geschätzten Ricken an.

Jahr	1960	1961	1962	1963	1964
Geschätzte Geißen im Frühjahr	300	316	352	321	428
Gesetzte Kitze	360	379	422	385	514
Vermähte Kitze	76	68	25	29	98
Gerettete Kitze	34	51	39	33	99
Gefährdete Kitze	110	119	64	62	197
Gefährdete in %/o der gesetzten Kitze	30,6	31,4	15,4	16,1	38,3

In der Zusammenstellung fehlen Angaben über Kitze, die durch Verblendungen gerettet wurden. Die niedrigen Werte in den Jahren 1962 und 1963 gehen auf die schlechte Witterung zurück, welche die Heuernte in diesen Jahren zeitlich verzögert hatte. Nach dem vorliegenden Zahlenmaterial laufen also etwa ein Drittel aller gesetzter Kitze Gefahr, von einer Mähmaschine verstümmelt zu werden.

Die von der Mähmaschine verursachten Verletzungen wirken in den seltensten Fällen sofort tödlich. 75 Kadaver wurden nach ihren Verletzungen untersucht: 48 Tiere hatten Huf- und Fußknochenbrüche, bei 6 waren Unterarm oder Unterschenkel durchschnitten, 19 wiesen Oberarm- und Oberschenkelbrüche auf, bei 2 Tieren war die Bauchhöhle aufgeschnitten. Nur die beiden letzten Tiere waren sofort tot. Mehr als 90%/o der verletzten Tiere werden demnach nicht getötet, sondern bloß verstümmelt. Werden verletzte Kitze künstlich aufgezogen, so heilen die Wunden erstaunlich gut. Es wird eine stattliche Anzahl solcher Rehe gehalten, die schwerste Verletzungen, z. B. Verlust eines Laufes, überlebt haben. In der freien Wildbahn liegen die Verhältnisse anders. Die verstümmelten Jungen müssen verhungern oder werden von Füchsen, wildernden Hunden und Katzen gerissen, falls sie nicht sofort nach dem Unfall getötet werden. Einige der verstümmelten Tiere wachsen als verkrüppelte Kreaturen heran. Ihre schwache Konstitution und ihre Anfälligkeit gegenüber Krankheiten gefährden den ganzen Bestand.

Alljährlich bemühen sich Jagd- und Hegeorganisationen um die Rettung der Rehkitze. Leider sind vielerorts die Helfer zahlenmäßig nicht in der Lage, beim schlagartigen Eintritt der Heuernte überall erfolgreich einzugreifen. In der Bundesrepublik und auch den meisten Kantonen des Schweizer Mittellandes besteht keine Meldepflicht der vermähten Kitze. Es ist daher schwer, ein Bild des tatsächlichen Verlustes zu erhalten. Im Kanton Bern sind es jährlich zwischen 500 und 800. Die Zahl der geretteten Rehe ist ungefähr gleich hoch.

Die Untersuchungen, die ich in enger Zusammenarbeit mit den Berner Jagdbehörden durchführen durfte, haben erneut gezeigt, daß wirksame Rettungsaktionen erfolgen können. An vier Tagen retteten 80 Schulkinder unter Leitung von 8 Hegern 90 Rehkitze vor dem Mähtod. In Anwesenheit der Schulkinder wurden 8 Tiere vermäht. Die Kinder suchten während des Mähens entlang der Schnittlinie nach Kitzen. Die gefundenen Tiere wurden übrigens nie angefaßt, sondern mit einem Haufen Gras in das nächste Getreidefeld oder an den nächsten Waldrand getragen, nachdem sie mit einer Lauschermarke gekennzeichnet worden waren.

Einen ebenso großen Erfolg wie die Nachsuchen bringt das Verblenden. Darunter versteht man das Anbringen von 3—4 m langen, hellen Tuchgirlanden oder -fahnen, die an mannshohen Stecken befestigt am Vorabend des Mähtages an den Setzplätzen aufgestellt werden. Die Rehgeiß, beunruhigt durch den Fremdkörper, holt während der Nacht ihre Jungen aus dem Grasstück. Kann aus irgendeinem Grund, z. B. schlechte Witterung, am vorgesehenen Tage nicht gemäht werden, so muß man die Verblendungen sofort wieder entfernen. Sonst gewöhnen sich die Rehe rasch an die Einrichtungen und beziehen mit den Jungen das verlassene Gebiet wieder. An Stellen, wo die Verblendungen stehen gelassen werden, kommt es immer wieder zu Mähunfällen. An 311 Setzplätzen wurden im Jahre 1962, angeregt durch die Bernische Hegekommission, Verblendungen angebracht, dabei wurden nur 9 Kitze vermäht. Die Wirkung der Verblendung kann man dadurch erhöhen, daß die Tücher vor dem Aufhängen in Petroleum getaucht werden.

1964 retteten wir im Amt Aarwangen 99 Kitze; 98 weitere wurden vermäht. In den meisten Fällen kannten wir die Verteilung der führenden Geißen und wußten das Mähdatum, doch fehlte es einfach an den nötigen Helfern, um überall einzugreifen. Wir organisierten die Rettung wie folgt: Das ganze Gebiet wurde in kleine, 1—2 qkm große Sektoren aufgeteilt. In jedem Sektor beobachtete ein Jäger, Jagdaufseher oder Wildhüter ab Anfang Mai das Austreten der Rehgeißen. So erhielten wir bis Mitte Mai eine genaue Setzplatzkarte. Der jeweilige Beobachter orientierte die Bauern über die geplante Rettungsaktion in seinem Gebiet. Zusammen mit dem Wildhüter und dem Hegeobmann wurde anschließend die durchzuführende Rettungsmaßnahme festgelegt. In die Vorbereitungszeit gehört auch das Bereitstellen der Verblendungseinrichtungen und die Unterweisung der Hilfskräfte, wie Schulen und Jägervereine. Viele Jäger und Bauern wußten nichts vom tatsächlichen Ausmaß der Mähunfälle. Es war deshalb äußerst wichtig, sie frühzeitig aufzuklären. Im Zoologischen Museum der Universität Zürich und im Naturhistorischen Museum in Bern wurden deshalb Wanderausstellungen organisiert, die bereits im Winter bei verschiedenen Jägertreffen aufgestellt wurden. Hinzu kamen noch Sendungen im Fernsehen und im Radio. Seit einigen Jahren werden im Kanton Bern Merkblätter über die Rettungsaktionen an die Gemeinden verschickt. Die leicht verständlichen Texte werden in den Käsereien aufgehängt und können dort von den Bauern gelesen werden.

Am Vorabend des Mähtages unterrichteten die Bauern den Hegeobmann. In den Feldern, in denen wir Verblendungseinrichtungen vorgesehen hatten, konnten die bereitstehenden Tücher und Stecken aufgestellt werden. In den anderen Mähwiesen wurden am Mähtag mit Jägern und Schulkindern die Felder nach Kitzen abgesucht.

Imponiergehabe zweier Böcke an der Grenze ihres Territoriums.
Foto: F. Weber

Phasen des Brunfttreibens in einem Getreidefeld. Foto: J. Behnke

Der Wohnraum

Der bekannte dänische Wildbiologe J. ANDERSEN zeichnete 155 neugeborene Kitze mittels Lauschermarken. 39 davon wurden im folgenden Winter in Fallen gefangen oder im nächsten Frühjahr erlegt. Mehr als die Hälfte — nämlich 26 — befanden sich nicht weiter als 300 m vom Markierungsort entfernt. Fünf waren 500 m, vier 700 m und zwei 900 m weit abgewandert. Je eines konnte bei 1100 m und 1300 m festgestellt werden. Die mittlere Abwanderungsentfernung betrug demnach 370 m. 20 der ursprünglich markierten Tiere wurden eingefangen, nachdem sie älter als 10 Monate waren. 16 davon hielten sich in unmittelbarer Nähe des Markierungsortes auf und standen nicht weiter als 600 m entfernt. Je eines wurde bei 2,1 km und 3,3 km wieder eingefangen. Ein einziges Schmalreh wanderte über die beträchtliche Distanz von 17,5 km ab, wo es im Alter von 1½ Jahren erlegt wurde. Von 138 erwachsenen Rehen, die ANDERSEN einfing und markierte, wurden nur 18 außerhalb des Beobachtungsreviers erlegt, 15 davon zwischen zwei und drei und 3 zwischen fünf und zehn Kilometern vom Markierungsort entfernt. Unter den Tieren, die weit abwanderten, befanden sich vorwiegend Böcke.

Ein einmalig reiches Material über die Ortsveränderungen markierter Rehe findet sich in der Monographie F. v. RAESFELDS. Seine Angaben beziehen sich auf 1361 Tiere, die als Kitze kurz nach der Geburt mit Lauschermarken gekennzeichnet wurden. 360 der numerierten Tiere erlagen bereits als Kitze auf der Jagd. Davon hielten sich 96% innerhalb eines Radius von 5 km vom Markierungsort auf, 74% standen sogar näher als 1 km. Auch mehrjährige Rehe hielten treu an ihrem Standort fest. 86% der 981 Tiere hielten sich in einem Umkreis von 5 km vom Markierungsort auf, 41% sogar innerhalb von 1 km. Nur 2% der Kitze und 7% der erwachsenen Rehe entfernten sich weiter als 10 km von der Stelle, wo sie als Kitze gekennzeichnet worden waren. Die weitesten zurückgelegten Abwanderungsstrecken betrugen in der Luftlinie gemessen 120 km bei einem einjährigen Bock, 60 km bei einem Kitzbock, zwei zweijährigen Böcken und einem dreijährigen Bock. 50 km bei zwei dreijährigen Böcken und 40 km bei zwei einjährigen, einem dreijährigen und zwei zweijährigen Böcken, einem vierjährigen Bock und bei einem Schmalreh. Böcke neigen — auch nach v. RAESFELDs Daten — mehr dazu abzuwandern als Ricken. Dies geht ebenso aus der Gesamtübersicht hervor, denn von 834 markierten Böcken entfernten sich 6,6% weiter als 10 km vom Markierungsort, bei 517 gekennzeichneten Weibchen jedoch nur 4,7%. Es sind übrigens nicht in erster Linie junge Böcke, die abwandern, sondern mittelalte, wie auch Untersuchungen in England, Dänemark und der Schweiz eindeutig gezeigt haben.

Die Standorttreue der Rehe spiegelt sich auch in der Größe ihrer *Wohnräume* wider. Ich wähle in diesem Zusammenhang absichtlich diese Bezeichnung für die Fläche, in der Sprünge oder Einzeltiere sich während einer bestimmten Zeitspanne aufhalten, und vermeide treffendere Bezeichnungen, wie Standort, Einstand oder Revier, weil sie oft in ganz anderem Zusammenhang Verwendung finden. Viele Autoren beziehen sich, wenn sie vom Einstand oder Standort sprechen, auf die Stellen, an denen die Rehe ausruhen oder wiederkäuen. Unter Revieren verstehen R. HENNIG (1962) und andere Wildbiologen nur solche Wohnräume, die gegenüber bestimmten Artgenossen verteidigt werden. Wir werden uns in einem späteren Kapitel eingehend mit Revieren oder Territorien, wie diese besonderen Wohnräume auch genannt werden, noch auseinandersetzen. Hier geht es vorläufig nur um die Größe der Wohnräume. S. MOTTL (1962) vermaß in zwei verschiedenen Reviertypen der Tschechoslowakei die Wohnräume von 121 Rehen. Eines der Untersuchungsgebiete, Sitno, ist ein Naturreservat; alle anderen liegen in Kulturlandschaften. MOTTLS Angaben habe ich zusammen mit eigenen Daten aus der Schweiz sowie Angaben von R. HENNIG (1962) aus Norddeutschland und PRIOR (1968) aus Südengland in der nachfolgenden Tabelle einander gegenübergestellt:

	Sommer Juni–August	Herbst Sept.–Nov.	Winter Dez.–Febr.	Frühjahr März–Mai
Tschechoslowakei				
Naturlandschaft:				
Böcke	12 ha	21 ha	10 ha	25 ha
Ricken	10 ha	20 ha	10 ha	22 ha
führende Ricken	8 ha	20 ha	13 ha	9 ha
Kulturlandschaft:				
Böcke	15 ha	24 ha	18 ha	31 ha
Ricken	12 ha	25 ha	18 ha	25 ha
führende Ricken	10 ha	22 ha	17 ha	10 ha
Schweiz				
Kulturlandschaft:				
Böcke	14 ha	...	78 ha	...
Ricken	7 ha	...	66 ha	...
Naturlandschaft (alpin):				
Böcke	5 ha	...	...	...
Ricken	2 ha	...	76 ha	...
Norddeutschland, Südengland				
Böcke	10 ha			

Um die Werte für diese Tabelle zu erhalten, wurden die Wohnräume vermessen, in denen sich bekannte Individuen während drei oder mehr Monaten des Jahres aufhielten. Die Größe schwankt zwischen 5 und 30 ha. Während des Sommers, also der Setz- und Brunftzeit, sind die Wohnräume kleiner als sonst. In der Schweiz ist der zwischen Herbst und Frühjahr bewohnte Lebensraum 60–80 ha groß.

Die Größe des Wohnraumes variiert je nach Jahreszeit, Klima, Futterangebot, Alter und Geschlecht der Tiere, und falls es sich um einen Raumausschnitt handelt, der vorübergehend von seinem Besitzer gegenüber Artgenossen verteidigt wird, so spielt auch die Siedlungsdichte eine Rolle in der Bestimmung der Wohnraumgröße. v. RAESFELD rechnet mit einem *Jahresbezirk* — so bezeichnet er den im Jahresablauf bewohnten Raumausschnitt — von 200 ha. Er berichtet aber auch von einer Ricke, die aufgrund eines Farbmerkmals eindeutig anzusprechen war, deren Jahresbezirk nur 60 ha betrug. Feldrehe, die im Laufe des Jahres wegen der weit auseinanderliegenden Äsungs- und Ruhestellen auch oft erstaunlich weit ziehen müssen, leben in einem Gebiet von 1200 ha.

Rehe halten äußerst zäh an ihren Wohnräumen fest, das zeigten uns schon die Beobachtungen an markierten Tieren. PRIOR (1968) berichtet, daß ein bestimmter Bock in drei aufeinanderfolgenden Jahren den gleichen Wohnraum besaß. Als in einem Beobachtungsrevier bestimmte Waldteile gerodet wurden, behielten die Rehe noch lange die gewohnten Wohngrenzen, obwohl der menschliche Eingriff das Gebiet völlig verändert hatte. Vielen Beobachtern ist übrigens aufgefallen, daß besonders starke Rehe die besten Wohnräume beziehen. Die kapitalsten Böcke, so berichten englische, deutsche und skandinavische Forscher, halten die futterreichsten und deckungsreichsten Reviere besetzt. Werden sie geschossen, dann melden sogleich die nächststärksten Nachbarn ihre Besitzansprüche auf das freigewordene Revier an. Mit der »Goldenen Freiheit«, die wir oft und allzu gern den Wildtieren nachsagen, ist es also gar nicht soweit her. Sie leben innerhalb beschränkter Wohnräume, die sie besonders während der Brunft- und Setzzeit verteidigen. Sie verlassen sie nicht oder nur selten, und wenn sie es gelegentlich tun, so müssen sie damit rechnen, von Nachbarn vertrieben zu werden.

Aber nicht nur räumlich ist die Freiheit beschränkt, auch zeitliche Schranken halten das Wildtier gefangen. Den meisten lebenswichtigen Verhaltensweisen, wie Äsen, Wiederkäuen und Ruhen, sind ganz bestimmte Zeitphasen zugeordnet, meist sogar innerhalb des 24-Stunden-Tages. Die meisten dieser Verhaltensweisen wiederum laufen nur an ganz bestimmten Stellen des Wohnraumes, die wir als *Fixpunkte* bezeichnen wollen, reibungslos ab. Der bekannte Schweizer Tierpsychologe H. HEDIGER (1961) erkannte wohl als erster die Zusammenhänge zwischen Aktogramm und Wohnraum, daß sich also Wildtiere zu einer bestimmten Zeit an einer bestimmten Stelle ihres Wohnraumes aufhalten.

Wenn wir z. B. heute einen Rehbock an einer Stelle am Waldrand ruhen sehen und dann verfolgen, wie er sich erhebt, streckt, putzt und wegzieht, ohne ihn dabei zu stören, so stellen wir z. B. fest, daß er gemächlich am Waldrand entlangwechselt, gelegentlich mit dem Windfang eine Schlagstelle kontrolliert, einige Male seine Stirnlocke daran reibt, dann kotet und austritt, um zu äsen. Gelegentlich wird er dabei sein Haupt aufwerfen und sichern, und nach einer gewissen Zeit sucht er erneut den Waldrand auf, kontrolliert die Schlagstellen an den Jungbäumen und Sträuchern und entschwindet schließlich unseren Blicken.

Wir können am nächsten Morgen zur gleichen Zeit wieder unseren Beobachtungsposten beziehen und den gleichen Bock an der gewohnten Stelle erkennen und feststellen, daß er sich mit erstaunlicher Genauigkeit an den am Vortage gezeigten Fahrplan hält. Es kann uns aber auch passieren, daß wir vergebens nach dem Bock Ausschau halten, er erscheint überhaupt nicht und hält sich vermutlich an einer ganz anderen Stelle seines Revieres auf. Anscheinend hält er sich nicht immer an sein *Raum-Zeit-System*. Ich habe jahrelang Beobachtungen über eindeutig bekannte Rehe gesammelt und auf Karten festgehalten, an welchen Stellen ihres Lebensraumes und zu welcher Zeit sie bestimmte Lebensäußerungen zeigen. Ich habe dabei festgestellt, daß sie streng an ihrem Fahrplan festhalten. Allerdings ist hier zu sagen, daß uns scheinbare Abweichungen auffallen, weil die Tiere jeweils mehr als nur eine Ruhestelle, zahlreiche Äsungszentren und eine stattliche Anzahl Markierorte benutzen, die sie je nach Witterung, Laune oder Futterangebote miteinander vertauschen.

Neben den Äsungszentren kommt vor allem den Ruhestellen große Bedeutung zu als Fixpunkte im Wohnraum der Rehe. Wer tagsüber in dichtem Unterholz ruhenden Rehen nachspürt, sucht am falschen Ort, denn falls sie sich überhaupt im Wald aufhalten, liegen die Rehe an offenen, ausblickreichen Plätzen, an denen sie Feinde schon von weitem bemerken können. Im tiefverschneiten Bergwald ruhen sie unmittelbar neben den Stämmen der trutzigen Arven und Tannen, dort sind sie vor Schnee und kalten Winden geschützt. Während der heißen Sommermonate sind Kornfelder bevorzugte Ruhestätten, die den liegenden Tieren Deckung und Schutz vor Insekten bieten, aber bei Gefahr leicht überblickt werden können.

Fixpunkte von großer Bedeutung sind auch die Stellen, an denen die Rehmütter ihren Nachwuchs zur Welt bringen und aufziehen. Die Setzplätze liegen entweder in Heugraswiesen, Wald- oder Waldzonen, also in Gebieten mit dichtem, 50—80 cm hohem Unterwuchs. Die Wälder des Schweizer Mittellandes sind arm an natürlichem Unterwuchs, etwa 80% der Geißen setzen hier in Heugraswiesen. Die Rehe, die den Südhang des Oberaargauischen Juras bewohnen, bringen ihre Kitze fast ausschließlich im Wald zur Welt. Im Oberengadin liegen die Setzplätze vorwiegend an Waldrändern. In den Jahren 1965 und 1966 notierten die kantonalen bernischen Wildhüter auf einer Karte die Orte, an denen sie frischgesetzte Kitze fanden. Ihre Angaben habe ich ergänzt mit eigenen Beobachtungen aus den Jahren 1963—1966: Von 935 Setz- und Aufzuchtplätzen, die außerhalb des Waldes lagen, findet sich der weitaus größte Teil, nämlich 435 (44,2%), an südexponierten Lagen, die anderen verteilen sich wie folgt: Nordlagen 230 (23,3%), Westlagen 169 (17,1%) und Ostlagen 150 (15,2%).

In unserer Liste der wichtigsten Fixpunkte im Wohnraum der Rehe dürfen die Markierstellen nicht fehlen, an denen die Böcke im Frühjahr und Sommer ihre Stirnlocke reiben und dabei eine riechbare Visitenkarte zurücklassen. Nur Jungbäume und Sträucher von einer ganz bestimmten Qualität werden ausgesucht und mit den Geweihen geschlagen, entrindet und mit dem Sekret der Stirnlocke versehen.

Die Entfernung zwischen zwei Fixpunkten wird von Rehen nicht auf einem beliebigen, beispielsweise dem kürzesten geradlinigen Weg bewältigt, vielmehr folgen sie bestimmten Wechseln, schmalen Pfaden, die wir auch im schwer passierbaren Unterholz erkennen, vor allem aber im Winter, wenn tiefer Schnee den Waldboden bedeckt. Die Wildwechsel sind nicht etwa Erfindungen einzelner Rehe, sondern viele Generationen alte Einrichtungen, auf denen auch der Fuchs schnürt, der Hase vom Wald ins Feld rückt und der heimliche Dachs auf Nahrungssuche trabt. Selbst der Mensch bedient sich häufiger als er glaubt der Wildwechsel. Viele seiner Straßen wurden einst vom Wild in die Landschaft gezeichnet.

Wechsel fallen uns vor allem dort leicht auf, wo das Wild das ganze Jahr hindurch wechselt, also weniger an den oft vertauschten Äsungsplätzen als vielmehr an Waldrändern, wo beispielsweise das Reh sich häufig niedertut und sichert. Dort, wo die Böcke mit ihren Gehörnen und Stirnlocken die Reviere markieren. Hier sichern alle Rehe, bevor sie den schützenden Wald verlassen, um auf dem offenen Feld zu äsen, und hier versammeln sie sich, wenn sie nach rasanter Flucht sich den Blicken ihrer Feinde entzogen haben und auf vertrauten Wechseln zurückziehen. Ich habe wiederholt das Gewirr der Wechsel, wie ich es an einem Waldrand fand, auf Karten eingezeichnet. Dabei stellte ich folgendes fest: Je näher das Wegnetz zum Waldrand führte, desto stärker seine Verdichtung. Trichterförmig münden die waldeinwärts steuernden Wechsel in Hauptstraßen, die zu den Winteräsungszentren und den Ruhestellen gelangen. Hauptstraßen finden wir vorwiegend dann, wenn sich Rehe über längere Strecken durch Gebiete verschieben müssen, die als Fixpunkte keine Rolle spielen. Der unterwuchsarme Tannenwald z. B. wird auf solchen Fernwechseln rasch durchzogen. Die Wegskizzen lassen aber noch weitere Gesetzmäßigkeiten erkennen: Die meisten Wechsel laufen entweder parallel oder senkrecht zum Waldrand.

Aus verschiedenen Gründen ist gerade der Waldrand ein idealer Aufenthaltsort für Rehe. Er bietet abwechslungsreiche Nahrung; viele Kräuter und Sträucher wachsen hier. Zudem ist der Waldrand auch ein Ort großer Sicherheit, ein Warteraum, in dem die Rehe unerkannt verhoffen und sichern können, bevor sie auf das offene Feld austreten. Hier finden sich auch viele *Betten*, wie man die Ruhestellen bezeichnet.

Wenn wir die Kreuzungspunkte an den Wechseln am Waldrand etwas näher untersuchen, dann stellen wir fest, daß an diesen Stellen fast immer ein verkrüppeltes Bäumchen steht. Oft ist es dermaßen von Geweihen der vorbeiziehenden Böcke bearbeitet worden, daß es kaum mehr erkannt wird. Trotzdem scheinen diese oft toten Pflanzenteile sehr wichtig zu sein. Hier deponieren die Böcke regelmäßig das Sekret der Stirnlocke — Visitenkarten entstehen, auf denen andere Rehe den Besuch ablesen können. Noch weitere Geruchsstoffe finden sich auf den Wechseln, Geruchsfährten der Füße, Kot und Harn.

Die Wechsel, die parallel zum Waldrand verlaufen, sind Fernstraßen. Rehe verschieben sich solange wie nur irgend möglich auf ihnen, wollen sie von einem zum anderen Äsungszentrum gelangen. Im Frühjahr grünen jeweils zuerst die Felder an den Südhängen. Dies schienen die Rehe im schattigen Schmidwald zu wissen. Zu ihnen gehörten übrigens auch die künstlich aufgezogenen Kitzböcke, die ich dort ausgesetzt hatte. Vom Schmidwald führte ein Weg direkt über das Feld, das etwa 600 m breit war, kreuzte eine Waldzunge und gelangte schließlich an eine sonnige, apere Stelle. Die Rehe des Schmidwaldes wählten aber nie, soweit ich feststellen konnte, den direkten, für uns logischen Weg von kaum 800 m Entfernung. Sie folgten stur der Route am Waldrand. Zuerst schritten sie fast einen Kilometer weit nach Norden, dort wechselten sie an der engsten Stelle zwischen zwei Dickichten über das offene Feld, erreichten die Waldzunge, schritten ihr entlang zurück nach Süden, benutzten aber nicht den kreuzenden Waldweg, sondern wechselten um die Waldzunge herum und erreichten schließlich nach einem Marsch von sicher 3 km die bevorzugte Futterstelle.

Rehe leben in der Regel nicht besonders lange. Einige Jahre, dann hat eine Generation die andere abgelöst. Auch die Wohnräume sind nicht starre Einrichtungen, ihre Grenzen verschieben sich nach dem Angebot günstiger Fixpunkte und den besonderen Lebensgewohnheiten ihrer jeweiligen Besitzer. Nur etwas bleibt und überdauert die Generationen und sämtliche Umgestaltungen der Wohnräume: die Wechsel.

Ungeachtet bestehender Reviergrenzen durchziehen Wechsel die Reviere. Die großen Wechsel sind richtige »Nationalstraßen«, die von den lokalen Benutzern »unterhalten« werden.

Der Wohnraum eines Rehes oder eines Sprunges ist nicht starr, er wechselt seine Form und Größe dauernd. Deshalb können wir sagen, daß ein Reh sicher mehr von seiner Umgebung kennt als nur den momentanen Wohnraum, vielleicht nicht alle Teile des Gebietes gleich genau, ganz sicher aber die Wechsel, auf denen es regelmäßig verkehrt. Es weiß also, wohin bestimmte Straßen führen. Aus Versuchen, die ich mit zahmen Rehen durchgeführt habe, ist mir bekannt, daß sich Rehe aufgrund der Geruchsfährte persönlich kennen. Sie wissen vermutlich auch aus Erfahrung, wo sich ihre Nachbarn aufzuhalten pflegen.

Verschiedene Kitzböcke, die ich bei uns zu Hause aufzog, wurden ausgesetzt, als sie ungefähr 6 Monate alt waren. Die Aussetzungsstelle schien ihnen wenig zu behagen, obwohl sie dort regelmäßig gefüttert wurden. Bald bezogen sie eine Stelle im Waldesinnern, wo sie ruhten. Hier schienen sie vor dem kalten Wetter besser geschützt zu sein. Auch wurde diese Stelle von wilden Rehen besucht; allerdings selten, nur bei extrem kalten Wetterlagen. Bei diesen wilden Rehen hielt sich auch ein kapitaler Bock auf. Nach einiger Zeit kam es zu einer Begegnung. Meine Kitzböcke stellten sich zwar dem Kapitalen, doch sie unterlagen. Seitdem besuchten die Kitzböcke diese Stelle nur noch selten, aber nie bei Nordwindlagen. Sie lernten also rasch, wann sich der für sie gefährliche Bock an einer bestimmten Stelle ihres Wohnraumes aufhielt.

Noch eine weitere Begebenheit möchte ich in diesem Zusammenhang erwähnen: Der stärkste meiner Kitzböcke, Fridolin, erhielt zu Beginn des Frühjahrs in seinem Revier Besuch von einem kapitalen Bock. Es kam zum Kampf. Fridolin unterlag, obwohl er sich mutig zur Wehr setzte. Der Eindringling imponierte nach dem Sieg und markierte mit seiner Stirnlocke am Waldrand, dann zog er davon. Ich war Zeuge der ungleichen Auseinandersetzung, empfand natürlich Bedauern mit meinem Adoptivsohn und ging zu ihm, um festzustellen, ob er verletzt wäre. Fridolin begrüßte mich mit Sichern, drehte sich um, präsentierte seinen Spiegel, blickte über die Schulter und forderte mich damit auf, ihm zu folgen, was ich auch tat. Schnurstracks führte er mich auf einem 500 m langen Wechsel quer durch den Wald zu einem Dickicht. Plötzlich flüchtete daraus ein kapitaler Bock, der Sieger aus dem vorigen Kampf. Fridolin wußte also, wo sich dieser Bock aufhielt, ohne auf dessen Fährte zu gehen.

Aus der kurzen Betrachtung über die Fixpunkte und die sie verbindenden Wechsel haben wir gesehen, daß nicht jeder Ausschnitt des Wohnraumes gleich bedeutend ist für das Leben des Wildes, und wir wollen uns nun fragen, wie weit Beziehungen bestehen zwischen der Größe des Wohnraumes und der Anordnung der Fixpunkte. Die Größe des momentanen Wohnraumes und des Jahresbezirkes hängt in erster Linie davon ab, wie dicht günstige Fixpunkte im Gebiet, das von Rehen bewohnt wird, überhaupt vorkommen. Ist das Futterangebot hoch, dann liegen Äsungsplätze nahe beieinander. Die Rehe müssen also sicher nicht weit wechseln, um von einer Futterstelle zur anderen zu gelangen. Besonders aus den Untersuchungen von MOTTL (1962) ist hervorgegangen, daß eine Beziehung zwischen Wohnraumgröße und Futterangebot besteht. Je mehr Äsung, um so kleiner die Wohnräume. Allerdings sind genügend Äsungsgebiete bei weitem nicht ausreichend zur Festlegung der Wohngrenzen. Ruheplätze, Markierstellen oder Orte, an denen die Kitze sicher aufgezogen werden können, gehören genauso gut in das Inventar des Wohnraumes. Die Bedeutung der Ruhezentren, an denen die Tiere wiederkäuen, dösen und schlafen können, fiel mir ganz besonders im Oberengadin auf. Hier wurden die Rehe besonders im Winter von vielen Villenbesitzern am Rande der Touristensiedlungen von Pontresina gefüttert. Andrea Rauch, der Wildhüter, sah diese Kunstfütterungen nicht gern. Er sagte mit Recht, die Tiere fänden genügend natürliche Äsung, doch war er von Gesetzes wegen machtlos, etwas zu unternehmen, solange die tierfreundlichen Menschen den Tieren das Futter innerhalb ihrer Privatgrundstücke darboten. Er warf den Tierfreunden vor, die Rehe erhielten ein völlig unzweckmäßiges Futter. Wiederholt fand er Rehe, die an einem Stück Apfel erstickten. Dann passierte es einige Male, daß Rehe innerhalb der Gärten von Hunden in die Zäune gejagt und gerissen wurden, oder es kam zu Verkehrsunfällen, wenn die Rehe beim Überspringen der gefrorenen Straßen von Autos angefahren wurden.

Die Rehe erkannten in kurzer Zeit, wo sie gefüttert wurden und schienen Brot, Äpfel und Heu den schwer zu beschaffenden Flechten und Reisern vorzuziehen. Die Futterstellen wurden bald zum Zentrum ihrer Wohnräume. Allabendlich fanden sich Dutzende in den Privatgärten ein. Die meisten Rehe wechselten beachtliche Strecken, um zum begehrten Futter zu gelangen. Solche Tiere, die sich tagsüber im Taiswald oder Stazerwald verborgen hielten, mußten zuerst die Bahnlinie kreuzen, dann benutzten sie Wechsel von einem, zwei oder gar drei Kilometer Länge, um die tiefverschneite Talsohle zu überqueren. An einer geeigneten Stelle übersprangen sie den Bergbach, stiegen dann durch verlassene Gärten der Hotels auf die hellerleuchtete Straße des Touristenortes, benutzten ein Stück weit die stark befahrene Autostraße, huschten an der Kirche vorbei und übersprangen schließlich die Gartenzäune, um an das Futter zu gelangen. Hier ästen sie hastig, fanden aber im lärmigen Ort keine Ruhe, um sich niederzutun und wiederzukäuen und mußten deshalb auf langem Marsch wieder an ihre Ruheorte auf der anderen Talseite zurückkehren.

Ganz anders verhielten sich die Rehe an der einzigen Futterstelle, die weit abseits vom Dorf unterhalten wurde. Hier wurden sie auch tagsüber kaum von Menschen gestört, sie fanden wenige 100 Meter neben den Futterraufen geeignete Stellen, um zu ruhen und wiederzukäuen. Ich glaube, diese Beispiele haben gezeigt, daß nicht nur das Angebot an günstigen Fixpunkten, welche die Umwelt den Rehen bietet, sondern auch die Entfernung zwischen den Fixpunkten die Größe des Wohnraumes mitbestimmt. Große Wohnräume sind dann zu erwarten, wenn die Fixpunkte nicht nur selten, sondern auch noch weit voneinander entfernt vorkommen, kleine wenn sie häufig und durchmischt angeboten werden. Wir können diese Regel schematisch darstellen. Dabei wollen wir uns auf zwei Fixpunkttypen beschränken.

Es ist eine allgemein bekannte Tatsache, daß die Wohnräume von Rehen in mit Wiesen durchsetzten Mischwaldgebieten kleiner sind als etwa diejenigen der Feldrehe, die zwar im offenen Feld sicher genügend Futter vorfinden, meist aber weite Strecken zurücklegen müssen, um am nächsten Waldrand oder in einer Gebüschpartie die nötige Deckung zu finden, um zu ruhen und wiederzukäuen. F. v. RAESFELD (1965)

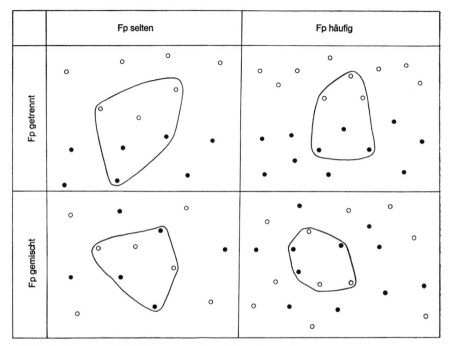

Abb. 7 Wohnraumgröße (Erklärung im Text). Fp = Fixpunkte

berichtet, daß der Jahresbezirk der Feldrehe 1200 ha umfaßt und einen Durchmesser von 4 km hat.
Im Jahresablauf verlieren in der Regel alte Fixpunkte — ganz besonders die Äsungsstellen — ihre Bedeutung und werden mit neuen vertauscht. Dies äußert sich meist auch in der Größe des Jahresbezirkes. Ganz allgemein können wir sagen, daß wir auch dort große Jahresbezirke zu erwarten haben, wo die saisonal verschiedenen Fixpunkte weit auseinanderliegen, und umgekehrt, die Jahresbezirke sind klein in Gebieten, wo die Fixpunkte nahe nebeneinander liegen.
Wie alle anderen Schlüpfer halten auch die Rehe selbst dann noch für eine gewisse Zeit an ihrem Wohnraum und seinen Fixpunkten fest, wenn diese wertlos geworden sind. Man steht dieser Sturheit oft machtlos gegenüber, z. B. wenn im Bergwinter Schneefälle den Zugang zur Herbstäsung verwehren. Während z. B. Rotwild sofort auf die neuen Bedingungen reagiert und gemäß alter Traditionen abwandert, bleiben die Rehe oft lange Zeit zurück und laufen Gefahr zu erfrieren. Ich begleitete meine zahmen Rehe, nachdem sie schon fast ein Jahr ungestört in freier Wildbahn

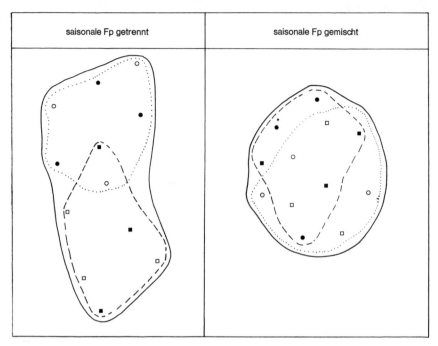

Abb. 8 Jahresbezirk (Erklärung im Text)

lebten, regelmäßig auf ihren Äsungsgängen. Im Herbst fanden sie noch lange ihr Futter auf den abgeernteten Feldern. Als der Winter unverhofft einbrach und die gewohnten Futterstellen zugeschneit wurden, versuchten sie noch tagelang, die gewohnten Futterpflanzen hervorzuscharren, bevor sie sich am Laub der Brombeeren, das leicht zugänglich war, gütlich taten, obwohl im vergangenen Winter dieses Futter von ihnen bevorzugt worden war.

Menschliche Störungen, Lärm, häufige Begehungen und reger Straßenverkehr können oft bestgeeignete Äsungsstellen zu wertlosem Niemandsland degradieren, und Orte, die sich eigentlich hervorragend zum Ruhen und Wiederkäuen eignen, werden vollkommen unbewohnbar; denn das Wildtier wählt die Fixpunkte seines Wohnraumes auch immer nach dem Gesichtspunkt relativer Sicherheit aus.

Solange sich verschiedene Rehsprünge oder Einzeltiere an gemeinsamen Fixpunkten dulden oder diese nicht zur gleichen Zeit aufsuchen, hängt die Größe des Wohnraumes nicht von der Zahl sämtlicher Individuen ab, die einen bestimmten Geländeausschnitt bewohnen. Ich muß hier allerdings sofort anführen, daß eine allzustarke

Beweidung der Äsungsstellen zugleich auch ihre Bedeutung mindert, was sich natürlich auf die Größe des Wohnraumes auswirken wird.

Wie wir später noch sehen, verteidigen im späten Frühjahr und Sommer erwachsene Ricken und Böcke bestimmte Raumausschnitte gegenüber Rivalen. Eine Geiß mag zwar gewisse Teile ihres Wohnraumes, z. B. Äsungsstellen, mit anderen Geißen teilen, sie duldet sie aber sicher nicht im Zentrum ihres Revieres, dort wo die Kitze liegen. Auch die erwachsenen Böcke stecken Reviere ab, in denen sie zwar Jährlinge dulden, ältere Böcke aber nicht.

Eine Revierfläche würde — was ökologische Lebensansprüche betrifft — bestimmt einer größeren Zahl von Bewohnern genügen; denn sie produziert sicher mehr Äsung als nur für einen Besitzer, und sie bietet mehr Ruheorte, als der Inhaber benutzen kann. Doch spielen hier soziale Verhaltensmuster eine Rolle. Das komplizierte Wechselverhalten zwischen Geiß und Kitzen, das zur Aufzucht des Nachwuchses von größter Wichtigkeit ist, kann nur ablaufen, wenn Mutter und Kinder nicht dauernd von anderen Mutterfamilien gestört werden. Die sehr temperamentvollen Böcke wären vermutlich den ganzen Sommer hindurch in hitzige Kämpfe verwickelt, wenn ihnen das *Revierverhalten* nicht die Möglichkeit gäbe, sich zu verteilen.

Das Revierverhalten ist eine bedeutende Einrichtung zur Erhaltung der Individuen, weil die Kitze nun mit größerem Erfolg aufgezogen werden können und sich die Böcke nicht dauernd prügeln. Zudem dient es auch zur Erhaltung der Art. Weite Gebiete werden gleichzeitig durch erwachsene Rehe besiedelt. Lokale Katastrophen, wie Seuchen, starke Bejagung durch Feinde usw., erfassen zwar häufig einen Teil, selten oder nie den Gesamtbestand. Bei der Verteilung der Reviere findet eine Auslese statt. Die stärksten Tiere erkämpfen sich die besten Reviere. Sie entfalten sich dort noch besser. Die schwächeren Individuen leben abgedrängt in weniger geeigneten Zonen und fallen somit als erste den Krankheiten und Feinden zum Opfer. Auch für die Erhaltung des Lebensraumes spielt die Verteilung der Tiere über weite Gebiete eine wichtige Rolle. Zusammenballungen vieler Individuen auf kleinen Flächen hätten sofort eine Überbeanspruchung der Äsungspflanzen und somit eine nicht wieder gutzumachende Zerstörung der Pflanzendecke zur Folge.

Der Sprung

Meist trifft man Rehe einzeln oder in kleinen, zwei- bis fünfköpfigen Rudeln, den sogenannten *Sprüngen*. Selten bilden sie große Gruppen oder gar Herden wie die Hirsche. Allerdings ist von den sibirischen Rehen bekannt, daß sie sich bei Beginn des Winters zu riesigen Herden massieren, die gemeinsam südwärts in bessere Futtergebiete ziehen. In futterknappen Zeiten, d. h. vor allem in schneereichen Wintern, schließen sich auch bei uns gelegentlich mehrere Sprünge zusammen und bilden vorübergehend größere Ansammlungen, die sich allerdings rasch wieder auflösen und sich kaum gemeinsam verschieben.

Ich habe über 1500 Sprünge nach ihrer Größe und Zusammensetzung untersucht und dabei festgestellt, daß die Gruppen während der Setzzeit und der Brunft, also zwischen Mitte Mai und Mitte September, klein sind und meist nur 2 oder 3 Tiere enthalten, während besonders im Winter, aber auch im zeitigen Frühjahr, Rudel bis zu 10 Tieren vorkommen. Während der Setzzeit und der Brunft sieht man häufig Sprünge, die entweder von einer Geiß und ihren Kitzen oder von einem Schmalreh und einem Bock gebildet werden. Im Winter schließen sich die Mutter-Kind-Gruppen und die »Ehegruppen« häufig zu Fünfersprüngen zusammen, die in der Regel eine führende Geiß, ihre Kitze, ein Schmalreh und einen Bock enthalten. Als weitere zusätzliche Mitglieder werden gelegentlich erwachsene Geißen geduldet, die ihren Nachwuchs verloren haben, oder Schmalrehe, deren Mutter umgekommen ist.

Durch ihre scheinbare Ungeselligkeit unterscheiden sich die Rehe von vielen anderen Huftieren, die — wie der Rothirsch und viele Antilopen — große Herden bilden. Die Rehe werden deshalb oft als *primitiver organisiert* bezeichnet als die in großen Herden lebenden Hirsche. Sind die Rehe aber tatsächlich so ungesellig, wie es auf den ersten Blick scheint, oder ziehen wir da nicht allzu eilige Schlüsse?

Es ist sehr fraglich, ob das Geselligkeitsbedürfnis einer Tierart lediglich an der Größe der Gruppen gemessen werden kann, die ihre Vertreter bilden. Ich darf an dieser Stelle vielleicht ein Beispiel aus unserem eigenen Sozialverhalten anführen. Nehmen wir eine zehntausend Köpfe zählende Zuschauermasse bei einem wichtigen Fußballspiel, fürwahr eine imposante Gruppe! Die Sportfanatiker zeigen aber, abgesehen von gelegentlichen Beifalls- oder Unmutskundgebungen und einer stattlichen Anzahl aggressiver Handlungen beim Beziehen oder Verlassen des Sportfeldes, kaum eine bemerkenswerte Geselligkeit. Dagegen kann ich mir gut einen räumlich isolierten Menschen vorstellen, einen Hüttenwart, Kranken oder Bergbauern, der ausgesprochen gesellig das Telefon benutzt und Briefe schreibt, also mit Hilfe der Fernmeldetechnik Kontakte mit seinen Artgenossen aufrecht erhält. Der auf den ersten Blick »unsoziale«

Mensch ist zwar räumlich von seinen Bekannten getrennt, er verkehrt aber durch Telefon oder Briefpost mit seiner sozialen Umwelt.
Betrachten wir nun das Reh von diesem Gesichtspunkt aus, so stellen wir fest, daß ihm eine ganze Reihe von »Geruchstelefonen« und »Geruchsbriefen« zur Verfügung stehen.
Als *Stirnlocke* bezeichnet man ein drüsenreiches Deckenstück vor, zwischen und hinter den Rosenstöcken. Der Biologe SCHUMACHER V. MARIENFRID (1939) hat diese Organe bei mehreren Rehböcken, die zu verschiedenen Jahreszeiten erlegt wurden, genau untersucht. Er fand, daß in der Stirnlocke Schweiß- und Talgdrüsen viel häufiger vorkommen als an anderen Stellen der Decke. Zudem fiel ihm auf, daß die Drüsen der Stirnlocke nicht während des ganzen Jahres gleichermaßen stark ausgebildet sind, sondern mehr oder weniger dem gleichen Rhythmus folgen wie der Geweihzyklus, indem sie besonders im Sommer vor und während der Brunft Geruchsstoffe absondern. Während dieser Zeit schlagen die Böcke häufig gegen Sträucher und Bäume oder reiben ihre Stirnlocken an tiefhängenden Ästen. Dabei imprägnieren sie die bearbeiteten Holzteile mit dem Geruchsstoff und lassen ihre Visitenkarte zurück, die von anderen Böcken gelesen werden kann.
Bei Böcken und Geißen liegt ein weiteres Drüsenfeld unterhalb des Fußgelenkes der hinteren Extremitäten, die *Laufbürste*. Sie hat etwa die Größe einer Daumenbeere und hebt sich durch dunkelbraune bis schwarze Haare deutlich von der Decke ab. Ihre Bedeutung ist uns bis heute unbekannt.
Zwischen den Klauen der Hinterläufe liegt das am besten ausgebildete Hautdrüsenorgan verborgen, die *Zwischenklauendrüse*. Dieses sogenannte Interdigitalorgan besteht aus einer haselnußgroßen, sackartigen Einstülpung der Haut zwischen den beiden Zehen. Die Wand des Hautsackes ist reichlich mit Drüsen ausgepolstert. Auch sonst weist die Fußoberfläche viele Drüsenzellen auf. Der Sack mündet in einer kleinen Öffnung, von der aus ein haarloser Kännel zum vorderen Fußende führt. Häufig ragt ein Büschel langer Haare durch die Öffnung.
Über die Bedeutung dieses Organs sind sich die Forscher noch nicht ganz im klaren. Früher glaubte man, das Drüsensekret diene dazu, die Klauen »einzuschmieren«. Diese Auffassung ist zweifellos falsch, denn an den Vorderklauen fehlt eine solche Einrichtung; auch wäre das sehr zähflüssige Sekret kaum geeignet, als Schmiermittel zu dienen. Lange schrieb man dem Interdigitalorgan eine Rolle in der Fährtenmarkierung zu. Dies erscheint mir aus verschiedenen Gründen eher fraglich: Die Mündung der Drüse liegt an der Fußoberseite. Zwar könnte man sich vorstellen, das Sekret würde mittels des bei einigen Tieren vorhandenen Haarpinsels in den Kanal zwischen den Klauen gebracht. Doch das zähflüssige Sekret scheint kaum in der Lage zu sein, auf diese Weise an den Boden zu fließen. Das wäre insofern auch unzweckmäßig, weil bereits Sekret aus den Drüsenzellen der Fußunterseite auf den Boden gelangt.

Ich zog verschiedene Rehkitze künstlich auf, von denen einige wegen Verletzungen durch Mähmaschinen keine oder verkümmerte Zwischenklauendrüsen hatten. Als ich diese Tiere zu Versuchszwecken in Gebiete freiließ, die ihnen bisher unbekannt waren, gelang es ihren Stiefgeschwistern leicht, sie zu finden. Anscheinend genügten die Duftorgane der Fußunterseite, um eine Geruchsfährte zu legen. Persönlich schreibe ich dem Interdigitalorgan eine andere Rolle zu. Es gelingt, Rehe auf ihren Wechseln so stark zu erschrecken, daß sie in panische Flucht ausbrechen. Stellen sich in den nächsten 2 oder 3 Stunden zufällig andere Rehe an diesem Platz ein, so flüchten auch diese. Ich untersuchte 80 Drüsen während der Herbstjagd. Ihr Füllungszustand gab ein ungefähres Maß für die Zeitspanne, in der die Tiere von Niederlaufhunden gehetzt wurden. Solche, die lange verfolgt wurden, hatten praktisch leere Drüsensäckchen. Auch vier Böcke, die von Rivalen geforkelt wurden, hatten alles Sekret aus dem Behälter ausgepreßt. In zwei Fällen gelang es mir, wildlebende Rehe durch das frische Sekret aus dem Interdigitalorgan erlegter Rehe zur Flucht zu veranlassen.

Ich vermute aus den erwähnten Beobachtungen, die selbstverständlich durch eine Reihe genauer Versuche vervollständigt werden sollten, daß das Sekret, das am Hinterfuß gebildet wird, als geruchlicher Spurstoff dient, wenn es in kleinen Mengen direkt an den Boden abgegeben wird. Das Sekret, das im Interdigitalorgan gespeichert wird, kann im Moment einer Gefahr ausgepreßt und am Boden abgestreift werden, dann kommt ihm eine warnende Rolle zu, um Artgenossen auf artfremde Feinde aufmerksam zu machen. Auch schlagen Böcke nach dem Kampf häufig mit den Hinterläufen auf den Boden und streifen dabei das Sekret ab, damit markieren sie ihren Einstand durch abschreckende Geruchsstoffe. Einer vielseitigen Sendeanlage für Geruchsstoffe steht beim Reh ein ausgesprochen hochentwickelter Empfänger gegenüber. Riechen ist für Rehe sicher nicht nur in der Feindvermeidung von ausschlaggebender Bedeutung, sondern auch im innerartlichen Sozialverkehr. Ein Gehirnteil ist bei allen Wirbeltieren dem Riechen zugeordnet, die *Geruchssphäre*. Bei allen schlechten Riechern, wie etwa beim Menschen, ist dieser Teil sehr bescheiden entwickelt, verglichen mit den guten Riechern, etwa dem Reh. In der nächsten Abbildung sind die Ausmaße der Geruchssphäre bei Mensch und Reh einander gegenübergestellt. Beim Reh bilden die Knorpelstrukturen der Nase ein großes Lamellensystem; damit wird die Riechfläche stark vergrößert.

Es ist verständlich, daß sich die Wissenschaftler bis heute kaum an die Klärung der Geruchssprachen der Tiere herangewagt haben; denn als Mensch sind sie nicht in der Lage, die meisten tierischen Geruchssignale selbst direkt zu empfinden. Wir sind deshalb bedeutend besser orientiert über akustische und optische Auseinandersetzungen, weil wir diese Vorgänge meist auch selbst hören und sehen können. — Durch eine sehr einfache Beobachtung können wir uns davon leicht ein Bild machen, wie wichtig die Geruchssprache für die Rehe ist, wenn wir uns die räumliche An-

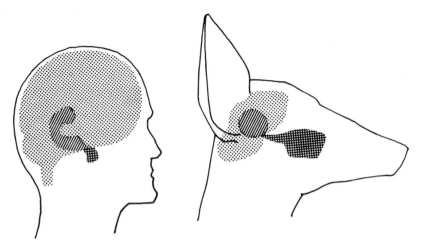

Abb. 9 Vergleich zwischen der Gehirngröße (gepunktet), der Riechschleimhaut (gegittert) und der Geruchssphäre (schraffiert) beim Menschen und beim Reh (nach KAHMANN aus v. RAESFELD 1965)

ordnung, in der verschiedene Mitglieder eines Sprunges zueinander stehen, unter Berücksichtigung der Windrichtung aufzeichnen. Besonders beim Äsen scheinen die Rehe beträchtlichen Wert darauf zu legen, einander nicht zu nahe zu kommen, sie halten ganz bestimmte Individualdistanzen ein, die zwischen zwei Ricken, zwei Böcken oder einer Ricke und einem Bock bedeutend größer sind als etwa zwischen Mutter und Kindern oder Bock und brunftigem Schmalreh.
Räumlich betrachtet verteilen sich Sprungmitglieder in einer Ellipse, deren Längsdurchmesser mit der Windrichtung zusammenfällt. Meist steht die führende Geiß vorn am Wind, die Kitze halten sich hinter ihr auf, wo sie die Mutter jederzeit riechen können. Nur bei Neugeborenen verhält es sich anders, hier sucht die Mutter Stellen auf, wo sie die liegenden Kitze riechen kann. In Sprüngen, die von einem brunftigen Schmalreh und einem Bock gebildet werden, wechseln die beiden Partner zwar ihre Stellungen laufend, sie stehen aber immer in der Windrichtung. In den großen Wintersprüngen, in denen sich führende Ricken, ihre Kitze, Schmalrehe und Böcke zusammenfinden, steht die führende Geiß meist vorn am Wind, Bock und Schmalreh in ihrer Geruchsspur und die Kitze entweder hinter ihr oder — falls sie dem Schmalreh ausweichen müssen — ganz nahe neben ihr, wo sie die Mutter sehen können. Zwei oder mehr Rehe können unter günstiger Ausnutzung des Windes in einer Gruppe vereint sein, obwohl sie einander nicht mehr sehen können und oft mehrere hundert Meter voneinander entfernt sind. Welch große Bedeutung den Geruchssignalen schon im Kitzalter zukommt, stellten meine Frau und ich fest, als wir mit

unseren künstlich aufgezogenen Kitzen weite Streifzüge unternahmen. Sie kümmerten sich wenig um menschliche Verständigungsmöglichkeiten, reagierten kaum, wenn wir nach ihnen riefen, sondern verhielten sich nach wie vor wie wildlebende Rehe, indem sie die Distanz zu uns je nach der herrschenden Richtung und Stärke des Windes veränderten. Bewegten wir uns z. B. auf einer offenen Wiese direkt gegen den Wind, so konnte die Distanz zwischen Pflegemutter und Kitz 50—200 m betragen. Natürlich entschwanden uns dabei die Kitze aus dem Gesichtsfeld, und weil wir als schlechte Riecher den feinen Geruchsorganen der Rehe nicht vertrauten, riefen wir häufig nach ihnen. Zweifellos hielten uns die Spaziergänger, die uns gelegentlich begegneten, für verrückt, wenn wir zwischen ihnen durchmarschierten und immer »komm, Fridolin, komm« riefen. Ihr Erstaunen muß aber sicher noch gestiegen sein, wenn sie nach einiger Zeit den Kitzen begegneten, die munter an ihnen vorbeizogen. Allerdings besaßen wir jederzeit ein Mittel, womit wir die Kitze in unsere Nähe bringen konnten. Wir mußten nur die Richtung verändern, indem wir zuerst seitlich von der Windrichtung abwichen und uns dann mit dem Wind bewegten. Somit mußten die Kitze zuerst ihren Kurs korrigieren und dann, um den Kontakt nicht zu verlieren, aufgeschlossen hinter uns bleiben, denn jetzt brachte der Wind die Geruchsinformationen nicht mehr von der Pflegemutter zum Kind, sondern vom Kind zur Pflegemutter. Die Kitze bemühten sich nicht nur um indirekten Kontakt durch die Geruchsfährte unserer Füße, sondern bestanden auch auf direkte Fühlungnahme.

Neben dem Geruchssinn ist auch das *Gehör* der Rehe ganz beachtlich. Die Lauscher gleichen großen, beweglichen Schalltrichtern, die bei Gefahr weit geöffnet und nach allen Richtungen gedreht werden. Auch im Sozialverhalten spielen akustische Signale eine Rolle. Die jungen Kitze geben durch ein leises Fiepen der Mutter davon Kenntnis, wo sie sich aufhalten. Die feinen Fieplaute werden von den Kitzen auch ausgestoßen, um die Mutter zum Säugeakt herbeizurufen. Erscheint sie nicht sogleich, dann steigern die Jungen ihre Rufe und lassen schließlich ein zweisilbiges »Pijäh« ertönen. Während beim einsilbigen Fiepen das Geäse geschlossen bleibt und selbst dem Windfang, durch den der Ruf erzeugt wird, kaum eine Bewegung anzumerken ist, erfolgt der Pijäh-Ruf mit geöffnetem Äser. Im Augenblick höchster Gefahr stoßen die Kitze einen schrillen Fieplaut aus, der die Mutter augenblicklich alarmiert.

Nicht nur Kitze fiepen, sondern auch erwachsene Rehe bleiben durch einsilbige Laute, die allerdings etwas tiefer tönen, miteinander in akustischem Kontakt. Die Rehgeiß lockt ihre Kitze mit Fieplauten. Ähnlicher Töne bedienen sich brunftige Tiere. RAESFELD (1965) unterscheidet zwischen einem *Sprengfiepen*, das während der Brunft vor allem von der Ricke, gelegentlich aber auch vom Bock ausgestoßen wird, und einem *Angstfiepen*, das von stark getriebenen Tieren stammt. Die Fieplaute können mit Grashalmen oder Buchenblättern leicht imitiert werden, und es gelingt erfahrenen Wildhütern und Jägern meist mühelos, Rehmütter oder brunftige Böcke anzulocken.

Während des Winters schließen sich die Rehfamilien zu mehr oder minder großen Sprüngen zusammen. Man erkennt von links Altgeiß, Bockkitz, Bock (Gehörn abgeworfen), Schmalreh, Geißkitz. Foto: H. Jagusch

Auf tief ausgetretenen Wechseln zur Fütterung. Foto: W. Tilgner

Baumflechten als Notäsung im Winter. Foto: A. Kaiser

Der *Schreckruf* entstammt dem Geäse und dürfte seinen Ursprung im Rachen und der Kehle haben. Er ähnelt stark dem Bellen eines Hundes und tönt rauh und kurz wie »bö« oder etwas gedehnter als »bäh«. Wie beim Fiepen werden auch hier meist mehrere Laute nacheinander ausgestoßen. Schreckrufe ertönen vor allem in Gefahrsituationen, in denen sich die Rehe noch nicht genau sicher sind über den Standort des vermeintlichen Feindes. Dem Schrecken kommt hier eine eindeutige Warnfunktion zu. Häufig schrecken einzelne Stücke aber auch, wenn sie sich unerwartet einem Feind in nächster Nähe gegenüberstehen. Der Schreckruf ertönt gelegentlich nachts und wird von vielen Rehen wechselweise gerufen. Wohl mit Recht vermutet man, daß in solchen Situationen die Tiere sich gegenseitig ihren Standort mitteilen. Man spricht hier übrigens von *Schmälen*. In der Regel tönen auch die Schreckrufe um so tiefer, je älter die Rehe sind.

In höchster Not klagen die Rehe. Der durchdringende Laut klingt wie »Aiin« und entstammt der Drossel und wird durch den Äser ausgestoßen. Bei Böcken kennt man das *Keuchen*, ein Zeichen starker Erregung. Böcke, die einer brunftigen Ricke nachjagen, geben Keuchlaute von sich. Sie begleiten aber auch die Imponier- und Drohgefechte, den Rivalenkampf und werden gelegentlich auch beim Schlagen gegen Sträucher und Bäume festgestellt.

Der *Gesichtssinn* der Rehe ist nicht besonders hoch entwickelt. Es fällt ihnen schwer, einen ruhig dastehenden, unauffällig gekleideten Beobachter auszumachen. Dagegen erkennen sie rasch die geringsten Bewegungen. Immer versuchen sie sofort, den Mangel durch den Einsatz des Gehör- und Geruchssinnes zu kompensieren. Sie beginnen zu sichern. Mit weit geöffneten Lauschern verhoffen sie und prüfen mit geblähtem Windfang die Umgebung. Gelegentlich senken sie das Haupt und halten den Windfang knapp über dem Boden. Vermutlich trägt ihnen hier der Wind die deutlichsten Informationen zu.

C. HAMBURGER (1908) untersuchte das Rehauge. Die aufgenommenen Lichtstrahlen verengen sich nicht an einer Stelle, also nicht in einem Brennpunkt, sondern in einer Brennlinie. Es entstehen dabei keine scharfen Bilder, sondern unscharfe und verzerrte, wie sie auch vom schwachsichtigen, menschlichen Auge wahrgenommen werden. Kleine Gegenstände werden überhaupt nicht erkannt, sondern nur große.

Im Vergleich zum Menschen und zu den Raubtieren, die ihre Augen vorn am Kopf tragen, besitzen die Rehe, deren Lichter mehr seitlich stehen, ein bedeutend größeres Gesichtsfeld. Sie erkennen auch, was hinter ihnen vorgeht. Die Pupillen, die die Form eines liegenden Ovals besitzen, helfen ebenfalls mit, das Gesichtsfeld zu erweitern. Bis heute ist nach meinem Wissen nichts darüber bekannt geworden, ob und gegebenenfalls welche Farben Rehe sehen.

Wenden wir uns nun kurz noch einigen optischen Signalen zu, die Rehe im Sozialverkehr gebrauchen. Selbst für uns Menschen ist der Spiegel der Winterdecke ein auffälliges Merkmal. Zwar erkennt man ihn auch im Sommer, doch er hebt sich zu dieser Zeit nur schwach von der übrigen Decke ab. Bei plötzlicher Gefahr werden die Spiegelhaare gespreizt und vergrößern so die sehr helle Fläche. Zweifellos erkennen die Tiere auf der Flucht oder auch sonst, wenn sie sich im dämmerigen Wald verschieben, den »Vordermann« an diesem Signal. Ich bin aber sicher, daß das Spreizen der Spiegelhaare, wie es bei plötzlicher Gefahr erfolgt, nicht oder wenigstens nicht immer als Fluchtsignal gewertet werden kann. Mit dieser Meinung widerspreche ich wohl den meisten Rehkennern, und ich will daher versuchen, sie durch einige Beobachtungen zu belegen:

In Pontresina fanden sich verschiedene Sprünge jeweils an den künstlichen Futterraufen zusammen, zahme, die aus den Gebieten nahe der Siedlung und den Touristenunterkünften stammten, und wilde, die aus entlegenen Halden allabendlich zur Futterstelle kamen. Wurden die gemischten Verbände an den Raufen durch Menschen gestört, dann spreizten die wilden Rehe ihre Spiegel und flohen, ohne dabei die zahmen auch nur im geringsten zu beeinflussen. Sie waren ja seit langem an die Nähe der Menschen gewöhnt. Das Spreizen des Spiegels ist also sicher kein eindeutiges Fluchtsignal, sondern im besten Fall ein situationsgebundenes. Der Spiegel wird übrigens nicht nur bei einer Gefahr gespreizt, sondern ganz allgemein, wenn die Rehe aufgeregt sind, aber auch während und nach dem Koten, beim Sich-Putzen und Sich-Strecken, ohne bei anderen Sprungkumpanen die Flucht auszulösen.

Verhaltensweisen, die als optische Signale bei Sozialpartnern eine Reaktion auslösen, sind sämtliche Droh- und Imponiergehaben, mit denen — wie wir später noch sehen werden — die Rivalen einander vor dem eigentlichen Kampf zu beeindrucken suchen, und natürlich auch die Demutstellung mit tiefgehaltenem Träger und weit nach vorn geöffneten Lauschern. Auch die Aufforderung zum Nachfolgen ist ein optisches Signal. Das Reh, das ein anderes veranlassen möchte, ihm zu folgen, stellt sich vor dieses, grätscht die Hinterbeine, spreizt den Spiegel und blickt nach hinten.

Unseren Überblick über einige typische Sozialverhalten wollen wir mit der Gruppe der taktilen Verhaltensformen beenden, also denjenigen, bei welchen sich die Partner berühren. Dazu gehören einmal das Sich-Putzen, dann sämtliche Verhaltensmuster des Säugens und der Paarung. Die Rehmütter können mit Vorderlaufschlägen die liegenden Kitze zum Aufstehen veranlassen und durch Schnauzenstöße mithelfen, das Euter zu finden.

Ich hoffe, daß dieser Überblick über soziale Signale etwas von der Vielfalt der Verständigungsmöglichkeiten der Rehe vermitteln konnte. Rehe können sich also nicht nur durch taktile und optische Zeichen miteinander unterhalten, sondern auch durch Laute, die auf beträchtliche Entfernungen zu hören sind, und durch Geruchsstoffe, die entweder als Marken an bestimmten Stellen deponiert werden und dort später von anderen abgelesen werden können, wenn sich der »Spender« schon lange an einer neuen Stelle aufhält. Bei günstiger Windlage sind auch die Geruchssignale auf weite Entfernungen direkt wirksame Mittel zur Verständigung. Von allen den Rehen zur Verfügung stehenden Verständigungsmöglichkeiten ist — nach meinen Beobachtungen zu schließen — die geruchliche am wichtigsten. Dies sehen wir einmal darin, daß bei allen Begegnungen und fast bei allen Verhaltensweisen zwischen zwei Partnern geruchliche Kontrollen eingebaut sind, z. B. bei den Imponier- und Drohduellen, die den Kampf zwischen zwei Böcken einleiten, beim Säugen und beim Putzen.

Selbst wenn ein Reh einem anderen eine Mitteilung macht, versucht das Angesprochene dem Fiependen den Geruchsausweis zu kontrollieren. Fiept beispielsweise ein durstiges Kitz seiner Mutter, dann kommt diese herbei, sichert aber immer mit auf und ab schwingendem Träger gegen das Kitz. Ich kenne nur eine einzige Situation, in der das akustische Signal allein genügt, den Kontakt einzuleiten: beim Schreckschrei angefallener Kitze. Hier prescht die Geiß, ohne zu verhoffen und zu sichern, sofort zur Gefahrenzone.

Auch während der Brunft überdecken die geruchsbestimmten Verhaltensweisen sämtliche anderen. Viele Beobachter haben darüber geschrieben, wie Böcke mit tiefgehaltenen Windfängen den brunftigen Geißen auf den Fährten nachjagen, dabei oft nahe an den Gesuchten vorbeieilen, nur weil die Geruchsfährte nicht direkt an den Ort führt, wo die Geißen gerade stehen.

Als mich unser Wildhüter vertraut machte mit der Kunst des Blattens, des Imitierens der Fieplaute brunftiger Geißen, versuchten wir selbstverständlich den Erfolg dieser Lockmethode. Schließlich fanden wir einen kapitalen Bock, der günstig stand. Der Wind wehte genau von ihm gegen uns. Wir suchten Deckung hinter einer Tanne, die etwas abgesetzt vom Waldrand im freien Feld stand, und blatteten. Der ahnungslose Bock warf sofort das Haupt auf, sicherte mehrmals in unsere Richtung und verschwand dann — ohne etwa zu fliehen — auf der gegenüberliegenden Seite im Waldrand. Scheinbar war er an dem gefälschten Liebesruf gar nicht interessiert. Doch weit gefehlt. Wir verhielten uns noch einige Zeit ruhig, weil wir hofften, der Bock würde wieder austreten; als er aber nicht erschien, entschlossen wir uns, zu gehen. Da schreckte plötzlich ein Reh unmittelbar hinter uns am Waldrand. Wir beide erschraken unglaublich beim plötzlichen »böbö«. Es stammte von unserem Bock, der nicht, wie wir erwartet hatten, den kürzesten Weg zur vermeintlichen Geiß suchte, sondern rehgerecht die herrschende Windlage ausnützend sich in einem Bogen von hinten dem rufenden Partner näherte — von dort, wo er sich geruchlich auf Distanz über ihn informieren konnte.

Rehe sind Tiere des Waldrandes und der Feldgehölze. Sie leben in Gebieten, die im allgemeinen unübersichtlich sind und in denen eine Verständigung durch optische Signale meist sehr schwierig wäre. Akustische und geruchliche Informationen eignen sich hier viel besser. Anscheinend beschränken die Rehe Signale, die nur auf kurze

Entfernungen erfolgreich ablaufen und verstanden werden, auf Beziehungen, bei denen direkter Kontakt zwischen zwei Partnern unerläßlich ist, wie Paarung, das Säugen und Kämpfe. Bei anderen Aktivitäten müssen sich die Tiere nicht unbedingt gleichzeitig am selben Ort, im gleichen Sprung, aufhalten. Eine Rehmutter z. B. überwacht ihr liegendes Kitz, indem sie weit von ihm entfernt an einer Stelle äst, wo sie es riechen kann.

Während der Setzzeit und vor der Brunft beziehen Böcke und Geißen Reviere, die von bestimmten Nachbarn gemieden werden. Die Reviergrenzen sind kenntlich gemacht durch Duftmarken. Zwei oder mehrere Reviernachbarn können durch diese deponierten Mitteilungen — ohne sich überhaupt je zu sehen — so lange miteinander verkehren, wie der eine die Marken des anderen achtet.

Das auf »Fernverkehr« ausgerichtete Sozialverhalten der Rehe ermöglicht viele Auseinandersetzungen, ohne daß sich die Partner dazu begegnen müssen. Dies läßt sich einerseits mit dem unübersichtlichen Gelände in Verbindung bringen, in dem Rehe mit Vorliebe leben. Andererseits muß auch gesagt werden, daß Rehe ausgesprochene Distanztiere sind, die meist sogar den Körperkontakt mit ihren engst vertrauten nächsten Kumpanen meiden. Fridolin, einer unserer Kitzböcke, zeigte Mißfallen schon als kleiner Knirps, wenn man ihn hochhob und in die Arme nahm. Als ein- und zweijähriger Bock lebte er frei im Wald, meine Frau und ich besuchten ihn aber regelmäßig und unternahmen mit ihm weite Ausflüge. Doch er gestattete uns nie, ihn anzufassen. Er wich stets aus und wahrte eine Distanz von etwa 4 m. Das gegenseitige Putzen, ein häufiges Verhalten bei Kontakttieren (z. B. Papageien oder Affen), ist bei den Rehen äußerst selten und tritt meistens nur zwischen Partnern auf, die zueinander in einem Mutter-Kind- oder einem Brunftverhältnis stehen, also in einer Beziehung, zu deren erfolgreichem Ablauf — Säugen bzw. Beschlag — direkte Körperkontakte unvermeidlich sind.

Ich habe regelmäßig die Distanz geschätzt, in der bestimmte Alters- und Geschlechterklassen voneinander entfernt stehen, und dabei festgestellt, daß die geringste zwischen Neugeborenen und ihren Müttern sowie ihren Geschwistern eintritt. Die Mittelwerte der Distanzen zwischen einer führenden Geiß und ihrer Kitze betragen etwa 8 m. Nun kann es aber vorkommen, daß sich beim Äsen eines der Tiere so verschiebt, daß es plötzlich sehr nahe oder sehr weit vom anderen steht. Ich habe auf solche unbeabsichtigten Ortsveränderungen besonders geachtet. Nähern sich Mutter und Kitze allzusehr, dann verweist die Mutter ihre Kinder bei einer Distanz von ungefähr 4 m durch Drohen auf ihre Plätze. Es kommt aber auch vor, daß die Kitze rechtzeitig ihre Distanz vergrößern. Auch umgekehrt tritt der Fall ein, daß Mutter und Kitze auseinanderweichen. Bei einer Distanz von etwa 13 m ruft die Mutter regelmäßig ihre Kinder zurück. Die mittleren Individualdistanzen sind also im Mutter-Kind-Sprung so gewählt, daß kein Partner mit Aggressions- oder Kontaktverhalten reagieren muß.

Die Mutter-Familie

Die engste soziale Beziehung, die zwischen zwei Rehen besteht, ist zweifellos diejenige zwischen Mutter und Kind. Spätestens 3 Wochen vor dem Setzen trifft die trächtige Ricke ihre endgültige Wahl für den Setz- und Aufzuchtplatz. Diese Stelle ist von größter Bedeutung für das Wohlergehen der Jungen; denn sie folgen ihrer Mutter nicht schon kurz nach der Geburt auf Schritt und Tritt, wie dies junge Ziegen oder Gemsen tun, sondern sie verbringen die ersten Lebenswochen meist in eingerollter Bauchlage und verlassen ihren Liegeplatz nur, um zu trinken und um sich von der Mutter putzen zu lassen. Der Liegeplatz des Kitzes muß trocken sein, möglichst in einer warmen sonnigen Lage, sonst kann sich das Jungtier leicht erkälten oder sich sogar eine Lungenentzündung zuziehen. Auch sind trockene Stellen viel weniger verparasitiert als feuchte. Die Aufzuchtstelle muß im weiteren aber auch die nötige Deckung liefern; denn obwohl die hellgemusterte Jugenddecke die Kitze ausgezeichnet tarnt, werden sie doch gelegentlich von Greifvögeln, streunenden Hunden und Katzen gerissen.

Sobald die trächtige Ricke ihren Setzplatz gefunden hat, verläßt sie diese Stelle kaum mehr, und man sieht häufig, wie sie den Ort eifersüchtig gegen andere Ricken verteidigt. Ricken kämpfen nicht Stirn an Stirn wie die Böcke, sondern stehen aufrecht auf ihren Hinterläufen und schlagen sich mit den Schalen der Vorderläufe. Mit Harnmarken, die in fast sitzender Lage abgegeben werden, markieren sie ihr Grundstück.

In den ersten 3 Wochen nach der Geburt unterhalten Mutter und Kinder wenig gegenseitigen Kontakt. Ihre Aktivitätsrhythmen sind sehr verschieden und nur wenig aufeinander abgestimmt. Das Junge verschläft fast die ganze Zeit, in der die Mutter äst. Sie haben nicht nur verschiedene Feinde, sondern reagieren auch ganz verschieden darauf. Während erwachsene Rehe bei Gefahr schrecken und sich durch rasche Flucht davonmachen, ducken sich die Kitze und verharren lautlos und starr an den Boden gepreßt — ein Verhalten, das sich gegenüber natürlichen Feinden vor allem auch deshalb bewährt, weil die Kitze in den ersten Lebenswochen noch keine funktionierenden Duftdrüsen besitzen und ihnen infolgedessen noch nicht der typische Rehgeruch anhaftet.

Sollte es einem Feind trotz allem gelingen, sich an ein Rehkitz heranzuschleichen und es zu fassen, dann klagt das Junge mit einem markdurchdringenden, lauten Schrei, den man dem kleinen Wesen kaum zutrauen würde. Meist ist die Mutter über das Nahen des Feindes schon informiert, weil sie ja hauptsächlich an Stellen äst, wo ihr der Wind den Geruch des Kitzes zuträgt; sonst aber alarmiert sie der Hilfeschrei des

Jungen unverzüglich, sie rennt herbei und verteidigt ihr Kitz mutig mit Vorderlaufschlägen. Sie nimmt nicht nur Hunde, Katzen oder Füchse an, sondern gelegentlich sogar Menschen.

Die Reaktion auf den Kitzschrei ist in den ersten Wochen nach der Geburt derart stark ausgeprägt, daß sich Rehmütter auch täuschen lassen und auf imitierte Kitzschreie reagieren. Wildhüter und Jäger beispielsweise können jederzeit herausfinden, ob sich in einem bestimmten Grasstück nun führende Ricken aufhalten: sie nehmen lediglich ein Grasblatt, das sie zwischen beide Daumen und die beiden Daumenballen klemmen, und blasen jetzt durch die so entstandene Saite. Dabei ertönt ein Laut, den selbst Kenner kaum von dem natürlichen Schreckschrei der Kitze unterscheiden können. Erst ungefähr 4 Wochen nach der Geburt kennen sich Mutter und Kinder an ihren Stimmen. Die Mutter wird ab diesem Zeitpunkt nur noch ihrem Nachwuchs zu Hilfe eilen und sich durch imitierte Laute nicht mehr irreführen lassen. Umgekehrt ist sie jetzt auch in der Lage, durch leises Fiepen ihre Kinder zu sich zu rufen.

Kurz nach der Geburt werden die Rehkitze von ihrer Mutter trockengeleckt. Dieser scheinbar nebensächliche Vorgang ist für die Jungen von ganz außerordentlicher Bedeutung; denn er regt nicht nur die Blutzirkulation an, sondern auch die Bewegung des Darmes, zudem löst er Nässen aus. Durch die Putzbewegungen der Mutter wird das Junge weiterhin angeregt, nach dem Euter zu suchen. Das Finden der Milchquelle ist die schwierigste Klippe, an der sich das Mutter-Kind-Team nach der Geburt messen muß. Dem Neugeborenen fehlt nämlich die genaue Kenntnis, wo das Euter liegt. Sie müssen es also lernen. Dabei helfen ihnen eine Reihe angeborener Verhaltensmuster. Ganz junge Kitze fahren mit der Schnauzenspitze an den unteren Körperpartien entlang, sie beginnen ungestüm zu stoßen, sobald sie Widerstand finden. Sie saugen sofort an allen vorstehenden weichen Gegenständen. Mit anderen Worten, das Neugeborene weiß zwar nicht, wo das Euter liegt, sondern nur, daß es mit der Schnauzenspitze am Bauch der Mutter entlangfahren und — sobald es anstößt — drücken muß. Findet es dabei die Zitzen, dann beginnt es zu saugen. Bei seinen ersten Experimenten sucht es übrigens gleichhäufig in einem Winkel, der von der Rumpflinie und den Vorderläufen gebildet wird, oder in demjenigen zwischen Hinterläufen und Rumpf. Natürlich sieht die Mutter den unbeholfenen Anstrengungen ihres Kindes nicht tatenlos zu. Sie präsentiert das Euter deutlich, indem sie die Hinterläufe grätscht und sich vorn erhebt. Dadurch wird der hintere Rumpfwinkel viel leichter zugänglich. Gelegentlich liegen Rehgeißen sogar ab, um die Jungen zu säugen, ein Verhalten, das übrigens bei wiederkäuenden Paarhufern eher selten ist. Oft habe ich beobachten können, wie die Mutter mit Schnauzenstößen die Jungen in Richtung des Euters weist.

Als ich meine ersten Rehkitze zu Hause aufzuziehen versuchte, bereitete mir die Schwierigkeit, sie an die Flasche mit dem Gummilutscher zu gewöhnen, schlaflose

Nächte. Sobald ich die Kitze festhielt, um ihnen den Lutscher in den Äser zu schieben, wehrten sie sich mit aller Kraft, sie schrien, und es bestand sogar die Gefahr, daß sie sich verschluckten, was unter Umständen eine Lungenentzündung zur Folge gehabt hätte. Ließ ich sie dagegen frei, dann suchten sie das Euter fiepend an den unteren Sitzflächen unserer Stühle und stießen sich an den Stuhlbeinen die Nasen wund. Überall lutschten sie hungrig – an Kissen, Decken und Teppichfransen.

Schließlich fand meine Frau die rettende Idee. Wir bauten den Kitzen eine Attrappe, an der sie entsprechend ihren angeborenen Verhaltensweisen lernen konnten, selbst die Flasche zu finden. Die künstliche Mutter bestand aus einem leicht nach hinten geneigten, von vier Beinen getragenen Brett, dessen Unterseite mit Schaumgummi gepolstert war. Hinter- und Vorderende des Brettes waren durch je eine 5 cm hohe, nach unten ragende Leiste abgeschlossen. Am hinteren Brettende konnten zwei Milchflaschen mit Lutschern von oben so durch zwei Löcher gestoßen werden, daß auf der unteren Seite nur die Lutscher aus dem Schaumgummipolster ragten. Der Trick klappte. Die Rehkitze, die mit der künstlichen Mutter in ein Gehege gesperrt wurden, begannen schon bald mit ihrer Suche am Brett und fanden kurz darauf die Milchquelle. Mit der Attrappe brauchten wir sie auch nicht mehr zum Trinken zu zwingen und erhielten noch einen weiteren Vorteil, indem nun jedermann die Kitze »säugen« konnte, was – wie wir bald sehen werden – mit der »Handmethode« nicht der Fall ist.

Ganz junge Rehkitze wissen übrigens noch nicht, wann sie genug getrunken haben. Bei künstlich aufgezogenen Kitzen sollte man also besonders darauf achten, daß sie nicht zuviel Milch erhalten, denn sie könnten sich im wahrsten Sinne des Wortes zu Tode trinken. Bei wildlebenden Rehen ist es meist die Mutter, die den Säugevorgang unterbricht, und nicht etwa das Kitz, das der Mutter fiepend nachhüpft, sobald sie sich entfernen will. Kleine Kitze geben allerdings die Verfolgung der Mutter rasch auf. Im hochstehenden Gras ermüden sie rasch und verlieren übrigens auch bald die Orientierung. Sie liegen deshalb meist in der Nähe der Stelle wieder ab, wo sie gesäugt wurden. Ältere Kitze dagegen können ihrer Mutter schon ziemliche Schwierigkeiten bereiten, denn sie sind nicht mehr so leicht abzuschütteln. In diesen Fällen überlisten die Geißen ihren Nachwuchs folgendermaßen: Nach dem Säugen entfernt sich die Mutter langsam vom Kitz. Dabei achtet sie darauf, daß sie gegen die Windrichtung zieht. Das ihr nachfolgende Kitz kann sie nicht nur sehen, sondern auch riechen. Übermütig trabt es der Alten nach und überholt sie auch bald einmal in spielerischen Läufen. Darauf hat die Mutter gewartet. Sobald sich das Junge weit genug von ihr weg gegen den Wind entfernt hat, verschwindet sie rasch in weiten Sprüngen. Plötzlich bemerkt das Junge, daß es allein ist. Zuerst sucht es fiepend nach der Alten, schließlich liegt es ab. Es fiept so lange, bis es einschläft. Dadurch weiß die Mutter übrigens später, wo sich ungefähr ihr Kind niedergetan hat.

Weil sie ihre Mutter in den ersten Lebenswochen noch nicht begleiten, werden die Rehkitze als *Liegetypen* bezeichnet und den Jungen der Ziegen, Gemsen und verschiedenen Hirscharten, die als *Folgetypen* zusammengefaßt werden, gegenübergestellt. Zwischen beiden Möglichkeiten besteht ein ganz fundamentaler Unterschied: Die Folgetypen Mutter und Junge kennen einander sofort persönlich, während dies bei den Rehen nicht der Fall ist. Nimmt man z. B. einer Schaf- oder Ziegenmutter kurz nach der Geburt ihr Kitz weg und ersetzt es durch ein gleichaltriges fremdes, dann greift sie dieses sofort an. Das umgesetzte Jungtier seinerseits versucht auch nicht etwa bei der fremden Mutter zu trinken, sondern ruft klagend nach seiner eigenen Mutter. Beim Folgetyp entsteht also schon unmittelbar nach der Geburt eine Prägung, ein einmaliger Lernvorgang »auf den ersten Blick«, wie dies Konrad LORENZ (1935) bei Gänsen erstmals untersucht hat.

Beim Reh dagegen scheinen sich Mutter und Kinder nicht sofort persönlich zu kennen. Jedenfalls reagiert, wie wir schon wissen, die Mutter in den ersten Wochen nach der Geburt auf irgendeinen, selbst einen imitierten Hilfeschrei, und die Kitze trinken von irgendeiner Geiß. Dies konnte ich, wie früher übrigens schon BUBENIK (1965), in Umtauschversuchen zeigen, bei denen Kitze verschiedenen Alters Rehmüttern ins Aufzuchtgebiet gegeben wurden, nachdem man deren eigene Kitze entfernt hatte. Bevor die Jungen 3 oder 4 Wochen alt sind, versuchen sie, sofort bei der fremden Geiß zu trinken und ihr zu folgen. Ältere dagegen fliehen vor ihr oder zeigen ihr gegenüber wenigstens kein typisches Kindverhalten. Ganz ähnlich verhalten sich auch die Mütter gegenüber fremden Kitzen. Handelt es sich im Versuch um Geißen, die selbst Kitze geführt hatten, die jünger als 3 oder 4 Wochen waren, dann nehmen sie sich den Fremdlingen an, als wären es ihre eigenen Kitze. Hatten sie dagegen ihren Nachwuchs vor mehr als 4 Wochen zur Welt gebracht, dann griffen sie die Versuchskitze an und gestatteten ihnen kein Trinken.

Nun, diese Versuche zeigen, daß der Prägungsvorgang beim Reh nicht in den ersten Stunden nach der Geburt vollzogen wird, sondern erst nach einigen Wochen. Nach diesem Zeitpunkt kennen sich die beiden Partner also persönlich. Stirbt einer davon, dann kann der andere seinen Teil des Mutter-Kind-Verhaltens nicht mehr an irgendeinem anderen geeigneten Partner abhandeln. Stirbt die Mutter, dann können die Kinder bei keiner anderen Geiß mehr trinken. Werden die Kitze z. B. vermäht, dann kann die kinderlos gewordene Ricke, obwohl sie ein pralles Euter trägt, keine anderen mehr säugen.

Ich habe viel Zeit damit verbracht, diesen ungemein fesselnden Verhaltensvorgang aus nächster Nähe zu studieren, denn oft kam es vor, daß sich die künstlich aufgezogenen Kitze auf eines meiner Familienmitglieder prägten. Die näheren Einzelheiten habe ich in dem Buch »Sozialverhalten des Rehes« (1968) beschrieben. Der Prägungsvorgang verschiedener Sozialverhalten erfolgt übrigens nicht zum gleichen Zeit-

punkt und — wie einem dies bei gefangenen Kitzen auffällt — nicht unbedingt auf den gleichen Sozialpartner.
Junge Kitze folgen nach ihrer Geburt höchstens einen Monat lang irgendeinem Reh, wenn sich dieses nahe genug bei ihnen aufhält, später vorwiegend nur noch ihrer Mutter. Bis etwa zwei Wochen nach der Geburt trinken sie von verschiedenen Milchquellen, dann nur von einer ganz bestimmten. Kurz vor dem Ende des ersten Lebensmonats erfolgt auch der Prägungsvorgang für Kontaktlaute. Bisher fiepten Kitze, wenn sich irgendein Reh in ihrer Nähe befand, später fiepen sie lediglich gegenüber ihrer Mutter.
Genauso verhält sich übrigens auch das Muttertier. Auch sie prägt sich auf ihren Nachwuchs, denn ungefähr einen Monat nach der Geburt — so zeigten die Versuche — säugt, putzt oder verteidigt sie nicht mehr irgendwelche Kitze, sondern nur noch ihre eigenen. Die Kitze besitzen die Fähigkeit, verschiedene Verhalten auf verschiedene Partner zu prägen. Dies gab bei uns zu Hause natürlich zu verwirrenden »Familienproblemen« Anlaß. Ein Bockkitz, das wir »Pipo« tauften, erhielten wir verhältnismäßig spät in Pflege. Er konnte nicht mehr lernen, aus der Flasche zu trinken, deshalb erhielt er seine Milch aus einer flachen Schale. Dagegen nahm er mich ohne weiteres als Folgekumpan an. Zusammen mit Fridolin, den ich schon als dreitägigen Knirps adoptiert hatte, begleitete er mich täglich auf den Rundgängen durch den Wald. Neben ihnen hielten wir zur gleichen Zeit noch »Chätschi« und »Himpi«, die nicht nur auf die Flasche, sondern auch mich geprägt waren. Ich nahm sie nie mit auf meine Rundgänge. Erst als sie ein halbes Jahr alt waren und wir den Kitzen im Wald ein Gehege einrichteten, aus dem sie später ausgesetzt wurden, durften sie mich begleiten. Doch dies war einfacher gesagt als getan. Obwohl sie mich zweifellos als »Säugekumpan« akzeptiert hatten, weigerten sie sich grundsätzlich, mir zu folgen. Sie folgten mir nur dann, wenn mich gleichzeitig auch Fridolin und Pipo begleiteten. Klar, daß sie nicht mir, sondern ihren gleichalten Stiefbrüdern, die ihre »Folgekumpane« waren, nachtrabten.
Ich kann mich noch gut — und ehrlich gesagt, mit Schrecken — daran erinnern, welche Dramen sich bei uns zu Hause abgespielt haben, wenn ich nach Zürich fahren mußte, um zumindest den wichtigsten Vorlesungen an der Universität beizuwohnen. Denn meine »Säugekumpane« weigerten sich grundsätzlich zu trinken, obwohl meine Mutter ihnen die gleiche Milch aus dem gleichen Behälter mit dem gewohnten Lutscher darbot. Sie schrien so lange, bis ich heimkam und sie tränkte.
Sobald die Prägungsvorgänge vollzogen sind, ändert sich das Verhalten zwischen Mutter und Kindern. Die Kitze begleiten nun ihre Ricke fast dauernd. Sie lernten inzwischen auch, feste Nahrung aufzunehmen, zu kauen und zu schlucken. Immer seltener trinken sie bei der Alten. Meist werden sie nach der Brunft, also Ende August oder Anfang September, nicht mehr gesäugt. Nur gelegentlich sieht man später noch

schwächliche Kitze, die noch saugen. Auch das Putzen wird immer seltener. Jedenfalls benötigen die Jungen die Zungenmassage ihrer Mutter nicht mehr, um ihre Verdauungsvorgänge anzuregen. Nur noch wenn sich Kitze und Geiß nach einer kurzen Trennung wiederfinden, putzen sie sich gegenseitig zur Begrüßung. Die Kitze ducken sich auch nicht mehr bei Gefahr, sondern fliehen zusammen mit der Alten.

Allmählich lernen die Kitze auch andere Rehe kennen, denn die Mutter verteidigt das Aufzuchtrevier nicht mehr wie früher gegen Eindringlinge. Sie begegnen den erwachsenen Böcken, die sich während der Brunft in der Nähe der Mutter aufhalten, und auch ihren um ein Jahr älteren Schwestern, die hin und wieder in die Familie der Mutter zurückkehren.

Im Frühjahr zerfällt die Familie. Die trächtige Mutter und das trächtige Schmalreh halten bereits nach günstigen Setz- und Aufzuchtrevieren Ausschau, der Kitzbock findet in gleichaltrigen Kumpanen übermütige Kampfgenossen, mit denen es sich viel leichter kämpfen läßt als mit den beiden ängstlichen Schwestern, und das Geißkitz beginnt sich bereits für die unruhig herumziehenden erwachsenen Böcke zu interessieren. Die Trennung im Frühjahr ist — soviel ich feststellen konnte — für den Kitzbock endgültig. Nicht aber für das Geißkitz. Es kehrt nach Abklingen der Brunft im Herbst wiederum zu seiner Mutter zurück und bleibt während des Winters in ihrem Verband.

Vom Spielen

Das junge Reh übt viele Verhaltensweisen allein; seine Mutter besucht es ja in den ersten Lebenswochen nur selten, und auch mit seinen Geschwistern hat es vorläufig kaum Kontakt. Zwar werden die Zwillinge und Drillinge meist an der gleichen Stelle gesetzt. Aber schon einen Tag später findet man sie weit voneinander entfernt liegend. In der Regel mißt die Distanz zwischen ihren Liegeplätzen 10–20 m, gelegentlich aber 50 m und sogar noch mehr. Da der Mutter zu diesem Zeitpunkt noch keine Verhaltensweisen zur Verfügung stehen, mit denen sie die Kitze an verschiedenen Stellen nach dem Säugen niederlegen könnte, darf man annehmen, daß die Kitze selber ein Bedürfnis haben, sich gegenseitig auszuweichen. Zu vermehrtem Kontakt kommt es allerdings, nachdem der Prägungsvorgang zwischen Kindern und Mutter vollzogen ist.

Zwar erheben sich die Kitze schon unmittelbar nach der Geburt auf sehr wackligen Beinchen, doch sicher stehen können sie erst nach ungefähr einem Tag. Das gleiche gilt auch für die ersten Schritte. Die ersten Trabversuche machen sie, wenn sie etwa einen Tag alt sind, richtig traben können sie aber erst nach etwa 3 oder 4 Tagen. Das Abliegen und Aufstehen glückt ihnen schon nach wenigen Stunden reibungslos. Mit ungefähr 2 Tagen setzt das Kauen ein, allerdings üben sie diese Bewegungen zunächst mit leerem Äser, dann beginnen sie Erde und Kotpillen der Mutter aufzunehmen, zu kauen und zu schlucken. BUBENIK (1965) beobachtete bei seinen Rehkitzen das Fressen von Erde vom vierten und fünften Tag an. Er vermutet, daß die aufgenommene Erde und die Steinchen zur Förderung der Darmperistaltik und des Absorbens dienen. Wenn die Kitze den frischen Kot ihrer Mütter fressen, dann impfen sie ihrem Verdauungstrakt die später zur Verdauung notwendige Darmflora ein. Pflanzliche Nahrung nehmen sie erst mit etwa 1½ Wochen richtig auf. Zwar üben sie auch hier den Freßvorgang schon viel früher, indem sie Blätter abzupfen, kauen und wieder ausspucken. Das Wiederkäuen erscheint bereits im Zusammenhang mit dem Erdefressen. In den ersten Lebenswochen harnen und koten die Kitze im Liegen. Mit etwa 2 Wochen erheben sie sich dazu. Beim Nässen zeigen sie die typische Stellung der erwachsenen Rehe, die nach den Geschlechtern verschieden ist. Die Geißen gehen tief in die Hocke, die Böcke stehen mit leicht gegrätschten Hinterläufen. Die Kitze reagieren bereits früh auf fremde Laute und unbekannte Bewegungen. Das typische Sichern mit weit nach vorn geöffneten Lauschern, aufgerichtetem Windfang und Prüfen des Bodens erscheint im Alter von etwa einem Monat. Schon am ersten Tag versuchen sich die Jungen mit den Hinterläufen ungelenk zu kratzen, was ihnen meistens mißlingt. Mit 2–3 Wochen läuft dieser Vorgang richtig ab.

Kurz nach der Geburt schlecken die Kitze bereits ihren eigenen Körper, meist dann, wenn sie versuchen, bei der Mutter zu trinken. Anscheinend ist das anfängliche Putzen ein Teil des Trinkverhaltens, des Saugens, das irrtümlicherweise nicht an der Mutter, sondern am eigenen Körper abreagiert wird. Doch schon in der ersten Lebenswoche reinigen die Kitze regelmäßig selbst ihre hellgetupftes Fell. Ihre Geschwister putzen sie häufig, nachdem eine kurze Kontrolle mit Windfang und Äser stattgefunden hat.

Gespielt wird bei Rehen vor allem innerhalb der Kitzgruppe. Erwachsene Rehe spielen verhältnismäßig selten; gelegentlich beobachtet man Laufspiele, bei denen sie sich gegenseitig jagen. Die Mutter beteiligt sich ganz selten am Spiel ihrer Kinder, allenfalls, indem sie ihnen kurz nachpresche. Zum Zeitpunkt, in dem sich der Prägungsvorgang gegenüber der Mutter festigt, führen die Kitze mit ihren Geschwistern die ersten Spielläufe aus: Jedes der Kinder läuft allein von der Mutter weg, bremst plötzlich mit gegrätschten Vorderläufen ab, senkt das Haupt und wirft es auf, als stieße es gegen einen unsichtbaren Gegner, und springt mit angewinkelten Vorderläufen hoch. Eine oder zwei Wochen später beziehen sie dieses Spiel auf einen Partner, die Mutter oder die Geschwister. Sie laufen von ihm weg, ziehen eine Schlaufe und kehren zurück, bremsen kurz vor ihm, senken das Haupt, stoßen und springen hoch. Ziehen nun zwei Kitze gleichzeitig ihre Laufschlingen gegeneinander, so bremsen sie kurz vor dem Zusammenprall ab, kontrollieren sich noch kurz und stoßen die Stirn zusammen. So beginnen die ersten Stoßkämpfe. Sind sie damit fertig, springen beide Partner gleichzeitig hoch. Immer häufiger wird nun das Stirnstoßen ausgeübt, auch unabhängig von den einleitenden Laufschleifen. Ungefähr im dritten Lebensmonat wird das Stoßen etwas verändert. Jetzt unterbrechen nicht mehr beide Tiere das Stoßen gleichzeitig. Während der eine Partner schon hochjuckt, stößt der andere noch. Dabei reitet derjenige, der den Boxkampf abgebrochen hatte, alsbald seinem Spielgefährten auf. Diese Rollen können übrigens anfangs noch vertauscht werden, einmal unterbricht der eine zuerst und reitet dem anderen auf, dann wieder weicht der andere und springt dem ersten auf den Nacken.

Etwa nach Beginn des dritten Lebensmonats stoßen die Kitze auch an Gegenstände, gegen das Futtergeschirr, gegen kleine Bäumchen oder Grashalme. Auch jetzt erfolgt unmittelbar nach dem Stoßen das Hochspringen. Alsbald unterscheiden die Kitze, welches von ihnen das stärkere ist. Wiederholt habe ich mit meinen Rehkitzen im Spiel gekämpft, dabei drückte ich ihnen mit der flachen Hand gegen die Stirn. Sie erwiderten meinen »Angriff« so lange, bis ich nachgab, dann sprangen sie hoch. Der Hochspringende und Aufreitende ist also der Stärkere! In den Jagdspielen, die im dritten Lebensmonat voll zur Geltung kommen, verfolgt der Stärkere — meist ist dies das Bockkitz — den Schwächeren, das Geißkitz. Sobald der Verfolgte wartet, kontrolliert der Verfolger ihn am Spiegel und an der Seite, stößt leicht mit der Stirn, springt hoch und reitet auf. Plötzlich ist das Aufreiten Trumpf geworden. Nun wird vor allem dieses Verhalten gespielt, das übrigens bei erwachsenen Rehen nicht nur während der Paarung vorkommt, sondern auch dann, wenn der eine dem anderen Partner seine Überlegenheit demonstrieren will.

Im vierten Lebensmonat ist das Kräfteverhältnis eindeutig klar geworden. Deutlich dominiert das Bockkitz über seiner Schwester. Zwar setzen beide noch zu den Stoßspielen an, bremsen, senken die Köpfe, doch der schwächere Partner kneift im letzten Moment, indem er das Haupt gleich wieder hochwirft, aufspringt und flieht. Der überlegene Spielpartner dagegen stößt kurz ins Leere, sein Träger wird dabei nicht sehr tief, oft sogar waagerecht gehalten. Eine Bewegung, wie sie alte Böcke beim Drohen gegen Rivalen zeigen. Jetzt sind zwei Verhaltensweisen entstanden — das Drohen des Überlegenen und der Drehsprung des Schwächern —, die es den Spielpartnern ermöglichen, ihre Rangstellung deutlich zu machen, ohne sich dabei zu berühren; zwei Verhaltensweisen, die bei Begegnungen erwachsener Rehe eine wichtige Rolle spielen, denn sie helfen mit, kämpferische Auseinandersetzungen zwischen ungleich starken Partnern zu vermeiden. Begegnen sich z. B. im Frühjahr ein Schmalreh und ein junger Bock, dann kann es vorkommen, daß der Bock aus reinem Kampfeifer plötzlich versucht, den ungleichen Partner anzunehmen. Er droht, das Schmalreh versteht dieses Signal, dem bald einmal ein richtiger Geweihstoß folgen könnte. Es vollführt den Drehsprung, ein sicheres Zeichen für den Bock, daß ihm ein ungeeigneter Kampfpartner gegenübersteht, der die Waffen schon vor dem Kampf streckt.

Vom vierten bis sechsten Lebensmonat bilden sich zwei weitere Verhaltenselemente aus, die das Ranggefälle zwischen den ungleich starken Geschwistern darstellen: das Imponieren und die Demutsgebärde. Beide erfolgen meist, nachdem sich die beiden Geschwister gegenseitig kontrolliert haben. Beim *Imponieren* wird der Träger senkrecht nach oben gehalten, die Lauscher sind nach hinten gelegt, oft wird einer der Vorderläufe angehoben. Bei der *Demutsgebärde* wird der Träger waagerecht nach vorn oder leicht nach unten gehalten, die Lauscher sind dabei nach vorn geöffnet.

Die beiden folgenden Tatsachen beobachtet man im Spiel der Kitze regelmäßig: Bockkitze und Geißkitze können die gleichen Verhaltensmuster mit zunehmendem Alter und immer deutlicher ausgeprägtem Rangunterschied nicht mehr gleich häufig zeigen. Das Geißkitz kann also wie ein Bock mit der Stirn kämpfen, wenn die Voraussetzungen dafür geschaffen sind. Es schlägt im Jugendalter auch gegen Bäume, wie es die erwachsenen Böcke tun, wenn sie mit dem Geweih und der Stirnlocke ihr Revier markieren. Die Kitze zeigen in ihren Spielen bereits die meisten derjenigen Verhaltenselemente, die im späteren Leben von dem einen oder anderen Geschlecht im Ernstverhalten auftreten.

Ich habe schon wiederholt die Rehkitze erwähnt, die ich zu Hause künstlich aufzog und später wieder aussetzte. Mit diesen Versuchen schuf ich für meine Untersuchungen nicht nur zahme Wildrehe, die man aus nächster Nähe beim Äsen, Wiederkäuen und Ruhen leicht beobachten konnte, sondern ich stellte mir auch die Frage, ob es zwischen den Kitzen einen Vorgang gäbe, der mit der persönlichen Prägung zwischen Mutter und Kind verglichen werden kann.

Im Dezember 1964 setzte ich 6 Kitzböcke im Schmidwald aus. Zuerst hielt ich sie allerdings in einem Gehege, aus dem ich sie regelmäßig zu ausgedehnten Rundgängen durch ihren zukünftigen Lebensraum führte. Nach etwa zwei Wochen öffnete ich die Tür für immer, fütterte aber die ausgesetzten Tiere noch in weiteren drei Wochen. Einer der 6 Böcke verschwand. Er wurde entweder gewildert oder von einem streunenden Hund gerissen. Die anderen lebten mehrere Jahre und wurden später auf der Jagd erlegt; der letzte überlebende Bock, Fridolin, erlag im Alter von $4^{1}/_{2}$ Jahren einem Sonntagsjäger, der ihn sozusagen vom Auto aus niederstreckte. Neben den 5 zahmen Versuchsböcken lebten im gleichen Gebiet noch 2 Zwillingsböcke und ein Einzelkitz, auch ein Bock. Auch die wilden Rehe waren zur Zeit des Versuchsbeginns mutterlos. Ihre Geißen wurden auf der Herbstjagd geschossen.

Nun muß ich noch anführen, daß die ausgesetzten zahmen Böcke nicht immer im gleichen Gehege gehalten wurden, sondern anfangs in verschiedenen Gattern lebten, von denen je eines in Madiswil und Walterswil und zwei in Langenthal standen. Nach bestimmtem Plan aber wurden sie allmählich in einem einzigen großen Gatter zusammengeführt. Hier lebten die wilden Zwillinge. Nachdem ihre Mutter auf einer Jagd geschossen wurde, bekamen sie Gelegenheit, einen ebenfalls mutterlosen wilden Kitzbock zu besuchen. Im Zeitraum Anfang Januar bis Mitte Mai 1965 zählte ich, wie oft ich jeden der erwähnten 8 Böcke beobachten konnte und wie oft die aufgrund farbiger Lauschermarken leicht anzusprechenden Tiere mit einem oder mehreren anderen zusammen waren. Ich wollte feststellen, ob die Zeitdauer, in der die Versuchsböcke mit verschiedenen Partnern lebten, einen Einfluß auf die Gruppenbildung ausübt. Auf die statistischen Methoden der Auswertung möchte ich an dieser Stelle nicht näher eingehen — dies geschah in der schon erwähnten Monographie über das Sozialverhalten. Hier möchte ich lediglich die Resultate zusammenfassen:

Zum Zeitpunkt des Aussetzens lebten die wilden Zwillinge 7 Monate zusammen, sie wurden später fast immer gemeinsam gesehen.

Die zahmen Böcke Himpi und Chätschi lebten, als ich sie aussetzte, 6 Monate zusammen. Sie wurden sehr häufig beisammen gesehen.

Fridolin lebte mit Himpi und Chätschi 5 Monate zusammen, bevor sie freigelassen wurden. Fridolin wurde sehr häufig mit Chätschi und häufig mit Himpi beobachtet.

Bambi und Pipo verbrachten gemeinsam 4 Monate, wie auch Chätschi und Fridolin mit Pipo und Bambi. Diese Böcke bildeten häufig gemeinsame Sprünge.

Das Einzelkitz und die Zwillinge hatten nur einen Monat Gelegenheit, sich zu treffen; vorher wäre dies durch die Mutter verhindert worden. Sie wurden aber selten zusammen gesehen. Die ausgesetzten zahmen und die ansässigen wilden Tiere sah ich fast nie bzw. äußerst selten in einem gemeinsamen Sprung, obwohl sie den gleichen Lebensraum bewohnten.

Nun, was können wir aus diesen Versuchen lernen? Zunächst ist klar geworden, daß die Zeitdauer, in der zwei Kitze während der ersten 6 Lebensmonate zusammen leben, sich auch in der Häufigkeit spiegelt, mit der sie im Frühjahr, wenn die Familien allmählich zerfallen, zusammen gesehen werden. Dieses Ergebnis war zu erwarten, denn je besser man sich kennt, um so häufiger trifft man sich, auch bei Rehen. Aufschlußreich war der Versuch aber noch aus einem anderen Grund; zeigt er doch, daß zwischen den Kitzen keine persönliche Prägung stattfindet. Diese Prägung würde sich in einem »Entweder-alles-oder-nichts«-Resultat äußern. Entweder wären die Kitze aufeinander geprägt und infolgedessen dauernd zusammen oder nicht aufeinander geprägt, würden sich also im letzten Fall meiden oder höchst selten zum gemeinsamen Sprung vereinigen.

Allerdings gibt es beim sozialen Spiel der Kitze einen Prägungsvorgang, der sich aber nicht auf das Individuum, sondern auf eine Partnerklasse bezieht. Dazu möchte ich kurz einige Beispiele erwähnen.

Wenn ich meine zahmen Böcke jeweils freiließ, konnte ich damit rechnen, daß mir von verschiedenen Seiten Vorwürfe gemacht wurden, einerseits von Tierfreunden, die meinten, die »verhätschelten Tiere« wären den harten Anforderungen des Wildlebens nicht gewachsen und müßten bald elend zugrunde gehen; die anderen Kritiker meiner Experimente hatten gelegentlich etwas von Unfällen mit Rehböcken gehört und fürchteten sich nun ganz einfach vor den vertrauten Tieren. Ehrlich gesagt, zunächst war ich selbst nicht ganz sicher und äußerst unruhig, besonders als die Mehrzahl der Ausgesetzten im ersten Frühjahr kräftige Gabeln und Sechsergeweihe schoben. Zudem begannen sie schon unter sich und mit wilden Artgenossen zu kämpfen. Als ich einmal frühmorgens durch den Wald fuhr, traf mich fast der Schlag. Zwei Bauernkinder, die den Schmidwald durchqueren mußten, kamen mir entgegen, gefolgt von den zwei kapitalsten Böcken. Ich hielt und fragte die beiden Mädchen, ob sie nicht Angst hätten. »Ach was, die beiden Rehlein begleiten uns seit Wochen fast jeden Tag auf unserem Schulweg«, war die Antwort. Meine Frau, die Fridolin ganz besonders ins Herz geschlossen hatte, unternahm mit ihm weite Spaziergänge, als dieser schon zweijährig und bereits zum kapitalsten Bock des ganzen Waldes geworden war.

Das waren die erfreulichen Berichte über ausgesetzte, künstlich aufgezogene Rehböcke. Die unerfreulichen muß ich aber auch erwähnen. August — so nannten wir einen Bock — erhielt ich, als er schon fast einjährig war. Er wurde von einer Bauernfamilie aufgezogen, ohne jeglichen Kontakt mit anderen Rehen. Er spielte aber als Kitz immer mit den Kindern der tierfreundlichen Familie. Genau wie die vorhin erwähnten Kitzböcke gewöhnten wir auch ihn zuerst — vor der Freilassung — in einem Gehege an seine neue Heimat. Schon am ersten Tag der geöffneten Gattertore griff er Waldarbeiter an. Kurz darauf begegnete er einem wilden Bock, der ihn annahm, vor dem er dann aber solche Angst bekam, daß er schleunigst in sein Gehege zurückrannte. August mußte schließlich getötet werden, weil er unweigerlich Menschen, die in die Nähe kamen, angriff, jedoch offenbar nicht in der Lage war, wilde Rehe als Artgenossen zu erkennen. Noch in zwei weiteren Fällen machte ich die gleiche Erfahrung: Künstlich aufgezogene Rehe verhalten sich hinsichtlich ihrer Sozialpartnerwahl nur dann normal, wenn sie nicht als Einzelkitze, sondern zusammen mit anderen Rehen aufgezogen werden. Zwar lernen sie auch bei Einzelhaltung die meisten sozialen Verhaltenselemente, sie lernen jedoch nicht deren Gebrauch gegenüber Rehen, sondern betrachten, eigentlich logischerweise, den Menschen als Artgenossen.

Hochbeschlagene Rehgeiß im Frühjahr kurz vor dem Setzen.
Foto: R. Saller

Kurz nach dem Setzen. Das eine Kitz säugt bereits an der liegenden Mutter.
Foto: G. Maubach

Das Kitz säugt, die Mutter beleckt das Weidloch, um das Kitz zum Lösen anzuregen.
Foto: A. Tölle

Die Brunft (Blattzeit)

Ich habe bereits berichtet, daß erwachsene Geißen sich vor der Setzzeit von ihren Sprungmitgliedern zurückziehen, um möglichst abgeschieden ihre Kitze zu setzen. Dabei verkleinern sie auch ihre Wohnräume. Im Schweizer Mittelland messen die Wohngebiete der Geißen im Winter und während der Auflösungszeit der Sprünge im Frühjahr durchschnittlich 66 ha. Während der Setzzeit und der Brunft sind sie fast zehnmal kleiner, nämlich 7 ha.
Im Juni, Juli und August sind die Geißen hauptsächlich mit der Aufzucht ihrer Jungen beschäftigt. Man sieht sie nur selten im Verband mit Böcken. Böcke und Geißen bewohnen auch ganz verschiedene Einstände. Ich habe die Wohnräume nicht nur vermessen, sondern auch versucht, etwas über den Grad der gegenseitigen Durchdringung festzustellen. In den untersuchten Gebieten nimmt eine Geiß mit höchstens zwei benachbarten Böcken Kontakt auf. Dabei überschneiden sich natürlich die Wohnräume. Im Winter werden 40% des Wohngebietes einer Geiß von Böcken besucht. Im Frühjahr, wenn sich die Wintersprünge auflösen, umfaßt das mit Böcken geteilte Areal etwa noch ein Viertel des gesamten Wohnraumes der Geiß. Während der Setzzeit beträgt das gemeinsame Stück noch ein Sechstel. Die größte Durchdringung fand ich während der Brunft; ungefähr die Hälfte des Wohnraumes der erwachsenen Geißen wird jetzt von Nachbarböcken bewohnt.
Begegnungen zwischen Neugeborenen und Böcken sind sehr selten. Ich sah nie, daß Böcke so tief in das Wohngebiet führender Geißen eindrangen und die Stellen erreicht hätten, wo die Neugeborenen lagen. Andere Beobachter waren Zeugen solcher Begegnungen. Sie sahen, wie Böcke die ruhig liegenden Kitze berochen und in einigen Fällen sogar angriffen. Solche unerfreulichen Begegnungen, für die Kitze vielleicht lebensgefährlich, scheinen durch verschiedene Verhaltensregeln blockiert zu werden. Zweifellos sind die führenden Geißen für die Böcke vor und während der Brunft keine besonders begehrenswerten Partner. Sie ziehen eindeutig die Gesellschaft der Schmalrehe vor, die erstmals in die Brunft kommen und nicht dauernd von Kitzen beansprucht werden. Starke Schmalrehe meiden aber die angriffslustige Mutter. Sie wählen eigene Einstände und locken damit die Böcke von den Kinderstuben weg. Ich glaube aber auch, daß die Böcke die Geruchsmarken achten, mit denen die führenden Geißen die Aufzuchtareale markieren. Die Weibchen tun dies übrigens nicht mit dem Sekret bestimmter Hautdrüsen, sondern mit Urin, den sie regelmäßig an gleichen Stellen abgeben. Bei Begegnungen mit führenden Geißen ziehen sich die Böcke meist rasch zurück. Zwar zeigen sie sich zunächst sehr kontaktfreudig, sichern, imponieren und versuchen, der Mutter und ihren Kindern nachzugehen. Doch sie merken bald,

daß ihnen die kalte Schulter gezeigt wird. Gelegentlich stoppt die Geiß, droht gegen den Bock, und es gelingt ihr sogar, den sicher viel stärkeren Partner in die Flucht zu schlagen.

Wenn die Brunft naht, sind auch die führenden Weibchen nicht mehr abgeneigt, einen Bock in ihrer Nähe zu haben. Sie beginnen leise nach ihm zu fiepen, sie folgen ihm sogar auf kleine Strecken. Sie beriechen ihn, wenn er nahe genug steht, und sie liebkosen ihn gelegentlich, indem sie seine Lauscher und seinen Träger schlecken. Zweifellos verändert sich während dieser Zeit auch der »Geruchsbrief«, den ihre Duftdrüsen aussenden. Häufig sieht man jetzt die Böcke, wie sie gleich eifrigen Jagdhunden mit tiefgehaltenem Träger einer weiblichen Fährte folgen. Am 28. Juli 1965 beobachtete ich die Paarung zwischen einem erwachsenen Bock und einer führenden Geiß, die schon seit Wochen unter Beobachtung stand. Es handelte sich um die erste Begegnung, die ich zwischen diesen beiden Tieren gesehen hatte.

Um 6.10 Uhr entdeckte ich die Geiß mit ihren beiden Kitzen. Sie ästen am Waldrand. Plötzlich entfernte sich die Geiß leise fiepend von ihren Kindern und schritt dem Waldrand entlang. Eine Minute später erschien der kapitale Bock, er imponierte gegen die Geiß, sie blickte nach ihm und floh. Die Kitze folgten ihrer Mutter ungefähr 10 m weit und fiepten, dann hielten sie an und ästen weiter. Der Bock sicherte am Boden, als wollte er sich noch einmal davon überzeugen, daß die Ricke tatsächlich brunftig war, beroch die Kitze und drohte mit tiefgehaltenem Geweih gegen sie. Dabei verharrten die Zwillinge in Demutsstellung. Anschließend schritt der Bock an den Waldrand, rieb seine Stirnlocke an einem tiefhängenden Ast und ging auf die Fährte der Geiß zurück, trabte mit tiefgehaltenem Windfang dem Weibchen nach, schloß auf und trieb die Geiß etwa 50 m weit. Es folgte ein kurzes Treiben im Kreis und dann der Beschlag. Kurz darauf verließ der Bock die Stelle, die Geiß kehrte zu ihren Kitzen zurück und verschwand mit ihnen im Wald. Das ganze Intermezzo hatte nicht länger als 5 Minuten gedauert.

Das Paarungsverhalten zwischen führenden Ricken und Böcken dauert sehr kurz und ist kaum zu vergleichen mit dem innigen Werben, dem gegenseitigen Liebkosen und der oft monatelangen Freundschaft zwischen Böcken und Schmalrehen. Wenn die Tochter im Frühjahr ihre Mutter vorübergehend verläßt, dann schließt sie sich meist einem bestimmten Bock an. Gelegentlich stellen sich sogar mehrere Verehrer ein, denen sie abwechselnd folgt. Später scheint sie jedoch einen von ihnen auszuwählen. Die jungen Weibchen verbringen einen großen Teil der Zeit mit ihrem Freier. Zwar begleiten sie ihn nicht auf seinen Rundgängen, bei denen er die Schlagstellen kontrolliert oder andere Böcke vertreibt, doch die beiden treffen sich regelmäßig beim Äsen und tun sich gemeinsam zum Wiederkäuen und zur Ruhe nieder. Je näher die Brunft rückt, um so mehr stehen sie nahe beieinander. Immer häufiger können wir sie überraschen, wenn sie sich zärtlich gegenseitig putzen. Oft wirbt der Bock um die

Gunst seiner Dame. Er imponiert, reibt seine Stirnlocke an den Ästen und treibt die Auserwählte in auffälligem Schaukeltrab über kurze Strecken.

Ist das Schmalreh zur Fortpflanzung bereit, dann beginnt der Bock mit einer Serie von Imponiergehaben, die vom Weibchen mit Fluchtläufen beantwortet werden. Plötzlich beginnt auch der Bock zu treiben. Das erste Treiben verläuft meist geradlinig. Gelegentlich jagt der Bock dem Schmalreh über 500 m weit nach. Andere Beobachter berichten von Treibjagden, die über 1 km Länge gehen. Plötzlich unterbricht die Geiß das Treiben, sie läßt den Bock aufschließen. Er beriecht ihren Spiegel, schleckt, flehmt und imponiert. Oft nässen beide Partner. Jetzt fordert das Schmalreh den Bock zum Beschlag auf. Sie steht entweder frontal oder lateral vor ihm, senkt das Haupt zur Demutsstellung und blickt ihn dauernd an. Dann flieht sie, aber nicht rasch, sondern in einem lässigen Trotteltrab. Mit ausgestrecktem Träger, den Windfang dauernd am Spiegel des Weibchens, folgt der Bock. Zwei bis zehn Minuten kann dieses Laufen dauern. Meist beschreibt das Paar dabei eine Kreis- oder eine Achterbahn von 10—30 m Durchmesser. Durch das wiederholte Ablaufen der gleichen Spur entstehen sichtbare Wege, die sogenannten *Hexenringe*. Beim zweiten Treiben fiept die Geiß dauernd. Auch das zweite Treiben wird von der Geiß unterbrochen. Noch einmal kontrolliert der Bock den Spiegel und das Feuchtblatt mit seinem Windfang, dann legt er sein Kinn auf ihren Hinterrücken, schiebt sich immer weiter nach vorn, richtet sich auf den Hinterläufen auf und beschlägt. Erst nach erfolgtem Beschlag verlagert er sein Körpergewicht auf die Geiß, die nach vorn ausweicht. Nach dem Beschlag, der übrigens sehr kurz ist und weniger als eine Minute dauert, liegen beide Partner meist nebeneinander ab. Gelegentlich erhebt sich der Bock und imponiert. Darauf antwortet die Geiß regelmäßig mit Demutsgebärden. Auf den ersten Beschlag können weitere folgen, bei denen allerdings das Treiben oft weggelassen oder nur andeutungsweise gezeigt wird. Einmal beobachtete ich fünf aufeinanderfolgende Beschläge, die aber immer durch kurze Liegepausen unterbrochen waren. Man kann übrigens nach dem ersten Beschlag durch »Blatten« — Imitieren des Fiepens der Geiß — den Bock zu einem neuen Treiben anregen, ein Beweis dafür, daß die Initiative von der Geiß ausgeht. Vorhin erwähnte ich die Paarung zwischen einem Bock und einer führenden Geiß. Sie dauerte 5 Minuten. Der Paarungsverlauf zwischen Böcken und Schmalrehen dauert nicht nur länger, etwa 20—30 Minuten, sondern erfolgt auch häufiger. Ich kannte ein Paar, das ich in der Zeit vom 27. Juli bis zum 15. September dauernd beisammen sah. Als das Schmalreh brunftig war, wurde ich neunmal Zeuge von vollständigen Brunftabläufen, die jeweils ein bis fünf Beschläge enthielten.

Nach meinen Beobachtungen gehen Schmalrehe und Böcke »Ehen auf Zeit« ein, die wenigstens 9 Monate andauern können. Diese Verbindungen werden im Mai oder Juni geschlossen und erst im kommenden Frühjahr wieder aufgelöst. Ob diese Verbindungen unter Umständen sogar länger dauern können, weiß ich nicht. Ich hatte, um dies eindeutig abklären zu können, zu wenig markierte Tiere zur Verfügung; dann war auch die Zeit, in der ich Rehe beobachten konnte, einfach zu kurz, und außerdem störte die Jagd meine entsprechenden Erhebungen. Auf alle Fälle kannte ich 6 solcher Paare. Bei allen schloß sich der Bock im Winter dem Sprung an, in dem das Schmalreh Anschluß fand.

Die »Ehen« haben übrigens große Vorteile. Sicher sind die Schmalrehe nicht besonders erfahren, wenn sie erstmals brunftig werden. Sie verhalten sich oft falsch. Gelegentlich wird berichtet, daß Rehböcke, die ja sehr stürmische Liebhaber sind, in der Brunft junge Ricken töten. Kennen sich Schmalreh und Bock schon längere Zeit vor dem eigentlichen Beschlag, dann können sie ihre Stimmungen gegenseitig koordinieren, und das unerfahrene Weibchen lernt allmählich, wie es sich dem Bock gegenüber zu verhalten hat. Durch die enge Bindung zum Bock wird das Schmalreh aber auch von seiner Mutter abgelenkt, an der es nach wie vor hängt.

Kämpfe und Reviere

Im Frühjahr entfernt sich der Kitzbock immer häufiger und weiter von seiner Mutter und findet schließlich gleichalte Raufbolde, die ebenfalls auszogen, um sich im Kampf zu messen. Rehböcke sind wirklich leidenschaftliche Kämpfer. Dies gilt nicht nur für die unerfahrenen Jährlinge, sondern ebenso für kampferprobte Kapitale. Kaum haben die Böcke im Frühjahr den Bast von ihren Gehörnen gefegt, dann sind sie auch schon in Gefechte verwickelt. Vor dem eigentlichen Kampf kontrollieren sich beide Gegner schon auf weite Entfernung. Sie verhoffen kurz, sichern mit erhobenem Haupt und weit geöffneten Lauschern. Gelegentlich senken sie den Windfang zu Boden und versuchen so, eine bessere Information über ihren Widersacher zu empfangen.

Dann traben sich beide entgegen. Sind sie noch 5 oder 10 m voneinander entfernt, halten sie ein und beginnen mit einer zweiten, viel ausgiebigeren Kontrolle. Dem eigentlichen Kampf geht ein Droh- und Imponierduell voraus. Mit senkrecht gehaltenem Träger imponiert einer dem anderen. Dabei ist das Haupt seitlich abgedreht, die Lichter sind zugekniffen und die Lauscher erscheinen lang und spitz, weil sie nach hinten abgebogen werden. Ist es keinem der Rivalen gelungen, den anderen mit Imponiergehaben zu beeindrucken und zur Flucht zu veranlassen, dann beginnen beide zu drohen. Die Drohgebärden gleichen nun schon dem eigentlichen Kämpfen. Die Vorderläufe werden gegrätscht, das Haupt ist gesenkt, und oft scharren die Böcke mit den Vorderläufen, sie *plätzen*. Bei Drohen wird das Geweih gegen den Partner gestoßen, ohne ihn allerdings zu berühren. Beim Imponieren und Drohen stehen sich beide Partner frontal gegenüber. In Begegnungen zwischen ausgesprochen gleich starken Rivalen kann es auch vorkommen, daß die beiden plötzlich das Imponier- und Drohduell abbrechen und nebeneinander herjagen, um 20—200 m weit von der ersten Begegnungsstelle erneut einen Scheinkampf zu beginnen. Gelegentlich sind die Böcke beim Drohen und Imponieren derart aufgeregt, daß sie koten und nässen.

Der eigentliche Kampf wird durch Stechschritte eröffnet. Die beiden Vorderläufe sind dabei steckengerade gestreckt. Die beiden Hinterläufe werden auf den Boden geschlagen. Noch ein letztes Mal kontrollieren sich die Gegner Windfang gegen Windfang, dann beginnt der Stoßkampf. Stirn gegen Stirn mit verhängten Gehörnen stoßen sie. Wie zwei Ringer verankern sie durch Grätschen der Vorderbeine ihre Körper. Gelegentlich verlassen beide ihren sicheren Stand und kreisen mit verhängten Gehörnen und gesenkten Häuptern. Ist schließlich der Stärkere ermittelt — meist erst nach mehreren Anläufen —, wird der Kampf abgebrochen. Der Sieger imponiert, der Verlierer verharrt kurz mit tiefgehaltenem Haupt und Träger in der Demutsstellung und flieht dann. Todesfälle sind selten, auch nach harten Kämpfen.

Das Gehörn, an und für sich eine fürchterliche Waffe, wird gegen die bestgeschützte Stelle des Gegners, nämlich dessen Gehörn, eingesetzt. Gehörne sind nicht nur dolchartige Offensivwaffen, sondern — ihrer Vereckungen wegen — auch ausgezeichnete Defensivwaffen. Solange sich beide Gegner an die Spielregeln halten, ist der Kampf ungefährlich. Gelegentlich wurden allerdings Fälle bekannt, in welchen der eine Gegner den anderen, wohl unabsichtlich, getötet hat, weil sein Gehörn demjenigen des Rivalen keinen Widerstand bot. Manchmal töten Böcke, die starke Spießergehörne tragen, ihre Rivalen, indem sie ihnen ihre Waffen ungehindert durch die verhältnismäßig weiche Naht zwischen den beiden Stirnbeinen ins Gehirn treiben.

Wenn auch selten, findet man doch Böcke, die im Kampf mit Rivalen keine Hemmungen kennen. Bei solchen Schadböcken handelt es sich in den meisten Fällen um kranke Tiere. In den Ämtern Aarwangen und Trachselwald des Kantons Bern, deren Bockbestand auf 600 Tiere geschätzt wird, wurden zwischen 1963 und 1965 9 geforkelte Böcke gefunden, also solche, die im Kampf mit einem Gegner ums Leben gekommen waren. Natürlich sind dies Minimalwerte, da natürlich nie alle verendeten Tiere auch tatsächlich vom Wildhüter gefunden werden können. Sie zeigen jedoch deutlich, wie niedrig die Forkelziffer ist. Übrigens hatte nur einer der 9 geforkelten Böcke sichtbare Stichwunden. Hier drang ein Geweihsproß des Gegners durch den Brustkorb ein und verletzte einen Teil der Lunge lebensgefährlich. Alle anderen im Kampf getöteten Böcke starben an Leber- oder Nierenschäden. Bei allen diesen Auseinandersetzungen erfolgte der tödliche Angriff mit größter Wahrscheinlichkeit von der Seite.

In der Regel stößt ein Rehbock nur dann mit seinem Gehörn auf den Gegner, wenn dieser ihm frontal gegenübersteht und das Gehörn ebenfalls gesenkt hat. Zu dieser Ausgangssituation kommt es dann, wenn sich die Rivalen zum letzten Mal aus unmittelbarer Nähe kontrollieren. Der Kampf zwischen zwei Rehböcken ist eine sportliche Auseinandersetzung und höchst selten ein kriegerischer Ernstfall. Es geht den Rivalen nicht darum, den anderen zu töten, sondern lediglich den Stärkeren zu ermitteln.

Für die hohe Fairneß der Rehkämpfe spricht auch die Wahl der Kampfpartner. Kaum hat der Kitzbock im Spiel mit seinen Geschwistern gelernt zu stoßen, nimmt er bereits das Schmalreh an, das den Sprung begleitet, er verschont aber schon als ganz kleiner Knirps seine Mutter. Je stärker und gewandter er wird und je kampftüchtiger sein Geweih ist, um so mehr konzentriert er seine Attacken auf ebenbürtige Gegner. Aus Erfahrung weiß er, daß er bei ihnen seinen Kampftrieb am besten abreagieren kann. Es lohnt sich gar nicht mehr, sein Können im Stirnkampf mit einer Geiß zu demonstrieren, denn sie dreht ja schon ab, wenn der Kitzbock erst beginnt zu imponieren. Erwachsene Böcke verjagen alle Rehe mit Ausnahme führender Geißen, solange ihre Gehörne noch in Bast sind. Kaum haben sie aber gefegt, gelten ihre Kampfhandlungen nur noch männlichen Rivalen.

Je mehr sich zwei Kampfpartner in Alter, Erfahrung und Gehörnstärke entsprechen, um so heftiger kämpfen sie. Zu hitzigen Auseinandersetzungen kommt es besonders zwischen Kitzböcken oder zwischen Erwachsenen mit gefegten Gehörnen. Kaum Kämpfe gibt es zwischen Kapitalen und Einjährigen. Hier flieht der Jüngere meist schon, wenn der Erwachsene mit dem Drohen beginnt. Böcke mit Bastgehörnen sind sozusagen nie in Kämpfe verwickelt, sie fliehen, wenn ein Gegner mit gefegtem Gehörn zu drohen beginnt.
Zu schlimmen Mißverständnissen kommt es fast regelmäßig zwischen Menschen und gefangenen Rehböcken. Als junger Student wollte ich nicht glauben, daß Rehböcke in Zoologischen Gärten mehr Unfälle verursachen als Raubtiere. Als ich später selbst Rehe hielt, wurde ich eines Besseren belehrt. Einzeln gehaltenen Rehböcken fehlen die entsprechenden Kampfpartner. So steigert sich bei ihnen der unbefriedigte Kampftrieb derart stark, daß er schließlich gegen jeden möglichen Partner abreagiert wird. Einmal mußte bei einem unserer Rehgehege das Gitter repariert werden, und wir schärften dem Handwerker ein, daß er sich auf gar keinen Fall dem im Gatter lebenden Bock nähern dürfe, sondern schleunigst das Gehege verlassen solle, wenn der Bock sich nähern würde. Natürlich kam es trotz aller Warnung zu einem Unfall. Als der Rehbock scheinbar ganz freundlich, langsam und mit erhobenem Haupt auf den menschlichen Eindringling und vermeintlichen Kampfpartner zuschritt, freute sich der Arbeiter, wie er uns später wütend versicherte, über die Zahmheit des Bockes. Er interpretierte das Imponiergehabe des Bockes ganz falsch und hielt es nicht für ein Warnsignal. Als der Bock dann plötzlich sein Gehörn senkte und zustieß, war es auch schon zu spät, der Mann konnte nur noch seine Hände ausstrecken. Dadurch verhinderte er zwar einen sehr schlimmen Ausgang, immerhin durchstieß ihm der Rehbock die linke Hand.
Kämpfe sind im Frühjahr viel häufiger als im Sommer oder gar während der Brunft. Es scheint, als würden die Böcke nur so lange kämpfen, bis die Stärkeverhältnisse allen Mitgliedern eines Bestandes bekannt sind. Wenn sie sich im Sommer begegnen, kontrollieren sie sich zwar, es kommt aber nicht mehr zum Kampf, weil der Unterlegene seine Schwäche kennt und sofort die Demutsgebärde zeigt. Auch der Stärkere ist sich seines Ranges voll bewußt. Er droht, achtet aber den schwächeren Partner, vielleicht verjagt er ihn, zum Kampf läßt er es jedoch nicht mehr kommen. Nach solchen Begegnungen zwischen zwei Böcken, die ihre Ränge kennen, ziehen beide weg und begeben sich zu kleinen Bäumen oder Gebüschen. Dort schlagen sie mit den Gehörnstangen gegen die Stämmchen oder reiben die Stirnlocke, das drüsenreiche Hautfeld zwischen den Gehörnstangen, an tiefhängenden Ästen. Beide Verhaltensweisen erinnern an das Kämpfen. Sie werden durch Droh- und Imponierverhalten eingeleitet, die jetzt allerdings gegen die Pflanzen gerichtet sind. Wie beim Kampf werden die Lauscher nach hinten gerichtet, die Böcke nässen oder koten gelegentlich

115

vor Aufregung. Schon zur Zeit der heftigen Kämpfe — im Frühjahr — kann man das Schlagen und Stirnlockereiben beobachten, wenn man den einen oder anderen Bock nach Abbruch eines Kampfes verfolgt. In 25 Kämpfen konnte ich die beiden Rivalen noch nach Beendigung der Auseinandersetzung verfolgen. Dabei fand ich, daß der Sieger immer Stirnlockereiben ausführt, der abgetriebene Unterlegene aber vor allem gegen Stämmchen schlug. Erhält z. B. im Sommer, wenn die Stärkeverhältnisse schon abgesprochen sind, ein ranghoher Bock durch günstige Windlage Kenntnis von einem unterlegenen Partner, dann sucht er einen Baum auf und reibt die Stirnlocke an einem der tiefhängenden Äste. Findet ein Bock die Schlagstelle eines anderen, so kontrolliert er zuerst die verletzte Stelle, dann schlägt er an der gleichen Pflanze. Jährlinge schlagen regelmäßig in der Nähe von verlassenen Liegestellen der erwachsenen Böcke. Wie wir schon wissen, kennen bereits die Kitze dieses Verhalten. Es tritt im Alter von etwa 3 Monaten erstmals auf, zu einem Zeitpunkt, da Attacken gegenüber anderen Kitzen bereits durch Demutsgebärden blockiert werden können. Stirnlockereiben dagegen erscheint erst viel später, etwa im neunten Monat, nachdem die Kitze bereits alle aggressiven Verhaltensformeln kennen.

Prof. Bernhard GRZIMEK bezeichnete 1944 solche und ähnliche Verhaltensabläufe, die wir ja nicht nur von vielen Tieren, sondern auch von uns Menschen kennen, als Radfahrerreaktionen. Wenn ein Vorgesetzter einen seiner Angestellten rügt, dann »buckelt« dieser gegen »oben«, um anschließend die in ihm ausgelöste Aggression nach »unten trampelnd« an seine Untergebenen weiterzugeben. Genauso machen es die Rehböcke. Sobald die Rangverhältnisse bekannt sind, greifen sie nicht mehr an, wenn sie einem Rivalen begegnen oder auf dessen Geruchsfährte stoßen, sondern reagieren die ausgelöste Aggression an einem Baum ab. Allerdings unterscheiden sie sich in einem ganz wesentlichen Punkt vom Menschen. Unabhängig davon, ob der eine Kampfhandlung auslösende Rivale stärker oder schwächer ist, suchen sie sich ein Ersatzobjekt und nützen nicht, wie wir es gelegentlich tun, die Unterlegenheit eines Artgenossen, um sich auszutoben.

Beim Schlagen und beim Stirnlockereiben wird die Stirnlocke, ein an Talg- und Schlauchdrüsen reiches Hautstück, an den bearbeiteten Pflanzenteilen gerieben. Verschiedene Forscher, z. B. SCHUMACHER v. MARIENFRID (1939), v. RAESFELD (1965) und HENNIG (1962), sehen in beiden Verhaltensweisen Handlungen, die der Markierung des Wohnraumes dienen. Beim Schlagen wird die Rinde der Pflanzen entfernt, somit entsteht eine optische Marke. Dann kommt aber auch das drüsenreiche Hautstück mit der Pflanze in Berührung, an der es sicher eine für Rehböcke riechbare Duftspur hinterläßt, denn sie kontrollieren regelmäßig die eigenen und fremden Markierungen. Die Markierstellen ermöglichen also indirekte Kontrollen, sie sind mit »Briefkästen« zu vergleichen, in denen bestimmte Informationen deponiert werden.

Die Markierstellen liegen nicht nur am Rand der momentanen Wohnräume, sondern ziemlich gleichmäßig verteilt. Sie üben auf Reviernachbarn auch nicht immer eine abstoßende Wirkung aus, sondern vermitteln lediglich die Nachricht, daß vor einer bestimmten Zeit ein bestimmtes Tier an dieser Stelle gewesen war. Dem die Marke kontrollierenden Bock steht es nun frei, sich in das gekennzeichnete Gebiet und somit in die Nähe des ihm sicher noch aus den Frühjahrskämpfen bekannten Bockes zu wagen. Die rangniedrigen, ein Jahr alten Böcke wagen sich in die Wohngebiete der stärkeren Böcke. Doch offenbar nur dann, wenn sie diese kennen. Im Mai 1965 gelang es uns, einen als Kitz markierten Jährling in der Nähe von Kleindietwil zu fangen und in das 15 km entfernte Beobachtungsgebiet im Fribachmoos zu transportieren. Dort wurde er übrigens vorher nie gesehen. Als wir ihn mitten im Versuchsgebiet losließen, flüchtete er zuerst gegen den Rand des Heidwaldes, stoppte plötzlich 50 m vor dem Waldrand, sicherte, drehte ab und jagte gegen den gegenüberliegenden Schmidwald. Dort wiederholte er das gleiche Verhalten. Nun flüchtete der Bock gegen Süden. Aber auch dort gelang es ihm nicht, in den Wald einzudringen. Leider konnte der gut sichtbar markierte Sechserbock später nie mehr beobachtet werden. Er wurde nach 13 Monaten in der Nähe des Ortes Melchnau im Obstgarten eines Bauern erlegt, wo er sich seit mehr als einem halben Jahr aufgehalten haben soll. Der Bock trug jetzt ein fingerlanges Spießergehörn.

In der Schweiz beobachtete ich zahlreiche Böcke, die sichtbare Lauschermarken trugen, und ich konnte deshalb die Größe, die jahreszeitliche Verschiebung und die gegenseitige Durchdringung ihrer Wohnräume bestimmen. Alle Beobachtungen, die innerhalb von 14 aufeinanderfolgenden Tagen gesammelt wurden, faßte ich zusammen zur Bestimmung des »momentanen« Wohnraumes. So erhielt ich insgesamt 66 Werte. Allerdings besitze ich keine Informationen darüber, wo sich die Böcke nachts aufhielten, da in der Dunkelheit ein eindeutiges Ansprechen nicht möglich war. Im Berner Mittelland waren die Wohnräume größer als im alpinen Beobachtungsgebiet bei Pontresina, im Durchschnitt nämlich 28 bzw. 5 ha. Im mittelländischen Gebiet waren sie im Winter durchschnittlich 78 ha groß, während der Setzzeit und zu Beginn der Brunft aber bedeutend kleiner, nämlich nur 14 ha.

In der zweiten Hälfte der Brunft war es nicht möglich, die Größe der Wohngebiete zu bestimmen, da die Böcke zu dieser Zeit in der Regel ihre Standorte verlassen und weite Streifzüge unternehmen. Die Abwanderungen können im Mittelland maximal 3 km vom gewohnten Ort weg führen. Ein mir bekannter Bock wechselte im Oberengadin 9 km aus seinem Revier bis zur Endmoräne des Rosegggletschers und kehrte zwei Tage später wieder an den alten Standort zurück. Im alpinen Beobachtungsgebiet entzogen sich die Böcke gegen Ende August regelmäßig der Kontrolle, indem sie bis über die Waldgrenze hinauf vorstießen, wo sie im unübersichtlichen Gelände nicht mehr mit Sicherheit angesprochen werden konnten.

Die Grenzen der Einstände werden im Jahresablauf verschoben. Bereits im Kapitel über den Wohnraum habe ich angedeutet, daß die Wohnräume der Böcke im Sommer als Territorien oder Reviere bezeichnet werden müssen, d. h. als Bezirke, in denen bestimmte Artgenossen nicht geduldet werden. Auf den ersten Blick scheint dies gar nicht der Fall zu sein. Denn tatsächlich überschneiden sich die Wohnräume der Jährlinge noch kurz vor der Brunft mit denjenigen der älteren Böcke. Betrachten wir jedoch den Grenzverlauf der Jährlingsbezirke und der Erwachsenenbezirke gesondert voneinander, dann bemerken wir, daß sie sich zu Beginn der Brunft nicht oder nur unbedeutend an ihren Grenzen überschneiden.

Zwischen Mitte März und Mitte Mai lösen sich die Wintersprünge auf. Während dieser Zeitspanne vermaß ich 22 Wohnräume von Kitzböcken. Sie teilten ihre Gebiete mit einem oder zwei erwachsenen Böcken. Das gemeinsam bewohnte Gebiet betrug ein Viertel des Wohnraumes der Kitzböcke. Während der Setzzeit maß es sogar ein Drittel und zu Beginn der Brunft wiederum etwa ein Viertel.

Gegenüber gleichalten Nachbarn verhalten sich Kitzböcke etwas anders. Zwar fand ich solche, die ihren Wohnraum mit 5 oder sogar 6 gleich alten Tieren teilten. Das gemeinsam bewohnte Gebiet betrug aber während der Auflösungszeit und während der Setzzeit rund ein Viertel, zu Beginn der Brunft aber weniger als ein Zehntel. Man erkennt deutlich, daß zwischen gleich alten Tieren Reviere erstellt werden.

Noch klarer sehen wir dies zwischen erwachsenen Böcken. Höchstens zwei erwachsene Böcke waren Reviernachbarn, deren Wohnräume sich überschnitten. Während der Auflösungszeit und der Setzzeit betrug das gemeinsame Stück ein Viertel bis ein Drittel. Doch zu Beginn der Brunft kam es überhaupt nicht mehr zu Überschneidungen. In meinem Buch über das Sozialverhalten des Rehes habe ich die Wohnräume bestimmter Böcke in Kartenskizzen fixiert. Ich möchte mich an dieser Stelle nicht wiederholen, jedoch versuchen, die gemachten Aussagen schematisch festzuhalten.

Oft wurde in letzter Zeit darüber spekuliert, was geschieht, wenn die Bockdichte ansteigt. Werden die Reviere kleiner, überschneiden sie sich mehr oder wandern unterlegene Tiere ab? Sicher können wir einmal sagen, daß der Reviergröße Grenzen gesetzt sind. Reviere dürfen nicht zu groß sein, sonst wäre der Besitzer nicht mehr in der Lage, sie regelmäßig abzuschreiten, zu kontrollieren und mit neuen Marken zu versehen. Umgekehrt dürfen sie aber auch nicht zu klein sein, denn sonst fände der Besitzer ja nicht mehr die benötigte Futtermenge. Er müßte sie also verlassen, um zu äsen. Solche kleinen Reviertypen hat man übrigens bei Kobantilope und Wasserbüffel gefunden. Hier erscheinen die erwachsenen Männchen auf sogenannten Arenen. Sie beziehen kleine, kreisförmige Reviere von wenigen Metern Durchmesser, die sie gegen Nachbarn, die nur wenige Schritte von ihnen entfernt in eigenen Revieren stehen, verteidigen. Die brunftigen Weibchen werden in diesen Arenen beschlagen. Die Männchen zeigen hier nur während bestimmter Tageszeiten ein Aggressions- und Paarungsverhalten, sonst gehen sie meist in Herden vereint auf Nahrungssuche.

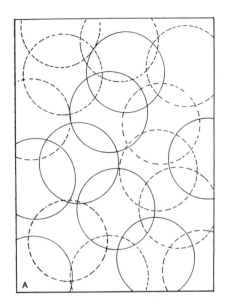 

Abb. 10 Schematische Darstellung der Wohnräume von Bockkitzen bzw. Jährlingen (unterbrochene Linien) und erwachsenen Böcken (ausgezogene Linien) im Herbst, Winter und Frühjahr (A) sowie zu Beginn der Brunft (B)

Solche Verhaltensmuster sind beim Reh unbekannt. Aus dem Vergleich zwischen der alpinen und der mittelländischen Rehpopulation, die ich jeweils untersucht habe, darf ich wohl folgern, daß bei erhöhter Bockdichte die Reviere zusammenschrumpfen, sich aber nicht überschneiden. Bei Pontresina, wo die Rehe nur in sehr kleinen Gebieten überhaupt Lebensmöglichkeiten finden, ist die Bockdichte sehr hoch, die Reviere sind viel kleiner als im Mittelland, wo den Rehen viel größere Lebensräume zur Verfügung stehen. Beobachtungen aus England haben neuerdings gezeigt, daß bei allzuhoher Bockdichte überzählige Männchen abwandern müssen. Dies sind übrigens in erster Linie nicht Jährlinge, sondern mittelalte Böcke, also solche, die mit den Kapitalen in Revierkonflikt geraten. Kitzböcke scheinen kaum Abwanderungsprobleme zu kennen. Die oben erwähnten Beobachtungen sprechen auch dafür, daß sie selbst bei Brunftbeginn Überschneidungen der Reviere dulden.

Eine Abwanderung ist allerdings nur in Gebieten mit ungleich hohen Rehdichten möglich. In den meisten mitteleuropäischen Gebieten werden revierlose Böcke zu reinen Nomaden, die sich einmal hier und einmal dort zeigen.

Die Sippe

In den vorangegangenen Abschnitten über das Sozialverhalten besprachen wir einige der möglichen Beziehungen zwischen Rehen, wie wir sie während der Setzzeit, der Brunft und bei der Erstellung der Reviere finden. Dabei fragten wir uns nicht, wie lange solche Beziehungen währen, ob sie über Jahre andauern und persönliche Freundschaften seien oder nur kurzfristige Begegnungen, in denen sich Sozialpartner für eine Revierperiode oder eine Brunftzeit zusammenfinden.
Dank der Unterstützung, die Hans Schmid, der Wildhüter des Amtes Aarwangen, und die Jäger aus der Umgebung von Melchnau meinen Untersuchungen entgegenbrachten und einer gehörigen Portion Glück, war es möglich, die Entwicklung von zwei Rehfamilien, die ich hier als *Sippen* bezeichnen möchte, über Jahre zu verfolgen. Alle Mitglieder dieser Sippen trugen entweder eindeutige, natürliche Merkmale oder konnten mit Lauschermarken künstlich gekennzeichnet werden.
In meiner Arbeit über das Sozialverhalten habe ich die Entwicklung der beiden Familien genau beschrieben. Ich möchte diesen Ausführungen hier stichwortartig folgen. Zudem werde ich die einzelnen Mitglieder mit Nummern versehen. Um die Ausführungen etwas klarer zu gestalten, werden Böcke und Geißen mit den herkömmlichen Zeichen für die Geschlechter bezeichnet, ♂ bedeutet Männchen, ♀ Weibchen.
Tiere im ersten Lebensjahr sind durch offene Kreise gekennzeichnet, Jährlinge und Schmalrehe durch halbgefüllte und Erwachsene durch gefüllte Kreise. Rehe, die einen gemeinsamen Sprung bildeten, sind durch punktierte Linien umrandet.

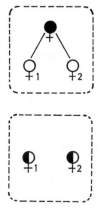

1960: In diesem Jahr wurden die beiden Stamm-Mütter, Nr. 1 und 2, geboren.

1961: In diesem Jahr wurden sie erstmals gedeckt. Die Mutter kam auf der Jagd um. Die beiden Schwestern blieben im gleichen Sprung zusammen.

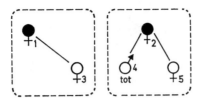

1962: Nr. 1 setzt ein Geißkitz (Nr. 3). Nr. 2 wirft Zwillinge. Davon wird das Bockkitz (Nr. 4) vermäht. Nr. 5 überlebt. Beide Muttertiere führen jetzt eigene Sprünge.

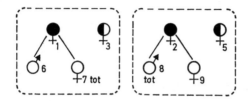

1963: Nr. 1 setzt in diesem Jahr Zwillinge, davon wird das Geißkitz (Nr. 7) vermäht, das Bockkitz (Nr. 6) überlebt. Das Schmalreh (Nr. 3) kehrt nach vorübergehender Trennung im Herbst in den Sprung von Nr. 1 zurück. Ebenfalls von Nr. 2 wird einer der Zwillinge vermäht, das Geißkitz (Nr. 9) überlebt. Auch hier kehrt das Schmalreh (Nr. 5) nach der Brunft in den Sprung seiner Mutter zurück.

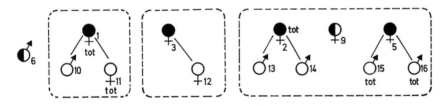

1964: Der Jährling von Nr. 1 (Nr. 6) macht sich selbständig. Nr. 1 setzt Zwillinge, das Geißkitz (Nr. 11) wird vermäht, der Bock (Nr. 10) überlebt. Die Mutter (Nr. 1) erliegt auf der Jagd. Nr. 3 setzt erstmals ein Kitz (Nr. 12). Die Geiß Nr. 2 wirft zwei Bockkitze und wird während der Jagd geschossen. Geiß Nr. 5 setzt erstmals, und zwar Zwillinge, doch beide werden vermäht. Die überlebenden Böcke von Nr. 2 (Nr. 13 und 14) werden kurze Zeit von ihrer einjährigen Schwester (Nr. 9) geführt. Zusammen bilden sie später einen gemeinsamen Sprung mit Nr. 5. Der Jährlingsbock Nr. 6 bleibt allein, ebenso Nr. 10.

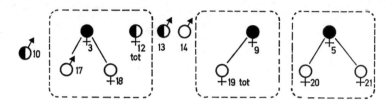

1965: Nr. 6 ist abgewandert. Nr. 10 ist allein und wandert wie die anderen Jährlinge aus. Nr. 3 setzt Zwillinge, ihr Schmalreh (Nr. 12) wird geschossen. Die Jährlinge Nr. 13 und Nr. 14 haben sich aus dem zusammengesetzten Verband gelöst, ebenso die beiden Geißen Nr. 9 und Nr. 5, die beide Junge führen, allerdings wird die Tochter von Nr. 9 vermäht.

Ganz ähnlich entwickelt sich die zweite Sippe.
1961: Die Geiß Nr. 1 führt ein Neugeborenes (Nr. 3) und ein Schmalreh (Nr. 2).

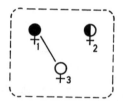

1962: Beide Kitze der Nr. 1 werden kurz nach der Geburt vermäht. Nr. 2 hat ein eigenes Geißkitz (Nr. 6). Nr. 1 und ihr Schmalreh (Nr. 3) schließen sich der Familie von Nr. 2 an. Sie bilden zusammen einen stabilen Sprung.

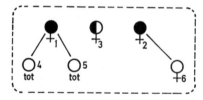

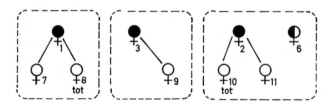

1963: Nr. 1 setzt zwei Geißkitze (Nr. 7 und 8). Nr. 8 wird vermäht. Ihre Tochter Nr. 3 setzt eine Tochter (Nr. 9). Nr. 2 setzt zwei Geißkitze (Nr. 10 und 11). Nr. 10 wird vermäht. In diesem Jahr teilt sich die Sippe in 3 verschiedene Sprünge auf.

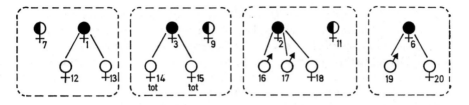

1964: Beide Kitze (Nr. 12 und 13) von Nr. 1 überleben. Dagegen werden beide von Nr. 3 vermäht. Nr. 2 setzt Drillinge (Nr. 16, 17 und 18). Nr. 6 führt Zwillinge (Nr. 19 und 20). In diesem Jahr besteht die Sippe aus 4 Sprüngen. Sie zerfällt in zwei Untersippen, die fortan getrennte Wohnräume bewohnen.

Die beiden Familienstammbäume zeigen folgendes: Rehgeißen lösen sich, sobald sie gesetzt haben und selbst führende Muttertiere geworden sind, aus den Sprüngen, in denen sie bisher gelebt haben. Sie übernehmen die Führungsrolle in einem eigenen Sprung. Sollte es aber vorkommen, wie z. B. bei Nr. 1 aus der zweiten Sippe, daß ihre Kitze sterben, dann kehren sie als »Mitläufer« in den alten Verband zurück. Ich habe bei bekannten Tieren insgesamt zwölfmal diesen Vorgang beobachten können. Schmalrehe trennen sich während der Setzzeit und Brunft nur vorübergehend von ihren Müttern. Sie kehren im Herbst in den Sprung zurück. Stirbt die Mutter, so schließen sie sich anderen, meist verwandten Geißen an, wie z. B. Nr. 9 von der ersten Sippe. Diesen Vorgang sah ich an bekannten Rehen dreimal.
Schmalrehe können die Führung ihrer jüngeren Geschwister kurzfristig übernehmen und den Anschluß an andere Gruppen vermitteln, wenn die führende Geiß stirbt. Kitze aus Sprüngen, in denen sich im Winter kein Schmalreh aufhält, vermögen sich nur schwer anderen Gruppen anzuschließen, falls die Mutter stirbt (Nr. 10 von der ersten Sippe). Die Unfähigkeit führungsloser Kitze, sich anderen Sprüngen anzuschließen, kann sehr häufig beobachtet werden.
Eine Sippe besteht aus 2—4 führenden Geißen und ihrem Anhang (Kitze, Schmalrehe und Böcke), die miteinander verwandt sind und übrigens auch das gleiche Gebiet bewohnen. Dabei kommt es regelmäßig zu Begegnungen. Nur während der Setzzeit sind die Geißen reviertreu, zu dieser Zeit sind Überschneidungen einzig an den Grenzen der Wohnräume möglich.
Nun gibt es aber nicht nur Familienbeziehungen, sondern auch eine Reihe anderer sozialer Begegnungsmöglichkeiten. Ich habe bereits berichtet, daß Schmalrehe im Frühjahr, nachdem sie ihre Mutter vorübergehend verlassen haben, mit einem Bock eine kurze »Ehe« eingehen. — Ich fragte mich, mit wievielen verschiedenen Individuen ein bestimmtes Reh innerhalb bestimmter Zeitabschnitte überhaupt verkehrt. Eine Lösung dieser Frage konnte ich nur dort finden, wo ich sämtliche in einem Gebiet

lebenden Rehe eindeutig kannte. Und auch hier kann ich nur eine kurze Zusammenfassung der gefundenen Ergebnisse geben: Zwischen Mitte September und Mitte Mai beobachtete ich 9 verschiedene erwachsene Geißen. Sie verkehrten mit 4—12 anderen Rehen. Davon waren 1—2 erwachsene Böcke, der Rest bestand aus Mitgliedern der eigenen Mutterfamilie oder der eigenen Sippe. Ich sah nie, daß Geißen mit Mitgliedern fremder Sippen Sprungkontakte aufgenommen hätten. Während der Setzzeit (Mitte Mai bis Mitte Juli) zählte ich die Sprungpartner von 8 bekannten Geißen. Jetzt wurde deutlich, daß die Partnerzahl kleiner war, sie schwankte zwischen 1 und 7, davon waren wiederum 1—2 mehrjährige Böcke, der Rest gehörte der eigenen Mutterfamilie an oder, allerdings selten, der eigenen Sippe. Während der Brunft erhielt ich Angaben über 4 Geißen. Die Zahl ihrer Sprungpartner schwankte zwischen 1 und 5. Davon war in allen Fällen nur einer ein mehrjähriger Bock, die anderen stammten aus der gleichen Familie oder Sippe.

15 Schmalrehe hatten auf das ganze Jahr verteilt 2 bis maximal 9 verschiedene Partner. Darunter fanden sich 1—3 mehrjährige Böcke. Alle anderen gehörten dem gleichen Verwandtschaftskreis (Familie oder Sippe) an. Nur einmal sah ich ein Schmalreh, das mit einem Bockkitz einer fremden Sippe zusammenstand. Gleiches läßt sich auch von den Geißkitzen sagen. Auch sie verkehren nur mit Mitgliedern der eigenen Familie und der eigenen Sippe, zudem mit 1—2 verschiedenen Böcken.

Bockkitze verhalten sich ähnlich wie ihre Mütter und Schwestern. Sie verweilen ja auch fast dauernd im gleichen Sprung. Sie verkehren mit 2—10 verschiedenen Individuen, davon sind ein oder zwei erwachsene Böcke, der Rest besteht aus Angehörigen der Familie oder der Sippe. Im Frühjahr dagegen öffnet sich das Partnerspektrum der Bockkitze. Sie machen bei Schmalrehen und Bockkitzen fremder Sippen Annäherungsversuche. Als Jährlinge verkehren die jungen Böcke erstaunlich wenig mit anderen Rehen, ich fand 3—5 Partner, die immer der eigenen Sippe angehörten.

Im nächsten Winter ändert sich das Bild. Jetzt dringen die Jährlinge, wie übrigens auch die erwachsenen Böcke, in fremde Sippen ein. Jährlinge und erwachsene Böcke verkehren im Winterhalbjahr mit 1—3 anderen Böcken, Mitgliedern aus 1—4 verschiedenen Mutterfamilien, die einer oder zwei Sippen angehören können. Erwachsene Böcke verkleinern im Frühjahr ihren Partnerkreis und meiden auch während der Brunft oft Kontakte. Sie verkehren mit 1—7 Partnern, davon 1—3 verschiedenen erwachsenen Böcken. Der Rest setzt sich aus Mitgliedern von 1—3 Mutterfamilien zusammen, die meist nur einer, höchstens aber zwei Sippen angehören.

Zugegeben, die räumliche Anordnung der Wohngebiete erlaubt den isoliert lebenden Rehen in Wirklichkeit keine große Auswahl unter den möglichen Sprungpartnern. Trotzdem lassen sich Gesetzmäßigkeiten deutlich erkennen.

Einmal wissen wir bereits, daß Mütter und Kinder ziemlich stabile Verbände bilden, die wenigstens ein Jahr andauern. Das Mutter-Tochter-Verhältnis besteht auch noch

Wenige Tage alte, abgelegte Zwillingskitze.
Foto: M. Losenhausen-Müller

Zwei gerettete Opfer der Mähmaschine, die in Gefangenschaft gepflegt werden. Foto: R. Liebl

Enger Sozialkontakt zwischen Mutter und Kitz. Foto: W. Sittig

später, wenn die Tochter selber Kitze führt. Beide bewohnen als Mitglieder der gleichen Sippe denselben Wohnraum, wobei allerdings Sprungkontakte vermieden werden. Wird aber die Mutter oder die Tochter kitzlos, so besitzen beide die Möglichkeit, sich der anderen anzuschließen. Grundsätzlich können wir sagen, Rehgeißen verkehren — natürlich abgesehen von den Böcken — nur mit Angehörigen der eigenen Familie und der eigenen Sippe. Dagegen verkehren Böcke in mehreren Sippen. Dies läßt sich übrigens auch in der Anordnung der Wohnräume feststellen. Die Sippengebiete überschneiden sich auch während des Winters selten oder nie. Ihre Peripherien sind meist die Zentren von Bockgebieten.

Häufig treffen wir im Winter große Sprünge, die oft 5 Mitglieder besitzen: die führende Geiß, ihre beiden Kitze, ihr Schmalreh und einen Bock, der zusammen mit dem Schmalreh aufgenommen wurde. Die erwachsenen Böcke sind etwas unstabile Mitglieder in diesen Wintersprüngen. Sie wechseln gelegentlich zu anderen Familien, kehren aber immer wieder zu »ihrem« Schmalreh zurück. Wir wollen uns nun fragen, welche Rollen den 5 Mitgliedern im Sprung zukommen.

Die zentrale Rolle im Wintersprung übernimmt zweifellos die Geiß. Ohne sie zerfällt der Sprung als Einheit, und die Mitglieder schließen sich anderen Familien an.

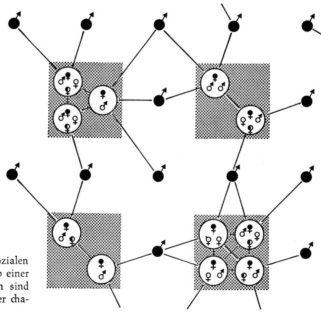

Abb. 11 Modell der sozialen Beziehungen innerhalb einer Rehpopulation. Sippen sind durch punktierte Felder charakterisiert

Die erwachsene Geiß führt den Verband bei Ortsveränderungen, sie warnt als erste. Sie geht meist voran, gefolgt von den Kitzen, dem Schmalreh und dem Bock. Sie geht nicht nur an der Spitze des ziehenden Verbandes, sie bestimmt sicher auch das Ziel. Ich konnte nie beobachten, daß die ihr folgenden Rehe die Marschrichtung beeinflußt hätten.
Wenn sich zwei verschiedene Sprünge begegnen, dann können die führenden Geißen untereinander ausmachen, wer mit seiner Gruppe die Äsungsstelle zu verlassen hat. Besonders aber gegen Ende des Winters und im Frühjahr regeln die Böcke solche »außenpolitische« Dispute. Begegnet ein Sprung ohne Bock einem anderen, in dem sich wenigstens ein Bock aufhält, dann weicht der erste. Sind aber in beiden Gruppen Böcke anwesend, dann muß der Sprung mit dem schwächeren Bock weichen.
In der Auflösungszeit, also im Frühjahr, scheint der erwachsene Bock, der auch jetzt noch gelegentlich in seinen Winterverband zurückkehrt, den Trennungsvorgang zwischen Mutter und Sohn zu beschleunigen. Ich konnte z. B. feststellen, daß sich in Frühjahrssprüngen, in denen erwachsene Böcke stehen, weniger Kitzböcke aufhalten als in anderen. Zudem vergrößert der Kitzbock in den wenigen Ausnahmen immer die Distanz zum Sprungzentrum, also zur Mutter, wenn der erwachsene Bock im Sprung ist.
Welche Vorteile besitzt eine Sippenorganisation, wie ich sie soeben beschrieben habe? — Der gemeinsame Wohnraum, den verschiedene, verwandte Mutterfamilien teilen, ohne sich dabei zu einer Herde zu massieren, wird sehr gleichmäßig »bewirtschaftet«. Es kommt selten oder nie zu Ansammlungen, die ein besonders ergiebiges Äsungsgebiet kahlfressen. Auf der anderen Seite stehen die Mutterfamilien, solange sie das gleiche Gebiet bewohnen, dauernd in indirektem Kontakt zueinander. Dies scheint dann wichtig zu sein, wenn die Mutterfamilien durch den Tod der führenden Geiß oder der Kitze zerfallen. Dann besteht ja die Möglichkeit, daß sich die Überlebenden ihren nächsten Verwandten anschließen können. Solche Fälle treten bei natürlichen Umständen ein, wie Alterstod oder Feinde, aber auch durch die Jagd. Welche Konsequenzen sich ergeben können, wenn plötzlich Sprünge von 10 oder 20 Rehen entstehen, besprechen wir im letzten Kapitel.

Das Geschlechterverhältnis

Jäger, Förster und Jagdverwaltungen befassen sich in erster Linie nicht mit Einzeltieren oder Sprüngen, sondern mit Rehbeständen, die eine bestimmte Wald- oder Nutzfläche bewohnen, und jährlich erzielten Jagdstrecken ihrer Reviere. Ihnen liegt weniger am Schicksal des Einzeltieres als am Wohlergehen und der Entwicklung der Gesamtheit. Drei in Zahlen ausdrückbare Werte dienen ihnen als Basis, auf die sie den Umfang der jagdlichen Eingriffe und Wildhege stützen: das Geschlechterverhältnis, der Altersaufbau und die Bestandsdichte. In den nächsten Kapiteln wollen wir uns mit diesen drei oft zitierten Werten näher auseinandersetzen.
Böcke und Geißen können beim Rehwild jederzeit — auch bei Kitzen — ohne große Mühe unterschieden werden, wenn das Ansprechen nicht allein das Gehörn betrifft. Dieses Geschlechtsmerkmal fehlt den jungen Bockkitzen und den Abwurfböcken. Zudem ist es oft zwischen Lauschern versteckt. Es empfiehlt sich deshalb, wenn immer möglich die Geschlechter aufgrund der äußeren Geschlechtsteile zu identifizieren. Der Pinsel des Bockes ist unverkennbar: als ein dichtes, 8—10 cm langes Büschel schmutziggelber Haare an der Mündung der Brunftrute. Die Schürze der Ricken, die mit einiger Übung leicht erkannt wird, besteht aus einem 5—7 cm langen Haarschopf, der unterhalb der weiblichen Geschlechtsöffnung nach unten hängt. Der Spiegel dient vor allem in der Winterdecke als Unterscheidungsmerkmal. Er ist bei den Böcken nieren- und bei den Geißen herzförmig.
Selbst am Skelett finden wir zwei Geschlechtsmerkmale, die beim Fehlen anderer Hinweise zum Ansprechen von Fallwild wichtig sein können. Als erster zuverlässiger Anhaltspunkt gilt das Becken. Es ist bei den Weibchen breiter als bei den Böcken, weil die Kitze bei Geburt diese Knochenspange passieren müssen. Am Schambein sind die Unterschiede am deutlichsten. Beim Weibchen ist der Vorderrand des Schambeines und besonders eine darunter liegende flache Knochenzacke stark vorgezogen. Beim Bock ist das Schambein verdickt und trägt eine Kante. Trennt man die beiden Schambeine an ihrer Verwachsungsnaht, so hat die Schnittfläche beim Bock eine kurze hohe, bei der Ricke eine langgestreckte niedrige Form.
In etwa 80% aller Fälle gelingt es, Böcke und Geißen aufgrund der Unterkiefer auseinanderzuhalten. v. RAESFELD (1965) schreibt dazu: »Der Winkelfortsatz des Bockes ist deutlich ausgeprägt und mehr nach unten gerichtet als der der Ricken. Außerdem ist er durch eine mehr oder weniger tiefe Furche gegen den waagerechten Unterkieferteil abgesetzt. Der Winkelfortsatz der Ricke weist überwiegend nach hinten, ist breiter als beim Bock, eine Furche ist nur schwach angedeutet oder gar nicht vorhanden.«

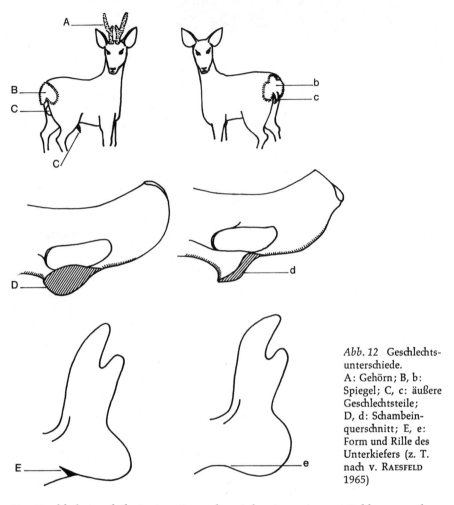

Abb. 12 Geschlechtsunterschiede.
A: Gehörn; B, b: Spiegel; C, c: äußere Geschlechtsteile; D, d: Schambeinquerschnitt; E, e: Form und Rille des Unterkiefers (z. T. nach v. RAESFELD 1965)

Das Geschlechterverhältnis eines Bestandes wird meistens in zwei Zahlen angegeben, von denen sich die erste auf die Böcke, die zweite auf die Ricken bezieht. Nehmen wir z. B. einen Bestand von 150 Rehen, der aus 75 weiblichen und 75 männlichen Tieren besteht, so erhalten wir ein Geschlechterverhältnis von 75:75 oder 1:1 — auf jeden Bock entfällt eine Geiß.

Enthält unser Bestand aber 50 männliche und 100 weibliche Tiere, dann bekommen wir ein Geschlechterverhältnis von 50:100 oder 1:2 — auf jeden Bock entfallen 2

Ricken. Angenommen, unser 150köpfiger Bestand enthält 60 Böcke und 90 Ricken, so heißt das Geschlechterverhältnis 60:90 oder 2:3 oder 1:1,5.
R. Prior (1968) untersuchte 55 Rehembryonen auf ihr Geschlecht. 29 (53%) waren männlichen und 26 (47%) weiblichen Geschlechts. Das Geschlechterverhältnis betrug demnach bei ungeborenen Tieren nahezu 1:1, nämlich 1:0,9. Bei 679 vorwiegend 1—3 Wochen alten Kitzen, die im Berner Mittelland entweder von Mähmaschinen verstümmelt oder von Wildhütern markiert worden waren, betrug das Geschlechterverhältnis 381:298 oder 1:0,78. Ich ordnete diese Angaben nach der Qualität der Setzplätze und stellte fest, daß von 329 an Südhängen geborenen Tieren 170 männlichen und 159 weiblichen Geschlechts waren. Das Geschlechterverhältnis betrug demnach 1:0,93. An den weniger geeigneten West-, Ost- und Nordexpositionen wurden 211 Bockkitze und 139 Geißkitze gezählt, hier betrug das Geschlechterverhältnis 1:0,66.

Unterschiede im Geschlechterverhältnis wurden auch in Gebieten mit unterschiedlichen Weibchendichten gefunden: Dort, wo die Siedlungsdichte der Ricken geringer war als 2/100 ha produktiven Landes, wurden 69 männliche und 62 weibliche Kitze gefunden; das Geschlechterverhältnis betrug demnach 1:0,9. In Gebieten mit hohen Weibchendichten von mehr als 3 Ricken / 100 ha produktiven Landes betrug das Verhältnis 121:69 oder 1:0,57.

Der dänische Wildbiologe J. Andersen (1953) bestimmte das Geschlechterverhältnis anläßlich eines Totalabschusses einer Rehpopulation. Er zählte 91 Böcke und 122 Ricken. Das Geschlechterverhältnis hieß demnach 1:1,3. Aufgeteilt nach Altersgruppen sehen Andersens Daten wie folgt aus:

	Böcke: Geißen	Geschlechterverhältnis
Kitze (6 Monate)	45: 46	1:1,02
1—3 Jahre	30: 45	1:1,50
3—6 Jahre	14: 24	1:1,71
6—9 Jahre	2: 7	1:3,50
Insgesamt	91:122	1:1,3

Wir wollen noch hinzufügen, daß in dem Gebiet, in dem der Totalabschuß vorgenommen wurde, kaum gejagt wurde. Die wenigen in den Vorjahren erlegten Tiere setzten sich in gleichem Verhältnis aus Böcken und Geißen zusammen.
Andersens Daten zeigen einmal, daß fast gleich viele Böcke wie Geißen geboren werden. Später aber verschiebt sich andererseits das Geschlechterverhältnis innerhalb gleicher Altersklassen immer mehr zugunsten der Weibchen. Mit anderen Worten, Böcke sterben im Durchschnitt früher als Ricken. Zudem muß jedoch auch mit einer Abwanderung älterer Böcke gerechnet werden.
Die drei Beispiele über Geschlechterverhältnisse, die ich bisher angeführt habe, wurden absichtlich aus drei Stufen des Rehlebens gewählt. Ich unterschied dabei Geschlechter-

verhältnisse im Vorgeburts-, Geburts- und Erwachsenenalter. Die Wissenschaftler sprechen in diesem Zusammenhang von einem primären, einem sekundären und einem tertiären Geschlechterverhältnis.
Das Geschlechterverhältnis ist also nicht immer 1:1, sondern kann unter bestimmten Umständen ganz erheblich differieren.
Die Ermittlung des Geschlechterverhältnisses bei freilebenden Rehen ist meist mit erheblichen Schwierigkeiten verbunden. Im späten Frühjahr, wenn die Geißen bereits ihre Setzplätze bezogen haben, zählt man in der Regel mehr weibliche Tiere als Böcke; einfach deshalb, weil die Geißen sich häufiger an offenen Stellen, in Feldern und an Waldrändern, aufhalten. Das Geschlechterverhältnis, das ich anläßlich von Wildzählungen im Dezember errechnet hatte, betrug 1:1,3; im gleichen Gebiet kam ich im Mai auf 1:1,9, ohne daß in der Zwischenzeit Abschüsse oder Wintersterben stattgefunden hätten.
R. PRIOR (1968), der in Südengland Rehe über mehrere Jahre genau studierte, kam zum Schluß, daß die beiden Geschlechter keineswegs während derselben Jahreszeiten die offenen Stellen, wo sie angesprochen werden können, gleichhäufig beziehen. Das tatsächliche Geschlechterverhältnis in seinem Gebiet variierte etwas, weil Böcke und Geißen nicht zur gleichen Jahreszeit und in gleichem Maß bejagt wurden, es schwankte zwischen 1:1,2 und 1:1,6. Die beobachteten Verhältniszahlen aber betrugen in den Monaten März bis September nahezu 1:1, zwischen Oktober und Februar 1:2.
Anläßlich des von ANDERSEN in Dänemark durchgeführten Totalabschusses einer Rehpopulation zeigte sich deutlich, daß sich Geißen und Böcke ganz verschieden verhalten und daß die am Ende eines Jagdganges berechneten Geschlechterverhältnisse nicht dem tatsächlich vorhandenen entsprachen, obwohl die Jäger strikte Weisung erhielten, sämtliches aufgemachte Rehwild zu erlegen. Die Strecken ergaben folgende Verhältniswerte:

Im Sommer erlegt:	Böcke 18	Ricken —	Geschlechterverhältnis 18:0
Im Oktober erlegt:	Böcke 27	Ricken 26	Geschlechterverhältnis 1:0,9
Im November erlegt:	Böcke 37	Ricken 65	Geschlechterverhältnis 1:1,8
Im Dezember erlegt:	Böcke 5	Ricken 12	Geschlechterverhältnis 1:2,4
Später erlegt:	Böcke 4	Ricken 19	Geschlechterverhältnis 1:4,8

In diesen Werten sind die Kitze einbezogen. Doch selbst unter den halbjährigen Rehen werden die männlichen Tiere leichter erlegt als die Weibchen, d. h. vor allem zu Beginn des Totalabschusses:

Im Oktober erlegt:	Bockkitze 18	Geißkitze 7	Geschlechterverhältnis 1:0,4
Im November erlegt:	Bockkitze 21	Geißkitze 26	Geschlechterverhältnis 1:1,2
Im Dezember erlegt:	Bockkitze 5	Geißkitze 6	Geschlechterverhältnis 1:1,2
Später erlegt:	Bockkitze 1	Geißkitze 9	Geschlechterverhältnis 1:9

ANDERSENs Daten haben sicher eindrücklich gezeigt, daß — unabhängig von ihrem Alter — die Geißen leichter als Böcke entweichen, wenn sie gejagt werden. Selbst bei Treibjagden, auf denen in der Schweiz alle aufgemachten Rehe erlegt werden dürfen, spiegelt das erhaltene Geschlechterverhältnis in keiner Weise das tatsächlich vorhandene wider.

Das Geschlechterverhältnis der Rehbestände weicht in den verschiedenen Gebieten Europas voneinander ab, auch wenn keine Jagdeinflüsse geltend gemacht werden können. Geschlechterverhältnisse von ca. 1:1 finden wir vor allem in den Tieflandzonen Mitteleuropas, wo den Rehen ideale Lebensbedingungen geboten und Böcke wie Geißen in gleichem Maß bejagt werden. Umgekehrt ist das Geschlechterverhältnis in den Alpenländern oft stark zugunsten der Ricken verschoben, weil hier wegen der geringen Bestände oder einer stark traditionell gebundenen Jagdweise mehr männliche als weibliche Tiere erlegt werden und bei den Wintersterben hauptsächlich Böcke umkommen.

Die moderne Jagdpraxis strebt ein Geschlechterverhältnis von 1:1 an. Dabei lassen sich die Jäger von einem zweckmäßigen Hegegedanken leiten: sie übernehmen die Rolle der übergeordneten Regulatoren, der Raubtiere, und halten die Wildbestände in Schranken. Gesunde Rehbestände können nur durch einen ausreichenden Rickenabschuß vor einem krankhaften Anwachsen bewahrt werden.

Der Altersaufbau des Bestandes

Seitdem sich Jäger und später auch die Wissenschaftler ernsthaft mit dem Rehwild auseinanderzusetzen begannen, suchten sie nach Merkmalen, die sich im Laufe des Alters am Reh verändern und somit als Alterskriterien gebraucht werden können.
Hinweise über das Alter gibt schon der Körperbau. Der einjährige Bock, der Jährling, erscheint grazil; seine Läufe sind verglichen zum Körper lang, dadurch wirkt das Tier hochbeinig. Sein Träger ist dünn und wird meist, auch wenn der Jährling nicht sichert, hochgetragen. Ältere Böcke tragen den Träger meist waagerecht, er ist dick und gedrungen. Oft wird er beim Schreiten auf und ab gewogen. Der ganze Körper des erwachsenen Bockes erscheint kräftig, oft sogar plump; seine Läufe, besonders die hinteren, sind stark und nicht mehr dünn. Der Gesichtsausdruck des Jährlings wird meist als kindlich, derjenige des älteren als mißtrauisch und sogar böse beschrieben.
Die *Vorbergsche Ansprechmethode* basiert auf der sich bei vielen Rehböcken verändernden Gesichtsfärbung. Man kann sie jedoch nur bei Tieren in der Sommerdecke anwenden. Das Gesicht des Jährlings ist häufig schlichtbraun, dagegen ist das Deckendreieck zwischen Windfang und Lichtern bei zwei- und dreijährigen Böcken meist »bunt«, denn oberhalb des schwarzen Nasenrückens erscheint ein weißer Ring. Beim zweijährigen Bock soll die Trennung zwischen weißem Fleck und dem darüberliegenden braunen Fell deutlich abgegrenzt sein, während beim dreijährigen das weiße Stück sich oft keilförmig bis auf die Höhe der Lichter erstreckt. Das Gesicht des vierjährigen und älteren Bockes ist wiederum wie dasjenige des Jährlings unauffällig, allerdings meist nicht braun, sondern grau.
Die Vorbergsche Ansprechmethode kann nicht bei allen Böcken und nicht in allen Gebieten mit gleichem Erfolg angewendet werden. Herbert KREBS (1964) erwähnt, daß in rheinischen Revieren 10—25% aller Böcke nicht die beschriebenen Gesichtsfärbungen zeigen. Und nach den Angaben von HEINZERLING sollen die Gesichtsfärbungen norddeutscher Böcke häufig von dem Vorbergschen Schema abweichen. Trotzdem gibt diese Methode im Zusammenhang mit anderen selbstverständlich nützliche Hinweise. Ein Bock, der die genannte Buntfärbung trägt, ist zweifellos entweder zwei- oder dreijährig. Dagegen kann das Alter nicht bestimmt werden, wenn die Gesichtsfärbung fehlt. Das auffälligste Merkmal des Bockes, sein Gehörn, sagt — wie wir schon wissen — erstaunlich wenig aus über das Alter.
Nach ähnlichem Muster wie beim Bock verändern sich auch die Körperproportionen der Ricken im Laufe des Alters. Das Schmalreh erkennt man an seinem rundlichen Gesicht und dem schlanken Rumpf. Die Rumpflinie der alten Geißen (die also wenig-

stens schon einmal gesetzt haben) erscheint durchgebogen. Durch die allmähliche Schrumpfung der Kopfmuskulatur und eine Ausstreckung der Knochen am Gesichtsschädel erscheinen die Lauscher übermäßig verlängert. Sehr alte Geißen haben eine eckige Körperform mit eingefallenen Flanken, den sogenannten *Nierenstichen*.

Unter den Methoden, die am toten Tier zur Altersbestimmung gebraucht werden, ist die *Zahnanalyse* bis heute weitaus am zuverlässigsten. Sie kann auch von Jägern oder Förstern ausgeführt werden. — In jüngster Zeit wurden weitere Labormethoden ausgearbeitet, so z. B. die Altersbestimmung mittels des Gewichtes getrockneter Augenlinsen oder der Feinstruktur des Zahnschmelzes. Diese kostspieligen und zeitraubenden Untersuchungen sind für den Laien nicht durchführbar, und ich werde auf sie auch nicht näher eingehen.

Zwischen dem elften und vierzehnten Lebensmonat ist das Gebißwachstum abgeschlossen. Rehe besitzen in der Regel 32 Zähne. Jede der vier Ober- und Unterkieferhälften trägt 6 Backenzähne. Im Unterkiefer finden wir zudem 6 Schneidezähne und 2 zu Schneidezähnen umgewandelte Eckzähne. Im Oberkiefer fehlen Schneidezähne. Die Nahrung wird also nicht abgebissen, sondern abgeklemmt zwischen den Schneidezähnen des Unterkiefers und einer harten, elastischen Schleimhautschwiele. In Ausnahmefällen kommen Eckzähne, sogenannte Haken, im Oberkiefer vor. Untersuchungen, die in Deutschland durchgeführt wurden, ergaben, daß unter 100 Rehen kaum fünf Haken besitzen.

Jeder Zahn setzt sich aus folgenden Teilen zusammen: einer Zahnkrone, die über das Zahnfleisch hinausragt; dem Zahnhals und der Wurzel, die vom Zahnfleisch verdeckt und in den Kiefer eingebettet sind. Die Krone ist von einer Schmelzschicht überzogen, die durch Falten und Taschen (Kunden) die Zahnoberfläche zerteilt. Die Kunden laufen in der Kieferrichtung. Der weiße Schmelz ist härter als alle anderen Teile des Zahnes. Unter ihm finden wir das Dentin, das Zahnbein, aus dem Hals und Wurzel bestehen. Das Dentin wird braun bis schwarz gefärbt, wenn es durch den beim Äsen abgeschliffenen Schmelz freigelegt wird. Bei älteren Tieren sind Hals und Wurzel von Zahnzement bedeckt.

Spätestens im 13. Lebensmonat haben die Rehe ihr Milchgebiß vollständig durch das Dauergebiß ersetzt. Der letzte ausgewechselte Zahn ist der dritte Backenzahn (1. Molar), der im Milchgebiß noch drei, im Dauergebiß aber nur zwei Wurzeln trägt. Er dient als sicherer Hinweis, wenn man entscheiden will, ob ein Tier die Grenze des ersten Lebensjahres bereits überschritten hat. Erwachsene Rehe verändern zwar nicht mehr die Zahl ihrer Zähne, ihr Alter kann aber aufgrund der Zahnabnutzung geschätzt werden. Im zweiten Lebensjahr zeigen die Zähne kaum eine Abnutzung; wenn man die Unterkiefer auskocht, so stellt man fest, daß die Vorbackenzähne, die Prämolaren, noch nicht so tief in den Knochen eingebettet sind wie die Molaren. Im dritten Lebensjahr verschwindet dieses Merkmal, auch werden Abnutzungserschei-

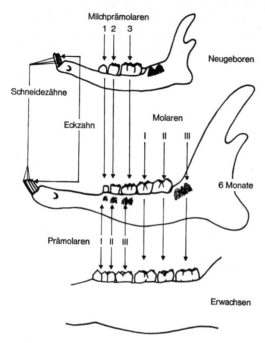

Abb. 13 Zahnentwicklung am Unterkiefer

nungen an den Zähnen sichtbar. Eine braune Dentinlinie erscheint an den höchsten Punkten der Vorbackenzähne, allerdings nicht am ersten.

Mit etwa fünf Jahren ist am dritten Vorbackenzahn und am ersten Backenzahn eine gleitende Oberfläche festzustellen. Auch an den anderen Zähnen stellen wir Abschleifungen fest, die verzahnte Oberfläche der Molaren ist bereits derart stark abgetragen, daß selbst der kleine Höcker am letzten Backenzahn angegriffen wird. Die Abnutzung der Zahnoberflächen geht weiter, bis im siebten oder achten Lebensjahr die Kauflächen gleichmäßig abgetragen sind und vorn schon fast den Kiefer berühren. Nur wenige Rehe leben überhaupt so lange. Die wenigen Tiere, die noch älter werden, zeigen eine gleichmäßig bis unmittelbar über den Kiefer abgetragene Kaufläche. Oft ist dann der erste Molar zwischen den Wurzeln gespalten und fällt stückweise aus. Bei ganz alten Rehen sind Kiefererkrankungen häufig.

In der Praxis kann der Jäger kaum das Alter eines Tieres, das jünger ist als 6 Monate, aufgrund der Bezahnung bestimmen. Dafür stehen aber bei so jungen Tieren genügend andere Kriterien zur Verfügung. 6 Monate alte Kitze besitzen bereits die Schneidezähne des Dauergebisses, auch der erste und zweite Backenzahn (Molar) sind schon gewachsen. Die Vorbackenzähne des Milchgebisses sind noch immer vorhanden und können ihrer dreiteiligen Wurzeln wegen leicht identifiziert werden. Bevor sie durch die Vorbackenzähne des zweiten Gebisses ersetzt werden, erscheinen sie stark abgewetzt. Am ausgekochten Unterkiefer eines 7 Monate alten Kitzes kann man die heranwachsenden Prämolaren bereits erkennen.

Wenn vor allem bei Fallwild nur noch Bruchstücke des Schädels vorhanden sind, können die Stirnnaht und die Muskelansatzstellen am Unterkiefer als Altersmerkmale gelten. Die zickzackförmige Suturlinie, die beide Stirnbeine verbindet, ist bei

Tabelle der Altersmerkmale nach v. RAESFELD (1965)

	einjährig	zweijährig	mittelalt 3–5 Jahre	alt 6 und mehr Jahre
2. und 3. Vorbackenzahn				
Schmelzschlinge:	keine oder nur Spuren einer Abnutzung	weit offen, offen	verengt oder im Verschwinden	in Spuren oder verschwunden
Dentinband:		sehr dünn oder dünn	schmal bis sehr breit	breitflächig
1. Backenzahn				
Kunden:	weit offen bis eng	offen, evtl. eng	sehr eng oder im Verschwinden	verschwunden
Kauranddentin:	strichförmig bis rhombisch	schmal-rhombisch oder rhombisch	oval oder breitflächig	breitflächig, bis auf Wurzel abgeschliffen
2. Backenzahn				
Kunden:	weit offen	offen oder eng	sehr eng oder im Verschwinden	in Spuren oder verschwunden
Kauranddentin:	strichförmig	schmal-rhombisch oder rhombisch	rhombisch bis oval	breitflächig
3. Backenzahn				
Kunden:	keine oder nur Spuren einer Abnutzung	weit offen bis offen	offen bis sehr eng	im Verschwinden
Kauranddentin:		strichförmig oder schmal-rhombisch	rhombisch oder oval	oval bis breitflächig

Böcke

	einjährig	zweijährig	mittelalt 3–5 Jahre	alt 6 und mehr Jahre
Figur:	schwach, hochbeinig	schlank, hochbeinig	Wachstum beendigt	noch kräftiger und tiefer
Träger:	dünn	mittel	stark	breit und kurz
Haupt:	sehr schmal	schmal	breit bis eckig	breit und dadurch kurz wirkend
Gesichtsausdruck:	kindlich	jugendlich	typisch männlich	bullenhaft männlich
Gesichtsfärbung:	einfarbig	klarer, weißer Nasenfleck	ausgesprochen bunt, rot, schwarz, weiß	einfarbig, grau, eisgrau oder schwärzlich
Verfärben:	als erste	folgen unmittelbar	setzt später ein	verfärben noch später
Geweihfegen:	Mai bis Juli	meist erste Hälfte Mai	meist zweite Hälfte April	Ende März bis anfangs April

jungen Tieren noch offen, die einzelnen Schädelhälften können — nachdem der Schädel ausgekocht worden ist — leicht gegeneinander bewegt oder sogar getrennt werden. Im Laufe des Alters werden die beiden Hälften immer enger aneinandergebunden, mit etwa 4 Jahren können die Schädelhälften auch nach langem Auskochen nicht mehr gegeneinander bewegt werden. Der Verknöcherungsprozeß kann oft so weit führen, daß man bei alten Tieren die verzackte Suturlinie nicht einmal mehr sehen kann.

Es fällt auf, daß für junge Tiere die Alterskriterien genauer sind als für alte. In der praktischen Anwendung sollte man immer mehr als nur ein Merkmal zum Ansprechen heranziehen. Das empfiehlt sich ganz besonders, wenn man freilebende Rehe ansprechen möchte. Das sicher weitaus beste Alterskriterium, das Zahnbild, kann von Ort zu Ort verschieden sein, denn je nach Beschaffenheit des Futters werden die Kauflächen mehr oder weniger stark abgenutzt. Man wird deshalb sinnvollerweise reviereigene Altersschlüssel erstellen — eine Maßnahme, die im Zusammenhang mit einer Markierungsaktion zur Altersbestimmung erlegter Rehe leicht durchgeführt werden kann.

An dieser Stelle möchte ich noch kurz erwähnen, wie Unterkieferknochen zu präparieren sind. Den erlegten Tieren werden die beiden Unterkieferäste sorgfältig aus der Decke und den sie umschließenden Muskeln gelöst. Man sollte darauf achten, daß schon im Feld möglichst viele Fleischteile abgeschabt werden. Dann wird das Präparat so lange ausgekocht, bis sich die letzten Muskelfetzen gelöst haben. Dieser Prozeß kann beschleunigt werden, indem man dem Sud etwas Soda oder Waschpulver beigibt. Die getrockneten Unterkieferhälften können auf der Rückseite des Trophäenbrettes versenkt angeschraubt werden. Ich empfehle auch, beide Äste des Unterkiefers aufzubewahren, denn gelegentlich kann durch Erkrankung der einen Seite der Kauvorgang auf die andere verlagert werden, was natürlich zu einer falschen Altersschätzung führt. Versehen mit den Unterkieferästen, genauen Orts- und Zeitangaben sowie dem Gewicht des Bockes erhöht sich der Wert einer Trophäe. Sie wird zum Dokument, das jederzeit wichtige Aufschlüsse über ein Jagdrevier liefert.

Ich kann mich noch genau erinnern, wie ich einmal als junger Student einem alten Professor half, die Geweihsammlungen seines Museums aufzuräumen. Wir stießen auf eine Kiste, die eine der prächtigsten Trophäensammlungen enthielt, die ich je sah. Auf den Rückseiten der Trophäenbretter stand überall dasselbe: »Geschenk von Frau Oberst Meyer.« — »Zweifellos hatte die Frau Oberst keine Gehörne«, kommentierte der Gelehrte.»Tragen Sie die Kiste in den Hof runter und werfen Sie die Geweihe weg, sie haben für uns überhaupt keinen Wert, da wir weder wissen, woher sie kommen noch wann sie erbeutet wurden.« Wie mir befohlen wurde, verschwand ich mit der kostbaren Beute. Die Geweihe aber fanden ihren Weg nicht auf den Müllhaufen, sondern wurden bald zum Gegenstand eines regen Handels mit Naturaliensammlern, denen die Geweihe der Frau Oberst zu Höchstpreisen angeboten wurden.

Unter besonders günstigen Bedingungen, etwa in Gefangenschaft, erreichen Rehe ein erstaunlich hohes Alter. R. BEHRENS — so berichtet ein Artikel in Wild und Hund 1965 — markierte eine Ricke und erlegte sie 20 Jahre später nur 50 m vom Markierungsort entfernt. B. SCHWARZ erzählt in der gleichen Zeitschrift von einer Rehgeiß, die 1951 geboren wurde, in menschlicher Pflege aufwuchs und innerhalb ihres elfjährigen Lebens 19 Kitzen das Leben gab.
Diese Höchstalter sind aber Rekorde. In der Jagdpraxis spielen die von einem Bestand erreichten Durchschnittsalter eine weit größere Rolle. Genaue Daten über die Altersverteilung eines Rehbestandes vermittelt ANDERSEN (1953), der in einem dänischen Revier den gesamten Bestand durch Totalabschuß zu eliminieren hatte. Der Abschuß erfolgte im Spätherbst und Winter, als die Kitze 6 Monate alt waren. Er hielt aufgrund von Zahnanalysen folgende Verteilung der Altersklassen:

Alter:	1/2	1¹/₂	2¹/₂	3¹/₂	4¹/₂	5¹/₂	6¹/₂	7¹/₂	8¹/₂	mittleres Alter
Böcke:	45	17	13	6	6	2	2	—	—	1,7
Geißen:	46	24	21	11	7	6	2	3	2	2,2
Insgesamt:	91	41	34	17	13	8	4	3	2	1,9

Das mittlere Alter der Böcke beträgt 1,7 Jahre; dasjenige der Ricken 2,2 Jahre. Der gesamte Bestand hat ein Durchschnittsalter von etwa 2,0 Jahren. Selbst wenn man das mittlere Alter der mehrjährigen Tiere berechnet, kommt man nur auf 3,1 Jahre. Dieses Alter, das in einem Gebiet errechnet wurde, in dem jagdlicher Eingriff kaum geltend gemacht werden kann, liegt etwas höher als die Datenstufe, die ich im Berner Mittelland gesammelt hatte. Umgerechnet nach Prozenten verteilen sich hier die Rehe nach folgenden Altersklassen:

Alter:	1/2	1¹/₂	2¹/₂	3¹/₂	4¹/₂	5¹/₂	mittleres Alter
Böcke:	20%	10%	6%	2%	2%	—	1,4 Jahre
Geißen:	22%	18%	12%	4%	2%	2%	1,7 Jahre
Insgesamt:	42%	28%	18%	6%	4%	2%	1,6 Jahre

Das durchschnittliche Alter der mehrjährigen Tiere beträgt 2,5 Jahre.
Beide Tabellen zeigen uns deutlich, daß weitaus die meisten Mitglieder einer Population Kitze sind. Im Fall Dänemark, bei dem wir von einer kaum beeinflußten Population sprechen können, sterben mehr als die Hälfte der Rehe, bevor sie 1¹/₂ Jahre alt sind. Nicht ganz so hoch sind die Verluste in den Kulturgebieten des Schweizer Mittellandes. Alte Tiere sind in beiden Beständen selten.

Wildzählungen

Im Jahre 1948 übernahm das staatliche Dänische Wildforschungsinstitut das Revier von Kalö, um es in ein Beobachtungs- und Versuchsgebiet umzugestalten. Das Hauptziel der geplanten Untersuchungen sollte darin bestehen, das Verhalten, die Bestandsentwicklung und die Äsungsgewohnheiten des Rehes kennenzulernen, das in Dänemark ein ausgesprochen wichtiges Jagdwild ist. Es werden durchschnittlich 25 000 Stück jährlich erlegt. J. ANDERSEN — der Leiter des Forschungsteams — beschloß, den übernommenen Rehbestand durch neu eingeführte Tiere zu ersetzen, eine Maßnahme, die in Dänemark auch von privaten Revierbesitzern gelegentlich durchgeführt wird, um bessere Jagderträge zu erzielen. Bevor die ansässige Population abgeschossen wurde, schätzte man ihre Größe nach den herkömmlichen Methoden; denn ein Vergleich zwischen dem geschätzten und dem tatsächlich vorhandenen erlegten Gesamtbestand konnte wichtige Hinweise geben über die Zuverlässigkeit der Zählmethoden. Die Zählungen erfolgten nach dem geläufigen Schema, indem die Rehe frühmorgens und abends, wenn sie auf offenen Stellen austreten, angesprochen wurden. Offene Stellen gab es genug, nur ein Drittel des Gebietes war bewaldet. Doppelzählungen konnten ausgeschlossen werden, weil die Rehe — wie wir schon wissen — äußerst standorttreue Tiere sind. Mehrere erfahrene Wildbeobachter, die mit dem Gebiet eng vertraut waren, gelangten unabhängig voneinander zum gleichen Resultat. Im 1000 ha großen Gebiet sollten etwa 70 Rehe vorkommen. Enorm aber war des Erstaunen, als am letzten Jagdtag die Strecke 213 Tiere umfaßte. Einige entkamen übrigens noch den Treiberketten, wie aus den Spuren im Schnee geschlossen werden mußte. Obwohl Kalö auf einer Halbinsel liegt und der Abschuß innerhalb kürzester Zeit und äußerst sorgfältig durchgeführt wurde, mögen Skeptiker vorwerfen, die große Strecke gehe darauf zurück, daß während der Jagd neue Tiere aus benachbarten Revieren eingewandert seien. ANDERSEN selbst schreibt zu diesem Vorwurf: »Wer die Lokalität kennt und wer die Möglichkeit hatte, der Jagd im einzelnen beizuwohnen, kann kaum an Einwanderungen während des Schießens glauben.« Die nächsten mit Rehen bestandenen Gebiete lagen übrigens 4—5 km östlich und westlich von Kalö. Während der Jagd konnten dort keine Bestandsveränderungen festgestellt werden.
ANDERSEN erwähnt in seiner klassischen Schrift (1953), die uns grundlegende Erkenntnis zur Erforschung des Rehwildes geliefert hat, weitere ähnliche Beispiele aus den Jahren 1938 und 1939. In zwei eingezäunten Revieren, Egeskov und Fjellebro, wurden Gesamtabschüsse durchgeführt, nachdem auch hier der Bestand zuvor von erfahrenen Jägern und Forstleuten geschätzt wurde. Und auch hier betrug der tatsächlich gefundene Bestand ein Vielfaches des Geschätzten. Im Jahre 1953 entschied

sich ein Landbesitzer in Seeland, seinen gesamten Rehbestand zu eliminieren. Die Rehe lebten in einem 200 ha großen Wald auf einer Halbinsel. ANDERSEN und seine Arbeitsgruppe erhielten Gelegenheit, den Gesamtabschuß auszuführen. Der Bestand wurde zu Jagdbeginn auf 60 Tiere geschätzt. Die Rehe sollten in einem oder zwei Treiben erlegt werden. ANDERSEN versuchte vergebens, den Landbesitzer darauf aufmerksam zu machen, daß der tatsächlich vorhandene Bestand nur mit fünf oder sechs Jägern während des ganzen Herbstes zur Strecke gebracht werden könne. Seine Bemühungen waren allerdings umsonst, der Landbesitzer wollte das Problem in einem oder zwei Treiben aus der Welt schaffen. Einige Monate später bedauerte er jedoch seinen Entschluß; 120 Rehe waren bereits erlegt worden, aber ein beträchtlicher Restbestand lebte noch immer.

Die krassen Unterschätzungen der Bestandsgrößen, die den erfahrenen Jagd- und Forstleuten in Dänemark unterliefen, gehen sicher darauf zurück, daß es dem Reh häufig gelingt, sich für uns Menschen »unsichtbar« zu machen, während es selbst — ausgerüstet mit feinsten Gehör- und Geruchssinnen — viel früher über das Nahen der menschlichen Beobachter im Bild ist und sich rechtzeitig entziehen kann. ANDERSEN berichtet, daß er im Februar 1956 38 Rehe in Fallen gefangen und künstlich markiert hatte. Die erwachsenen Tiere erhielten ein Halsband mit roten Knöpfen; die Kitze, die zu dieser Zeit 7—8 Monate alt waren, ein Halsband mit weißen Knöpfen. Alle Rehe wurden unmittelbar nach der Markierung freigelassen. Anschließend unternahmen sechs erfahrene Wildkenner, begleitet von gut abgerichteten Hunden, eine Treibjagd, allerdings ohne Waffen, sondern ausgerüstet nur mit Feldglas und Notizbuch. Die Treiber durchkämmten mit ihren Hunden selbst die dichtesten Unterholzzonen. Nach mehreren Stunden hatten sie den isolierten Wald durchquert und insgesamt 11 Rehe gesehen, von denen 4 Exemplare Marken trugen. Wie spätere Beobachtungen und Ergebnisse von Jagdstrecken ergaben, hatten die fehlenden Tiere den Wald nicht etwa verlassen, sondern sich einfach versteckt gehalten. ANDERSENS Untersuchungen haben nicht nur gezeigt, daß mit den herkömmlichen Methoden der direkten Beobachtung die Rehbestände nie genau gezählt werden können, sondern begreiflicherweise heftige Auseinandersetzungen in Jagd- und Forstkreisen bewirkt, denn jede Jagdverwaltung führt meist auf die Stückzahl genau Buchführung über ihre Wildbestände, und die jährlichen Abschußquoten beruhen in der Regel auf diesen wohl kaum genauen Schätzungen.

Wildzählungen sind nur dort möglich, wo ein direkter Sichtkontakt zwischen Beobachter und Reh besteht, d. h. im offenen Gelände, wo die Beobachtungsdistanz größer ist als die Fluchtdistanz. Natürlich kommt es auch im Wald gelegentlich zu Begegnungen mit dem Wild, doch gelingt uns hier das Ansprechen viel seltener, weil die Tiere meist sofort fliehen. Welche Beeinträchtigung der unübersichtliche Wald zur Durchführung der Rehzählungen darstellt, mag aus dem folgenden Versuch hervorgehen, den ich mit 5 künstlich aufgezogenen Bockkitzen, die im Alter von einem halben Jahr ausgesetzt wurden, gemacht habe. Diese Tiere unterhielten nicht nur Kontakt mit den wilden Rehen, sondern verhielten sich auch in ihren übrigen Lebensäußerungen, soweit ich feststellen konnte, völlig normal. Allerdings mit einer Ausnahme: Ihre Fluchtdistanz, die sie gegenüber dem Menschen und ganz besonders gegenüber meiner Frau und mir wahrten, war bedeutend geringer als diejenige der wilden Tiere. Man konnte sich ihnen auf 20–30 m nähern, während wilde Rehe schon bei 60 m oder mehr das Weite suchen. Das bedeutete, daß man die »zahmen Wilden« viel häufiger sehen mußte als die anderen Rehe. In der Zeitspanne zwischen 1. April und 31. Mai 1965 hatte ich folgende Beobachtungszahlen bei den zahmen Bockkitzen:

        Nr. 1   33 Beobachtungen
        Nr. 2   35 Beobachtungen
        Nr. 3   28 Beobachtungen
        Nr. 4   26 Beobachtungen
        Nr. 5   26 Beobachtungen

Ein ebenfalls ausgesetztes zahmes Geißkitz sah ich während der gleichen Zeitspanne 34mal.
Im gleichen Gebiet, das ich regelmäßig durchstreifte, lebten aber auch wilde Rehe, die ich aufgrund künstlicher Marken oder natürlicher Kennzeichen eindeutig ansprechen konnte, nämlich 8 Bockkitze, 6 Geißkitze, 4 erwachsene Böcke, 8 Geißen und 5 Schmalrehe. Die Häufigkeit der Beobachtungen war hier wie folgt:

Bockkitze:	Nr. 1	9 Beobachtungen	Nr. 5	7 Beobachtungen
	Nr. 2	10 Beobachtungen	Nr. 6	10 Beobachtungen
	Nr. 3	14 Beobachtungen	Nr. 7	7 Beobachtungen
	Nr. 4	15 Beobachtungen	Nr. 8	1 Beobachtung
Geißkitze:	Nr. 1	19 Beobachtungen	Nr. 4	3 Beobachtungen
	Nr. 2	22 Beobachtungen	Nr. 5	13 Beobachtungen
	Nr. 3	7 Beobachtungen	Nr. 6	8 Beobachtungen
Böcke:	Nr. 1	20 Beobachtungen	Nr. 3	1 Beobachtung
	Nr. 2	7 Beobachtungen	Nr. 4	3 Beobachtungen
Geißen:	Nr. 1	11 Beobachtungen	Nr. 5	14 Beobachtungen
	Nr. 2	19 Beobachtungen	Nr. 6	2 Beobachtungen
	Nr. 3	23 Beobachtungen	Nr. 7	10 Beobachtungen
	Nr. 4	7 Beobachtungen	Nr. 8	1 Beobachtung
Schmalrehe:	Nr. 1	11 Beobachtungen	Nr. 4	2 Beobachtungen
	Nr. 2	10 Beobachtungen	Nr. 5	1 Beobachtung
	Nr. 3	14 Beobachtungen		

Im Spätsommer will die Mutter ihre Kitze nicht mehr regelmäßig ans Gesäuge lassen.
Fotos: R. Hoffer

Im Frühjahr, kurz bevor der Sprung sich auflöst: Von rechts: starker Bock, bereits größtenteils verfegt; Schmalreh; Altgeiß mit zwei Kitzen. Schmalreh und Kitze beginnen schon mit dem Haarwechsel. Foto: H. Ctverak

Jeden der zahmen Böcke beobachtete ich im Mittel ungefähr 30mal, während die 8 im gleichen Gebiet vorkommenden »Wilden« durchschnittlich je etwa neunmal gesehen wurden, also mehr als dreimal seltener. Das gleiche ist über die Geißkitze zu sagen: »Wilde« wurden in der angegebenen Zeit durchschnittlich etwa je 12mal, die »Zahmen« 34mal beobachtet. Auch die Böcke, Geißen und Schmalrehe wurden verhältnismäßig viel seltener beobachtet als die an den Menschen besser gewöhnten ausgesetzten Tiere.

Ich habe in diesem Kapitel kritische Bemerkungen zur Wildzählung nicht etwa deshalb angeführt, um die beachtliche Arbeit aller Jäger und Wildhüter, die alljährlich ihre Rehbestände schätzen, abzuwerten, sondern vielmehr um aufzuzeigen, wie vielschichtig und schwer lösbar das Problem ist. Grundsätzlich bleibt zu den Wildschätzungen zu sagen, daß sie über möglichst lange Zeitspannen durchgeführt werden sollten, damit auch der Fehler einer Überbewertung einer einzelnen Alters- oder Geschlechtsklasse entfällt. Dann sollten die Zählungen auch von möglichst vielen Beteiligten in möglichst kleinen Revierausschnitten durchgeführt werden. Im Berner Mittelland erhielt jeder Heger und Jagdaufseher ein kleines Gebiet zugeteilt, das er bald genügend kannte und regelmäßig beging. Auf Karten zeichnete er die Standorte der Rehe ein und war übrigens bald in der Lage, einzelne Rehe individuell zu erkennen. Damit war schon eine erste Grundlage geschaffen, um genaue Beobachtungen über jahreszeitliche Ortsveränderungen zu erhalten. Allerdings sollte bei der Wahl individuell verschiedener Merkmale sehr sorgfältig vorgegangen werden. Gute Merkmale sind natürlich die Gehörne der Böcke. Aber leider tragen die Böcke nicht während des ganzen Jahres Trophäen, und sie können als bereits bekannte Tiere meist im kommenden Jahr nicht mehr mit Sicherheit identifiziert werden. Für Frühjahrsschätzungen eignen sich gelegentlich auch die Verhärungsmuster der Tiere, nur muß man dabei bedenken, daß die alten Haare binnen weniger Wochen durch die neue Decke ersetzt werden. Viele natürliche Merkmale sind jedoch von bleibender Natur: Narben, Geschwulste der Aktinomykose am Haupt, Lahmheit, einseitige Blindheit und Albinismus. Doch sollte man grundsätzlich vorsichtig sein, Beobachtungen an solchen Tieren zu verallgemeinern. Tiere mit sichtbaren Defekten erlegt man bei Hegeabschüssen.

Eine sehr objektive Auswahl eindeutig bekannter Tiere bietet natürlich die künstliche Markierung. Die Kenntnis eindeutig ansprechbarer Individuen ist nicht nur zur Ermittlung von jahreszeitlichen Standortverschiebungen, der Wohnraumgröße von ausschlaggebender Bedeutung, sondern — wie neue Untersuchungen ergeben haben — auch zur Berechnung des Gesamtbestandes. Ich möchte jetzt auf diese Methode zur Ermittlung des Gesamtbestandes näher eingehen, weil ich davon überzeugt bin, daß sie von gut organisierten Hegegemeinschaften nutzbringend durchgeführt werden kann und weil wir von J. ANDERSEN, dem eingangs erwähnten sehr kritischen Wildbiologen, bereits

Grundlagen zur Durchführung besitzen. Über die Markierungsmethoden werde ich im nächsten Kapitel einige Bemerkungen machen.

Zur Bestandsschätzung müssen die Tiere Sichtmarken tragen, die ein Ansprechen auf größere Entfernung ermöglichen; dies können farbige Knöpfe in den Lauschern sein oder Halsbänder. Eine individuelle Unterscheidung der Rehe ist nicht erforderlich. Es empfiehlt sich aber, gleiche Jahrgänge mit gleichen Farben zu versehen, was übrigens leicht geschehen kann, wenn die Kitze in den ersten Lebenswochen gekennzeichnet werden.

Über die markierten Tiere müssen wir laufend genauestens Buch führen. Angaben über ihre Zahl, ihren Standort und die Häufigkeit, mit der sie beobachtet werden, sind ausschlaggebend. Während der Wildzählungsperioden achten die beteiligten Beobachter darauf, wie oft markierte und wie oft unmarkierte Tiere erscheinen. Angenommen, in einem Gebiet sind 50 Rehe durch Lauschermarken eindeutig als Markierte erkennbar. Während der Schätzungsperiode werden insgesamt 200 Beobachtungen von markierten und 300 von unmarkierten Tieren gesammelt. Folglich können wir nun mit einem Dreisatz den Gesamtbestand berechnen. Wenn 200 Beobachtungen in Wirklichkeit 50 markierten Rehen entsprechen, dann müssen 300 Beobachtungen 75 unmarkierten Rehen gleichkommen, nämlich $\frac{50 \cdot 300}{200}$. Der Bestand umfaßt also neben 50 markierten auch 75 unmarkierte, also insgesamt 125 Rehe. Diese Formel wird als *Lincoln-Index* bezeichnet.

Sie wird häufig von Feldzoologen angewendet und lautet wie folgt:

$$T = \frac{m \cdot b}{a}$$
wobei T = Totalbestand
m = Anzahl markierter Tiere
b = Anzahl Tiere gesehen
a = Anzahl Tiere gesehen, die markiert sind.

Allerdings bewährt sich diese Methode nur dann, wenn die markierten Tiere gleichmäßig im gesamten von Rehen bewohnten Gebiet vorkommen und wenn innerhalb sämtlicher vorhandener Alters- und Geschlechtsklassen Tiere auch Marken tragen. Einen genügend markierten Bestand kann man leicht dadurch erreichen, daß man während der Mahd alle geretteten Jungtiere mit Markierungsknöpfen, die leicht von Hand in die Lauscher gepreßt werden können, versieht.

Bei den Zählungen werden nicht nur männliche und weibliche Tiere unterschieden, sondern auch Altersklassen, Kitze, Jährlinge bzw. Schmalrehe und Erwachsene. Bei Zählungen, die neben dem Gesamtbestand auch Aufschluß über die Verteilung der Alters- und Geschlechtsklassen geben sollen, dürfen nur Sprünge berücksichtigt werden, in denen alle Mitglieder angesprochen werden konnten. Sonst entstehen leicht Fehler, weil nicht alle Klassen in gleichem Maße mühelos zu unterscheiden sind.

Die Markierung

Seit Beginn unseres Jahrhunderts werden Rehe künstlich markiert. Die ersten Aktionen gehen meines Wissens auf den Königlichen Kammerherrn v. GUSTEDT-DEERSHEIM zurück. 1903 bat der Großherzogliche Forstmeister Graf v. BERNSTORFF-HINRICHSHAGEN anläßlich der 30. Versammlung des Märkischen Forstvereins zu Potsdam, man möge doch Rehkitze kurz nach dem Setzen durch besondere Wildmarken kennzeichnen. Seine Aktion hatte großen Erfolg. 1910 konnte der Berichterstatter, K. ECKSTEIN, beim 2. Internationalen Jagdkongreß in Wien melden, daß bisher rund 95 200 Wildmarken ausgegeben worden waren und in 33 Hauptbüchern mit je 250 Doppelseiten die markierten Tiere verfolgt würden. Leider wurden die großzügig inszenierten Markierungen durch den Ersten Weltkrieg unterbrochen, sie brachten jedoch bedeutende Erkenntnisse, besonders was die Gehörnentwicklung betraf. Bisher hatte man an Zusammenhänge zwischen der Zahl der Gehörnenden und dem Alter geglaubt. Sie festigten auch die Kenntnisse über den altersbedingten Zahnwechsel und die Abnutzung der Kauflächen.

Wildmarkierungen stießen vielerorts auf starken Widerstand der Jäger und Tierschützer und veranlassen auch heute noch gelegentlich heftige Auseinandersetzungen. Die Gegner werfen vor, die Tiere litten unnötige Schmerzen und wären zeitlebens durch ihre Marken benachteiligt. Die Bündner Jäger erklärten der Wildforschung den Krieg, als der Schweizer Zoologe und jetzige Verwalter des Nationalparkes bei Zernez, R. SCHLOETH, versuchte, mit markierten Hirschen die Wanderungsrouten dieser Wildart, die in erstaunlichem Maße zugenommen hatte, zu studieren. Man warf dem Forscher Tierquälerei vor und sah sogar im Fangen und Markieren der Hirsche einen Eingriff in die althergebrachten Rechte der Jäger. Welche wichtigen Hinweise aber der Forst- und Landwirtschaft, übrigens nicht zuletzt auch der Jagd, durch die Forschung erwuchsen, gestand man lange nicht ein. Die Hirsche hatten nicht nur in ungeheurem Maße zugenommen, viele Hunderte bedrohen auch die Nutzpflanzungen und verhungern jeweils im Winter. Dem Problem kann nur begegnet werden, wenn genügend genaue Daten über die jahreszeitlichen Standortverschiebungen, den Altersaufbau, die Ansprüche an den Wohnraum und die Vermehrungsrate des Bestandes bekannt sind.

Die Gegner der Wildmarkierung werden immer seltener. Aber noch immer verhindern sie gelegentlich eine gezielte Markierungsaktion an Orten, an denen es der zunehmenden Wildschäden wegen schon höchste Zeit wäre, das Wild genau zu studieren. Wieviel leichter haben es doch die Ornithologen, wenn man bedenkt, daß alljährlich Tausende von Vögeln mit Metallringen versehen werden, und wieviel

besser sind uns doch die Bestandsschwankungen der Drosseln, Stare und Kiebitze bekannt als etwa diejenigen der Rehe oder Gemsen.
Allerdings wurde die Wildmarkenforschung in den letzten Jahren durch staatliche Jagdstellen und Wildforschungsinstitute entscheidend gefördert. Wir wollen uns die gebräuchlichsten Methoden einmal näher ansehen.
Grundsätzlich können wir drei Marken unterscheiden. Häufig sind Nummern, die bei der Geburt meist in Form von *Ohrknöpfen* angebracht, beim lebenden Tier später aber nicht mehr angesprochen, sondern erst nach dessen Erlegung abgelesen werden können. Die fortlaufende Numerierung markierter Tiere ermöglicht eine Bestimmung der Lebenserwartung und der Abwanderung zwischen Geburt und Tod. Als *Sichtmarken* bezeichnet man solche, die beim freilebenden Tier auch angesprochen werden können. Dazu gehören Kerben, die man behändigten Tieren in die Lauscher schneidet. Das Zinken, so nennt man diese Art der Sichtmarkierung, wird heute kaum noch ausgeführt; es mag einerseits brutal sein, andererseits besteht zudem dauernd die Möglichkeit, daß andere, ungezinkte Tiere sich auf natürliche Art zum Verwechseln ähnliche Verletzungen zuziehen können. Viel geläufiger sind heute farbige Ohrmarken von der Größe eines Einmarkstückes, die gelegentlich noch mit einem Plastikband versehen werden, um den Sichteffekt zu verbessern. Gelegentlich wurden — besonders für Untersuchungen der Verhaltensforschung — farbige Halsbänder aus Leder mit aufgenähtem Plastikteil oder Hartplastik benutzt. In Osteuropa entwickelte man übrigens auch Markierhalsbänder, die ähnlich wie Wildererschlingen gestellt werden können. Es ist in solchen Fällen nicht einmal nötig, das Wild einzufangen.
Die Sichtmarkierung ermöglicht dauernd ein Ansprechen des gekennzeichneten Wildes. Werden die gemarkten Tiere sogar individuell gezeichnet, was durch Variieren der Farben am Halsband oder an der Lauschermarke möglich ist, dann können individuelle Wanderungen, Wohnraumgrößen oder Gruppenbildungen durch intensive Beobachtungen herausgearbeitet werden. Eine gleichmäßige Sichtmarkierung, bei der jeder Kitzjahrgang z. B. eine eigene Farbe trägt, erlaubt zwar keine solchen Beobachtungen, ermöglicht aber immerhin noch eine Wildschätzung mit Hilfe des Lincoln-Index.
Im Laufe meiner Untersuchungen habe ich zusammen mit den Wildhütern über 300 Rehe markiert. Nachdem wir vergebens versucht hatten, binnen nützlicher Frist im Winter genügend Tiere in Fallen zu fangen (ein Unternehmen, das nicht nur zeitraubend und kostspielig ist, sondern auch das Leben der eingefangenen Tiere gefährden kann), sind wir auf die viel einfachere Methode der Kitzmarkierung gestoßen. Allerdings kommen hier nur Lauscherknöpfe in Frage, Halsbänder können begreiflicherweise den jungen Rehen noch nicht angezogen werden, da ihr Träger im Laufe der ersten zwei Lebensjahre noch um ein Mehrfaches wächst. Lauschermarken sind auch viel bescheidener, billiger und können zudem nur von »Eingeweihten« an-

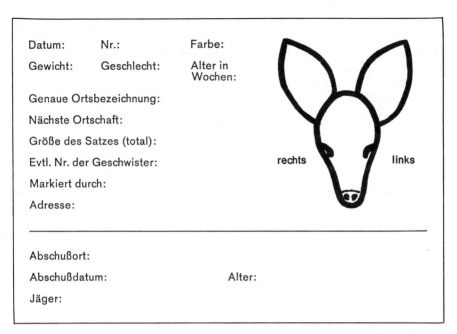

Abb. 14 Merkblatt für Kitzmarkierung

gesprochen werden. Die Kitze können zudem meist leicht behändigt werden, ganz besonders in Gebieten, in denen eine Rettungsaktion während der Heuernte nötig ist. Die Marke kann den Jungen ohne Mühe und nahezu schmerzlos eingedrückt werden, sie gewöhnen sich auch leicht daran.

Die Lauschermarken, die man seit meinen Untersuchungen im Kanton Bern verwendet, entsprechen in ihrer Konstruktion praktisch denjenigen, die während der Jagdzeit abgegeben werden, um das erlegte Wild zu kennzeichnen. Es hat sich gezeigt, daß die Marken besonders dann leicht ausreißen, wenn sie nicht an der Basis des Lauschers, sondern in dessen Mitte oder gar dessen Ende angebracht werden. Es empfiehlt sich deshalb, die Marken — selbstverständlich unter Schonung der Blutgefäße — möglichst tief einzudrücken. Mit jeder Marke, die ausgegeben wird, erhält der Wildhüter oder Jäger, der sich an der Markierungsaktion freiwillig beteiligt, eine Beobachtungskarte von folgendem Muster, die Dr. H. Sägesser und ich zusammen ausgearbeitet haben:
Diese Karte kann auf der Rückseite frankiert werden und trägt die Adresse des kantonalen Jagdinspektorates in Bern. Dort werden die Karten gesammelt und stehen als eine Grundlage der Rehforschung zur Verfügung.

In den letzten Jahren wurde das *Drogengewehr* entwickelt. Das Tier wird nicht getötet, auch nicht verletzt, sondern betäubt. Ich selbst hatte wiederholt Gelegenheit, mit dieser sicher sehr nützlichen »Waffe« auf Rehe und Elefanten zu schießen. Eignet sie sich nun generell zum Fang von Rehen?
Das Drogengewehr ist nichts anderes als eine Flinte mit weiter Bohrung, aus der ein Flintenlaufgeschoß — die Injektionsspritze — geschossen wird. Das Projektil trägt an seiner Spitze eine Nadel mit Widerhaken, dann folgt der Zylinder mit dem Betäubungsmittel, dann eine Apparatur, um den Kolben beim Eintreffen der Nadel in den Tierkörper nach vorn zu pressen. Abgeschlossen wird das Ganze meist durch einen Stabilisierungskörper am Hinterende. Das Geschoß wird entweder mit einer Pulverladung oder mit Hilfe von Preßluft aus der Flinte abgeschossen.
Das Drogengewehr hat sich besonders bei den Großtieren afrikanischer Savannen bewährt. Sie können mit einem Fahrzeug aufgesucht werden; aus nächster Nähe erfolgt dann der Abschuß des Projektils. Das offene Gelände erlaubt, die beschossenen Tiere über weite Distanz zu verfolgen. Dies ist sehr wichtig, denn das injizierte Medikament wirkt nicht sofort, sondern erst nach einigen Minuten. Die Anwendung des Drogengewehres bei unserem Wild stößt jedoch neben den beachtlichen Kosten auf weitere Schwierigkeiten. Meist ist die Entfernung, aus der das Projektil abgeschossen werden muß, viel größer als die schlechte Treffsicherheit der Drogenflinte. Die beschossenen Tiere werden oft verfehlt oder mit dem Projektil stark verletzt, vor allem dann, wenn es in die Läufe, den Pansen oder das Kurzwildpret eindringt.
Ein weiterer Nachteil ist das unübersichtliche Gelände unserer Waldlandschaft. Die Verfolgung der beschossenen Tiere ist oft derart schwer, daß man sie nicht mehr oder erst dann findet, wenn sie sich vom Betäubungsmittel wieder erholt haben oder daran zugrunde gegangen sind. Leider sind die Tranquilizer für Rehe nicht genügend ausprobiert worden. Viele der beschossenen Tiere begannen unweigerlich zu erbrechen; sie erstickten entweder am aufgewürgten Panseninhalt oder verendeten später an Fremdkörpern, die in die Lunge eingedrungen sind. Eine Anwendung des Drogengewehres sollte also nur dort erfolgen, wo ein mit dieser Waffe vertrauter Tierarzt, der auch unter Umständen nötige Gegenmittel spritzen kann, dem Fang beiwohnt.

Bestandsveränderungen

Das Reh ist nicht nur ein Kulturfolger, der sich der menschlichen Kulturlandschaft leicht anzupassen versteht, sondern auch eine Tierart, die sich erstaunlich rasch fortpflanzt. UECKERMANN (1957), einer der führenden deutschen Jagdwissenschaftler, kam nach vorsichtigen Schätzungen zum Schluß, daß der jährliche Bestandszuwachs 80 bis 120% der Anfang April vorhandenen Weibchen beträgt. In Deutschland und der Schweiz rechnet man heute in der jagdlichen Praxis allgemein mit einem jährlichen Zuwachs von 2/3, also 60% aller im Frühjahr im Bestand vorkommenden Geißen, wobei hier die natürlichen Verluste (Alterstod, Fallwild usw.) bereits abgezogen sind, die bis zum nächsten Frühjahr, also bis zum Erscheinen des nächsten Kitzjahrganges, im Gesamtbestand zu erwarten sind. Diese Annahme liegt, wie R. HENNIG (1961) sicher berechtigt einwendet, an der unteren Grenze. R. HENNIG berechnete die Entwicklung eines theoretischen Bestandes von 100 Mitgliedern, 50 Böcken und 50 Ricken, für acht Jahre unter Annahme eines jährlichen Zuwachses von $1/3$ des totalen oder $2/3$ des Geißenbestandes im Frühjahr:

1. Jahr		50 Geißen	50 Böcke	gesamt 100
	Zuwachs:			33 Kitze
2. Jahr		66 Geißen	67 Böcke	gesamt 133
	Zuwachs:			44 Kitze
3. Jahr		88 Geißen	89 Böcke	gesamt 177
	Zuwachs:			59 Kitze
4. Jahr		118 Geißen	118 Böcke	gesamt 236
	Zuwachs:			79 Kitze
5. Jahr		158 Geißen	157 Böcke	gesamt 315
	Zuwachs:			105 Kitze
6. Jahr		210 Geißen	210 Böcke	gesamt 420
	Zuwachs:			140 Kitze
7. Jahr		280 Geißen	280 Böcke	gesamt 560
	Zuwachs:			187 Kitze
8. Jahr		373 Geißen	374 Böcke	gesamt 747
	Zuwachs:			249 Kitze

Gesamtbestand nach 9 Jahren: 996 Rehe.

Der Bestand hat sich nach 4 Jahren schon mehr als vervierfacht und nach 9 Jahren nahezu zehnmal vergrößert. Doch wie gesagt, diese Überlegung ist Theorie. In Wirklichkeit würden sich Krankheiten bei zunehmender Siedlungsdichte leicht ausbreiten und erhebliche Sterbezahlen hervorrufen. In der ungestörten Naturlandschaft würden die natürlichen Feinde vermehrt eingreifen.

Allerdings haben die Rehe in der menschlichen Kulturlandschaft, wenn auch nicht gerade nach dem errechneten Schema, erstaunlich zugenommen. Längst verschwanden in den meisten Ländern die natürlichen Feinde, Luchs und Wolf, und obwohl man beabsichtigt, wenigstens den Luchs wieder in unsere großen Wälder einzuführen, können wir kaum damit rechnen, daß er je wieder maßgebend an der Regulation der Rehwildbestände beteiligt sein wird.

Die Wintersterben sind bei unserem Wild selten geworden. Der Mensch hilft, die futterarmen Zeiten zu überbrücken, er legt künstliche Futterstellen an. Nachdem um die Jahrhundertwende und zu Beginn unseres Jahrhunderts die Jagdgesetze zugunsten des Wildes verbessert wurden, eine Hebung der Jagdmoral einsetzte und man den Wilderern ganz deutlich den Kampf erklärt hatte, explodierten die Schalenwildbestände in schon erschreckendem Maße. In der Schweiz verzehnfachte sich der Rehbestand in weniger als 50 Jahren.

Der Mensch hat — übrigens aus völlig falscher Einstellung — die natürlichen Feinde der Rehe, die Großraubtiere, ausgerottet und will nun ihre Funktion übernehmen. Doch ob wir wollen oder nicht, fast immer haben sich die Rehbestände weit über die erwartete Grenze hinaus vermehrt, es traten nicht zuletzt hohe Wildschäden auf, und Stärke sowie Gesundheitszustand des Wildes verschlechterten sich zusehens.

Joachim BENINDE veröffentlichte 1937 reiches statistisches Material über das Rotwild; dabei verglich er als einer der ersten Wilddichte und Körpergewicht miteinander. Im Jahre 1905 betrug das Durchschnittsgewicht der Alttiere 82 bis 88 kg, es befanden sich sogar 95 kg schwere Hirsche in der Strecke. In diesem Jahr wurde die Wilddichte mit 0,5 Ex./100 ha angegeben. Bis 1918 stieg die Siedlungsdichte infolge von Hegemaßnahmen an. Man zählte achtmal mehr Hirsche, nämlich 4/100 ha. Das Durchschnittsgewicht der erlegten Tiere betrug noch 69 kg. Durch zunehmendes Wildern wurde die Dichte während der Revolutionsjahre vermindert. Sogleich erhöhte sich das durchschnittliche Gewicht der erbeuteten Hirsche auf 75 kg. 1930 hatten sich die Verhältnisse normalisiert, wiederum betrug die Wilddichte wie schon 12 Jahre früher 4 Ex./100 ha, das Durchschnittsgewicht war auf 70 kg abgesunken.

Auch für das Rehwild liegt eine Reihe genauer Angaben vor, nach denen sich im Laufe der letzten Jahrzehnte mit zunehmender Wilddichte die Durchschnittsgewichte verschlechtert haben. Aber nicht immer ist dies eine direkte Folge eines Anwachsens der Bestände, es können auch parallele Erscheinungen sein, denen jedoch die gleichen Ursachen zugrunde liegen. Der Jäger hat lange Zeit seine Rolle falsch verstanden. Er dezimierte den Bestand, indem er vor allem alte und starke Tiere erlegte; dabei verringerte er die mittlere Lebenserwartung des Wildes und verschlechterte gleichzeitig auch das Erbgut. Wenn heute vielerorts leichtere Tiere geschossen werden als noch vor einigen Jahrzehnten, dann kann der Unterschied lediglich darauf beruhen, daß das Durchschnittsalter der erlegten Tiere niedriger geworden ist und nun vielleicht sogar tiefer liegt als das Alter, in dem die Tiere ihr maximales Körpergewicht erreichen. Auch ist zu erwarten, daß der heutige Bestand aus schwächlichen Tieren hervorging, die man allzulange vom Abschuß verschonte, während umgekehrt gerade diese Tiere unter natürlichen Bedingungen als erste von Raubtieren gerissen oder in futterknappen Wintern umgekommen wären.

Zweifellos bestehen jedoch direkte Zusammenhänge zwischen anwachsender Bestandsdichte und Verringerung der Stärke. Parasiten und Krankheitserreger sind in geringer Zahl in jedem Wildbestand vorhanden. Steigt aber die Wilddichte an, so verbessern sich die Lebensbedingungen der Parasiten. Sie können sich leichter vermehren, werden öfter ausgeschieden, und das Wild nimmt immer mehr von ihnen auf. MOTTL (1962) fand eindeutige Zusammenhänge zwischen Parasitierungsgrad und Körpergewicht. Er unterschied vier Stärkegrade des Parasitenbefalls an 448 Stück untersuchten Rehwildes, wobei der höchste Verseuchungsgrad mit 4, der niedrigste mit der Ziffer 1 bezeichnet wurde. Beim Parasitierungsgrad 1 lag das durchschnittliche Stückgewicht um 1,09 kg (6,2%) niedriger als bei unbefallenen Tieren, beim zweiten Grad betrug die Differenz 2,2 kg (12,7%), beim dritten Grad 4,0 kg (22,9%) und beim vierten, also höchsten Grad 6,2 kg (35,7%). Neben dem Gewichtsverlust nimmt auch die Widerstandsfähigkeit der befallenen Tiere ab. Sie werden anfälliger gegenüber Krankheiten. Und erkrankte Tiere leiden in noch viel vermehrtem Maße an Gewichtsverlusten.

Sicher ist die stärkere Verseuchung durch Parasiten und Krankheitserreger nur eine der möglichen Ursachen, die bei steigender Wilddichte eine Senkung der durchschnittlichen Körpergewichte zur Folge haben. Futtermangel ist in der Naturlandschaft eine (wenn auch seltenere) Ursache der Konstitutionsverschlechterung. Die Erscheinungen des Konstitutionszerfalles setzen meist schon viel früher ein, wenn die bestehenden Futterreserven noch nicht aufgebraucht sind. Allerdings kennen wir auch Fälle, daß Rehe besonders im Winter hungern müssen. Unser Wissen ist gerade in diesem Punkt noch äußerst lückenhaft. Es ist durchaus denkbar, daß besondere Nahrungspflanzen, die selten vorkommen, aber häufig geäst werden, bei hohen Wilddichten vermehrt gefressen werden oder sogar ausgerottet werden können.

KLÖTZLI (1965) erwähnt, daß in rehreichen Revieren die Heidelbeersträucher tief abgeäst sind, während sie in wildarmen Gegenden bis 40 cm hoch wachsen. Der Türkenbund wird vielerorts stark verbissen und kommt infolgedessen kaum zum Blühen. Viele Orchideen werden vom Rehwild bevorzugt geäst; ihre Seltenheit geht in den früher orchideenreichen Buchenwäldern auch zu einem großen Teil auf das Konto des Rehes. Der im Schweizer Mittelland überhaupt seltene Gelbe Eisenhut *(Aconitum lycoctonum)* wird in seiner weiteren Ausbreitung durch den oft totalen Wildverbiß gehindert. Denn mit Vorliebe äst das Reh Blüten, Knospen und die oberen Blätter; fruchtende Pflanzen sind deshalb sehr selten. Auch das Weidenröschen *(Epilobium*

angustifolium) ist nur noch selten blühend anzutreffen in Gebieten, in denen es vom Reh geäst werden kann. Seine Ausbreitung durch Samen ist fast unmöglich, da der Verbiß vor dem Reifen der Früchte erfolgt.
In den meisten Waldgesellschaften wird die Tanne so stark verbissen, daß der Jungwuchs kaum mehr aufkommt, und Tännchen der Höhenklasse »mittel« können ein Alter bis zu 35 Jahren aufweisen. In den österreichischen Wäldern trägt das Reh wesentlich zum Verschwinden der Tanne bei, weil es vor allem Jungbäume derart verbeißt, daß sie absterben (SMIDT, 1961). KLÖTZLI vermutet, daß das Rehwild durch Abäsen bevorzugter Kräuter wie Weidenröschen, Goldrute *(Solidago virgaurea)*, Nelkenwurz *(Geum urbanum)*, Habichtskraut *(Hieracium silvaticum)* indirekt für die Ausbreitung von ungeästen »Unkräutern« wie Waldmeister *(Asperula odorata)*, Rührmichnichtan *(Impatiens noli-tangere)*, Bingelkraut *(Mercurialis perennis)* u. a. verantwortlich ist.
Im Kanton Bern schonte man bereits 1757 das Reh auf der Jagd. 1787 wurde der Abschuß auf das damals sehr seltene Wild gänzlich untersagt, besonders in den ersten Jahrzehnten des zwanzigsten Jahrhunderts aber wuchs der Bestand zusehens, und die Jagd wurde wieder freigegeben. Genaue Daten über das Anwachsen besitzen wir leider nicht, da keine Wildschätzungen durchgeführt wurden, die Abschußziffern lauten wie folgt: 1933: 427; 1943 mehr als viermal soviel, nämlich 1821; 3396 im Jahre 1953 und 3550 im Jahre 1964.
Mit zunehmender Rehdichte verschob sich auch die durchschnittliche Gehörnstärke der Böcke. Bis 1940 wurden im Oberaargau, einem stattlichen Teil des Berner Mittellandes, 87,5% Sechser und 12,5% Gabler erlegt. Zwischen 1941 und 1950 waren es noch 74,5% Sechser. Der Anteil an Gablern betrug jetzt noch 25,2%. Zudem wurde ein geringer Anteil an Spießern (0,2%) erlegt. Zwischen 1951 und 1960 waren noch etwas mehr als die Hälfte aller erlegter Böcke, nämlich 58,5%, Sechser, 35% waren Gabler und 6% Spießer. Natürlich liefern diese Zahlen allein nicht den Beweis dafür, daß zwischen Gehörnstärke und Wilddichte ein direkter Zusammenhang besteht; denn es können auch hier die gleichen Argumente geltend gemacht werden wie bei der Beziehung zwischen Dichte und Körpergewicht: negative Auslese, d. h. bevorzugter Abschuß der trophäenstärksten Böcke und damit Verschlechterung des Erbgutes; Verjüngung des Bockbestandes, das durchschnittliche Erlegungsalter liegt tiefer als das Alter maximaler Gehörnentfaltung; Änderung der Jagdmoral, indem die Jäger nicht nur die stärksten, sondern auch geringere Tiere erlegen.
Als ich vor einigen Jahren anläßlich einer Trophäenschau die Gehörne klassifizierte und die oben zusammengestellten Resultate betreffend ihrer Stärke erhielt, zählte ich auch die Zahl äußerlich sichtbarer Verletzungen an den Gehörnen. Von ihnen mußte angenommen werden, daß sie im Kampf mit Artgenossen entstanden waren. Sechsergehörne, die aus den Jahren von 1940 stammten, waren selten verletzt, nur

jedes zweite trug eine Kampfkerbe. Zwischen 1941 und 1950 lagen die Verhältnisse ähnlich. Dagegen waren die Gehörne, die aus den Jahren 1951 bis 1960 stammten, viermal häufiger verletzt. Jede Trophäe trug im Mittel zwei Kampfkerben. Bei der extrem hohen Wilddichte kam es demnach viel mehr zu kämpferischen Begegnungen zwischen den Böcken als früher. Die Rehe scheinen sich also vermehrt gegenseitig zu belästigen. BUBENIK (1966) fand in seinen klassischen Versuchen, daß gegatterte Rehe nicht nur die herrschenden Klimaeinflüsse und das Futterangebot im Wachstum ihrer Gehörne widerspiegeln, sondern auch, daß Gehörne äußerst fein auf psychische Störungen aus der Umwelt reagieren. Es gelang ihm, Böcke regelmäßig so zu erschrecken, daß sie entweder nur geringe, kümmernde, oder überhaupt keine Gehörne mehr schoben. Diese Versuche und statistischen Erhebungen in überdichten Rehrevieren, nach denen die Zahl der geringen Böcke, der *Knopfspießer*, zunimmt, sprechen dafür, daß durch die sich laufend vergrößernde Eigenstörung des Wildes — einem Gedrängefaktor, wie HENNIG (1961) und SCHMID (1961) das Phänomen bezeichnen — eine erhebliche Herabsetzung der Gehörnentwicklung zur Folge haben.

Der holländische Wildbiologe J. L. VAN HAAFTEN verglich 1968 mehrere niederländische und slowenische Rehreviere miteinander. Er erwähnt ein holländisches Revier, Kadoelen, das in der Südostecke des 1942 trockengelegten Nordostpolders des Ijsselmeeres liegt und ungefähr 1600 ha umfaßt, wovon rund $1/3$ aus Mischwald und der Rest aus Agrarland besteht. 1947 wurde im neu entstandenen Gebiet der erste Rehbock gesehen. Nun ging die Besiedlung rasch voran. 1960 wurde der Bestand auf 30 Tiere geschätzt, was VAN HAAFTEN übrigens als zu niedrig betrachtet. 1961 waren es 80, 1962 90 und 1963 65 Rehe. Seit 1960 wurden die Rehe in Kadoelen bejagt, daneben konnten bereits die ersten Abwanderungen festgestellt werden. Als die Wilddichte einen gewissen Punkt erreicht hatte, verminderte sich das durchschnittliche Gewicht der erlegten Böcke: Dreijährige und ältere wogen im Jahre 1961 20,3 kg, im Jahre 1963 nur 16,3 kg. Während der jährliche Zuwachs 1961 200% des Geißenbestandes betrug, war diese Ziffer 1962 noch 160% und 1963 noch 120%. Der holländische Forscher untersuchte eine Anzahl erlegter Geißen und fand 1961 bei 10 Stück insgesamt 24 Embryonen, im Mittel also 2,4 pro Geiß. Der Mittelwert betrug 1962 für 11 Geißen 1,9 und 1963 für 8 Geißen 1,8.

VAN HAAFTENS Daten erscheinen mir in unserem Zusammenhang so bedeutend, daß ich sie kurz in der nachfolgenden Tabelle (S. 156 oben) zusammenstellen möchte.

Das Rehwild reagiert demnach bei steigender Wilddichte nicht nur mit Herabsetzung der durchschnittlichen Stärke, sondern auch mit nachlassender Fortpflanzungsrate. Auch Abwanderungen erfolgten vermehrt bei hoher Siedlungsdichte.

Im Engadin, einem Hochtal der Schweizer Alpen, setzten die Rehgeißen ihre ersten Kitze nicht im zweiten, sondern erst im dritten Lebensjahr. Obwohl ich vermute, daß hierbei eine überhöhte Wilddichte, vor allem während der Setzzeit und Brunft, eine

	Böcke	Ricken	Kitze	Gesamt-bestand	Gewicht (Böcke) in kg	Zuwachs % der Weibchen	Embryonen pro erwachsene Geiß
1942	Gebiet entsteht						
1947	Einwanderung durch Rehe beginnt						
1960				30			
1961	20	20	40	80	20,3	200	2,4
1962	25	25	40	90	19,0	160	1,9
1963	15	20	30	65	16,3	120	1,8

maßgebliche Rolle spielt, müssen wir zunächst auch die extremen Klimaverhältnisse als mögliche Ursache ansehen. Vom Weißwedelhirsch, einem sehr nahen amerikanischen Verwandten des Rehes, besitzen wir dank CHEATUM, SEVERINGHAUS und MORTON gründliche Studien über die Zusammenhänge zwischen Fruchtbarkeit, Vermehrungsrate und Bestandshöhe. Da diese Trughirschart — wie gesagt — eine dem Reh sehr nahe verwandte Form ist, sind Vergleiche sicher gerechtfertigt. Ich wähle aus den Ergebnissen ein Beispiel. Dabei vergleichen die Forscher zwei Bestände im Staate New York miteinander.

Das eine Gebiet, Catskill, enthält eine gesunde Population, und es wurden in ihm keine Biotopschädigungen durch Hirsche festgestellt. Das andere Revier aber, Adirondack, beherbergt eine allzuhohe Population, und den Forschern fielen starke Schädigungen der Landschaft durch das Wild auf. Sie unterschieden in ihren Studien an weiblichen Tieren Schmaltiere und Erwachsene, zählten, wieviele von ihnen trächtig waren und wieviele Embryonen pro Weibchen gefunden werden konnten. Die Ergebnisse sahen wie folgt aus:

	Untersuchte Kühe	% davon trächtig	Anzahl Embryonen pro Kuh
Catskill (gesunde Population, keine Biotopschäden)			
erwachsene Kühe	140	94,3	1,71
Schmaltiere	130	32,3	0,34
Adirondack (übervölkerte Population, starke Biotopschäden)			
erwachsene Kühe	123	78,9	1,06
Schmalrehe	89	3,4	0,03

Einmal sehen wir aus den zusammengestellten Daten, daß bei hoher Dichte und den damit verbundenen Biotopschäden weniger erwachsene, ganz besonders aber weniger Schmaltiere überhaupt trächtig sind. Zweitens bemerkt man auch eine Minderung der Anzahl Embryonen pro Weibchen, also der Satzgröße.

ANDERSEN, den ich in diesem Buch schon wiederholt zitiert habe, berichtet von einem überhegten, allzudicht besiedelten Rehrevier, daß dort nur noch jede dritte erwachsene Ricke einen Embryo trug. Die anderen Weibchen waren von derart geringer Stärke, daß sie wohl überhaupt nicht mehr in Brunft gelangten und auch kaum in der Lage gewesen wären, die Frucht reifen zu lassen. Er berichtet außerdem von einem weiteren Revier, in dem der Bestand übergroß war, was sich nicht nur in der geringen Stärke der Tiere, sondern auch in ihrer Fortpflanzungsleistung widerspiegelte. Nörskov, so heißt das Revier in Jütland, mißt 600 ha und liegt in einem kargen, meist mit Nadelwald bewachsenen Gebiet. ANDERSEN verglich es mit Kalö, seinem Versuchsrevier, das wir ja schon kennen.

Die Gehörne der Böcke von Nörskov waren so schlecht, daß sie nach der internationalen Skala überhaupt nicht mehr bewertet werden konnten. Das Gewicht der Tiere, die älter waren als zwei Jahre, lag im Mittel um 2 kg tiefer als in Kalö. Hier wogen die Böcke 16,7, die Ricken 17,0 kg.

In Kalö gab es keine Wintersterben, jedoch regelmäßig im schlechten Revier von Nörskov. Geltgeißen — also weibliche Stücke, die am Fortpflanzungsgeschehen nicht oder nicht mehr teilnehmen — gab es in Kalö nicht, dagegen fand ANDERSEN, als er mit seinen Mitarbeitern den Bestand in einem Totalabschuß eliminierte, deren viele in Nörskov. Die erwachsenen Geißen trugen kaum mehr als einen Embryo. Der Mittelwert war 0,9 Embryonen, also nicht ganz ein Junges, pro Weibchen. Diese Zahl war halb so groß wie in Kalö, wo pro Geiß 1,8 Embryonen gefunden wurden. Der dänische Forscher erbrachte auch den Beweis, daß im übersetzten Gebiet die Embryonen in beträchtlicher Zahl nicht ausgetragen, sondern vor der Geburt vom mütterlichen Körper resorbiert werden. Der schlechte Boden, so schließt ANDERSEN seinen Bericht, konnte nicht für das Kümmern des Bestandes verantwortlich gemacht werden, sondern allein die überhöhte Siedlungsdichte; denn Rehe, die außerhalb des eingezäunten Revieres in gleicher Umgebung lebten, zeigten keine der erwähnten Erscheinungen.

Die Bernischen Wildhüter schätzen alljährlich zweimal die Rehbestände. Dank der überaus großzügigen Unterstützung, die die Berner Jagdbehörden meinen Untersuchungen entgegenbrachten, waren mir diese Werte aus den Jahren 1952–1962 zugänglich. Durch eigene Beobachtungen zwischen 1963 und 1965 konnte ich das umfangreiche Material noch weiter ergänzen. Bei der statistischen Auswertung stellte ich mir die Frage, ob ein Zusammenhang besteht zwischen der Dichte der mehrjährigen Geißen und der Zahl der gesetzten Kitze. Ich wählte Gebiete mit ungefähr gleich hoher Wilddichte aus und unterschied sechs Populationsgruppen je nach ihrem Geißenanteil. In der ersten Kategorie betrug der Geißenanteil 35—40%, in der letzten 61—65%. Da aufgrund der sehr schlechten Beobachtungsbedingungen die Kitze nach der Setzzeit kaum genau geschätzt werden konnten, mußte ich mich mit Erhebungen aus den nächstfolgenden Herbstzählungen begnügen. Trotzdem konnte ich feststellen, daß im Herbst pro Weibchen 1,27 Kitze gefunden werden, wenn der Anteil der Geißen 35—40% des Bestandes beträgt, wenn also verhältnismäßig wenig fortpflanzungsfähige Geißen vorkommen. Dieser Anteil verkleinerte sich zusehends, bei 51—55% erwachsener Geißen im Bestand waren es 0,66 und bei 61—65% nur 0,51. Jetzt führte also nur noch jede zweite Geiß ein Kitz. Die Zahlen sind nachfolgend einander gegenübergestellt (aus Kurt, 1968):

Prozentanteil der adulten Geißen in der Population:	36—40	41—45	46—50	51—55	56—60	61—65
Anzahl Kitze pro mehrjährige Geiß im Herbst:	1,27	0,79	0,89	0,66	0,63	0,51
Anzahl Gebiete:	6	13	8	9	15	4
Gezählte mehrjährige Geißen:	1065	2247	1466	1992	2421	1210

Zweifellos sprechen diese Daten für einen Zusammenhang zwischen der Geißendichte und der durchschnittlichen Kitzzahl pro Geiß im Herbst. Allerdings sind die Erhebungen sehr unterschiedlich durchgeführt worden, vor allem auch deshalb, weil die Wildhüter eine verschiedene Ausbildung hinter sich hatten. Später konnte ich im Rahmen eines Markierungsprogramms die Dichte der Geißen mit der durchschnittlichen Satzgröße vergleichen. Auch diese Daten sind in einer Tabelle zusammengestellt (aus Kurt, 1968):

Anzahl Geißen pro 100 ha produktives Land	Satzgröße an Südexpositionen						Satzgröße an anderen Expositionen				
	1	2	3	4	n*	x*	1	2	3	4	n*	x*
1,0—1,9	17	35	9	—	61	1,86	22	44	5	—	71	1,76
2,0—2,4	16	50	6	—	72	1,86	24	44	4	—	72	1,72
2,5—2,9	27	42	5	1	75	1,70	57	50	8	—	115	1,53
3,0 und mehr	40	33	3	1	77	1,54	21	8	1	—	30	1,33

* n Anzahl gezählter Sätze; x durchschnittliche Satzgröße

Einmal stellen wir fest, daß an den ungünstigen, also nicht südexponierten Hängen, die durchschnittliche Satzgröße geringer ist als an den südexponierten. Daneben verkleinert sich auch die Satzgröße mit zunehmender Weibchendichte.

Die Methode, nach der diese Werte erhalten wurden, müssen wir als sehr zuverlässig betrachten, da alle gezählten Tiere aus nächster Nähe untersucht werden konnten — entweder waren es vermähte Kitze oder markierte Tiere. Allerdings ist sehr damit zu rechnen, daß die angegebenen Werte über die Satzgrößen zu klein sind, weil evtl. nicht alle Kitze des gleichen Satzes behändigt werden konnten. Doch besteht sicher kein Grund zur Annahme, daß dies in dicht besiedelten Gebieten häufiger der Fall war als in anderen und somit zur Ursache der durchschnittlich kleineren Satzgröße geführt hat.

Was aber bedeuten diese Zahlen? Wir wissen bereits, daß die Rehmütter während der Setzzeit eifersüchtig ihre Aufzuchtreviere gegen andere Weibchen verteidigen. Zu Auseinandersetzungen kommt es freilich nur dann, wenn zu viele Anwärterinnen sich in einem günstigen Areal einfinden. Angenommen, ein Rehbestand lebt in einem Gebiet, das mehr geeignete Setzreviere aufweist (also vor allem Südhänge) als die Zahl interessierter, trächtiger Weibchen, dann haben die Mütter viel Zeit, sich um ihren Nachwuchs zu kümmern. Während der Setzzeit erfolgt kaum eine Kitzsterblichkeit, weder durch streunendes Raubzeug noch durch ungünstige Witterungseinflüsse. Nimmt aber in unserem Gebiet die Weibchendichte zu, dann entsteht jedes Frühjahr eine Massierung der trächtigen Stücke in den als Setzplätzen geeigneten Gebieten. Die territorialen Mütter werden dadurch während der Setz- und Aufzuchtzeit in vermehrte Auseinandersetzungen mit ihren Nachbarinnen verwickelt und eventuell sogar gezwungen, ungünstige Aufzuchtreviere aufzusuchen, d. h. hauptsächlich solche, die nicht an Südexpositionen liegen. Die Konsequenz davon ist einerseits erhöhte Sterblichkeit der Kitze durch Raubwild. Ich habe wiederholt beobachtet, wie Füchse, Hunde oder Katzen Rehkitze rissen, während die Rehmutter eine Reviernachbarin verjagte. Die Raubtiere wären erfolglos geblieben, wenn die Geiß ihren Nachwuchs ungestört hätte überwachen können.

In der Nähe von Pontresina stehen den Rehen nur wenige Alpweiden und Waldränder zur Verfügung, um die Kitze erfolgreich aufzuziehen. Hier ist die Setzplatzdichte so hoch, daß die Mütter etwa alle 6 Minuten in eine kämpferische Auseinandersetzung mit Nachbarinnen verwickelt sind. Weiterhin gefährden ungünstige Klimaeinflüsse den Kitzbestand an ungünstigen Setzplätzen, in welche die abgetriebenen trächtigen oder führenden Mütter ausweichen müssen. Wie unsere Zahlen gezeigt haben, werden dabei vor allem Geißkitze erfaßt.

Rehbestände besitzen also die Fähigkeit, die Zuwachsrate zu verkleinern. Nach den bisher vorliegenden Forschungsergebnissen können sie dies auf ganz verschiedene Weise tun. Einmal kann es vorkommen, daß das Fortpflanzungsalter der Weibchen erhöht wird; Geißen setzen dann nicht am Ende ihres zweiten, sondern erst am Ende ihres dritten Lebensjahres das erste Kitz. Die trächtigen Tiere sind in der Lage, Embryonen zu resorbieren. Im weiteren wird durch das Territorialverhalten während

Umwelt   Sozialwelt

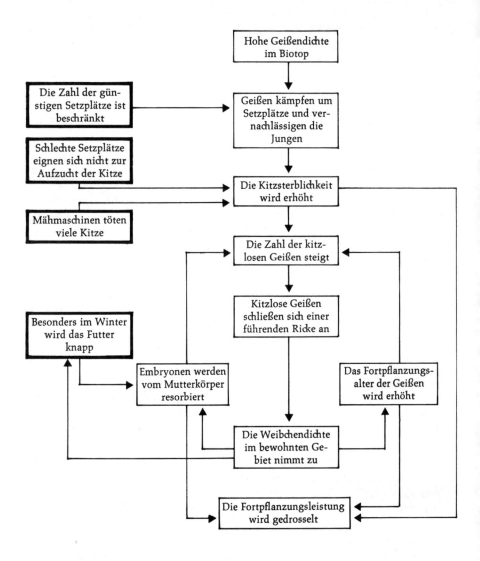

der Setz- und Aufzuchtzeit ein Regulationsmechanismus wirksam, dem vermehrt Kitze, besonders Weibchen, von abgetriebenen Müttern auf schlechten Setzplätzen zum Opfer fallen. Ursachen der Geburtenkontrolle sind Futterknappheit, wie wir im Beispiel von ECKERMANN gesehen haben, und hohe (Weibchen-)Dichte im bewohnten Gebiet, die durch psychische Streßwirkungen die Fortpflanzungsbereitschaft der Geißen verringert. Momentane Futterknappheit kann selbst in guten Revieren plötzlich durch hohe Schneedecken eintreten. Andauernde Futterknappheit muß aber direkt oder indirekt mit einer allzuhohen Wilddichte in Verbindung gebracht werden.

Ich habe versucht, Ursachen und Symptome des Regulationsmechanismus in dem Schema auf Seite 160 zusammenzustellen. Dabei ging ich von den zitierten Beispielen aus. In der intensiv bejagten Kulturlandschaft wird der Regulationsmechanismus gestört, und zwar durch direkte oder indirekte menschliche Eingriffe. Die Zahl günstiger Setzplätze ist dank vieler Heugraswiesen höher als in der Naturlandschaft. In futterknappen Wintern wird durch künstliche Fütterung die natürliche Auslese gehemmt oder sogar aufgehoben. Meist hat die Jagd eine Verjüngung des Bestandes zur Folge. Es werden mehr alte als junge Rehe erlegt. Die Zahl der erstmals setzenden Weibchen ist höher als bei unbejagten Beständen. Erstmals gebärende Geißen besitzen noch kein voll ausgereiftes Revierverhalten, sie dulden eher die Nachbarschaft einer anderen Geiß.

Wir haben am Beispiel der Fortpflanzungsrate den direkten und indirekten Einfluß der erhöhten Wilddichte auf das Rehwild näher betrachtet. Wie wir aber aus den ersten Abschnitten dieses Kapitels wissen, verschlechtert sich auch die Konstitution des Wildes, und wir wollen deshalb die Zusammenhänge ebenfalls anhand eines Modells näher betrachten.

Stellen wir uns ein Gebiet vor, in das Rehe einzuwandern beginnen. Es bietet gute und schlechte Wohnräume. Unter guten wollen wir solche verstehen, in denen die bestgeeigneten Fixpunkte (S. 75) möglichst nahe beieinanderliegen, während schlechte Wohnräume Fixpunkte von mangelnder Qualität und großen Entfernungen zwischen ihnen aufweisen.

Wenn der Anfangsbestand in unser Gebiet einwandert, dann beziehen die Tiere selbstverständlich zuerst die guten Wohnräume oder Reviere, die wir mit einer dick ausgezogenen Linie charakterisieren wollen. Die schlechten Wohnräume, in unserer Skizze durch eine unterbrochene Linie ausgewiesen, werden nicht bewohnt (Abb. 15).

Mit zunehmender Wilddichte beginnen Revierstreitigkeiten. Abgetriebene Tiere müssen sich mit den schlechteren Gebieten begnügen. Allmählich werden also auch diese bewohnt. Wegen der schlechteren Lebensbedingungen entfalten sich die ohnehin schon schwächeren Tiere (offene Kreise) hier kaum oder gar nicht: sie beginnen zu kümmern, und nur selten gelingt es einem ausnahmsweise stark gewordenen Tier (geschlossene Kreise), zurück in die besseren Wohnräume zu gelangen (Abb. 16).

161

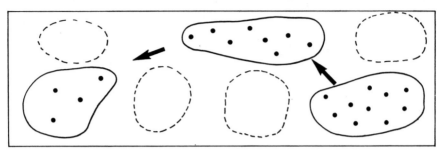

Abb. 15 Einstände (Erklärungen im Text)

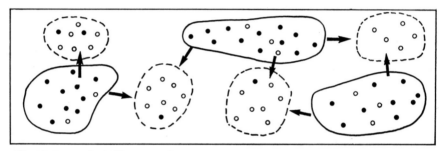

Abb. 16 Einstände (Erklärungen im Text)

Vergrößert sich nun der Bestand weiterhin, dann führt er schließlich an einen Punkt, an dem mehr Sprünge als Wohnräume vorhanden sind. Das Wechselwild nimmt zu, es kommt entweder zu Abwanderungen oder zu wohnraumlosen Rehen, die von einem Gebiet ins andere gejagt werden. Die Verparasitierung steigt, geschwächte vertriebene Tiere übertragen Krankheitserreger. Selbst die einst guten Wohnräume werden von ihren Inhabern überbewirtschaftet, sie verlieren ihre Qualität (Abb. 17).

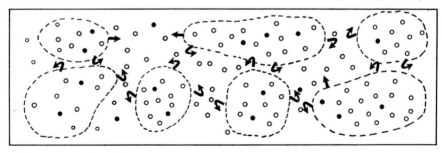

Abb. 17 Einstände (Erklärungen im Text)

Mit zunehmender Wilddichte bremst der Bestand sein Wachstum, weniger Junge werden geboren und mehr Neugeborene sterben. Häufiger treten schwächliche und schlechtveranlagte Tiere auf. Dabei wird der Anteil, den der Bestand seinen natürlichen Regulatoren zur Dezimierung anbietet, immer größer. Der Aderlaß ist — so brutal dies auch klingen mag — naturgewollt und die einzige Möglichkeit, den Bestand am Leben zu erhalten.

Nun, das letzte Großraubwild hat in unserer Kulturlandschaft längst ausgejagt, Wintersterben erfolgen nicht mehr, weil wir die Rehe in der futterknappen Zeit künstlich füttern. Stolz übernahm der Jäger als Heger die Aufgabe als Regulator; er greift dort ein, wo Bestände drohten, ihren Lebensraum und sich selbst zu zerstören. Indem er die großen Raubtiere ausrottete und die Winterfütterung einführte, schuf sich der Mensch eine wirtschaftlich bessere Grundlage zur Jagd. Doch waren es sicher mehr als nur wirtschaftliche Überlegungen, die zur Winterfütterung führten. Tierschützerische Argumente und die Notwendigkeit, den Wald vor dem Verbiß der Rehe zu schützen, waren ebenso ausschlaggebend.

Die Jagdgegner, die heute oft einwerfen, es sei unnatürlich, Wildtiere mit modernen Waffen niederzustrecken, würden es sicher als noch unmenschlicher ansehen, wenn in kalten Wintern plötzlich Hunderte von Rehen verhungern, obwohl gerade ein solches Ereignis natürlich wäre. Sofern wir in unserer Kulturlandschaft überhaupt Rehwild bewahren wollen, und wenn wir aus tierschützerischen Erwägungen dagegen sind, daß auf natürliche Weise Tiere umkommen, dann ist es nicht nur unsere Pflicht, Wälder und Pflanzungen vor dem Verbiß der Rehe zu schützen, sondern auch ein Gebot, den Wildbestand gesund zu erhalten. Daß wir dies nur tun können, indem wir einen Teil des Wildes erlegen, sollte eigentlich jedermann klar sein. Erfüllt wird diese Aufgabe von einer Gesellschaftsgruppe, die auf eine jahrhundertealte Jagdtradition zurückblickt und nun vom beutemachenden Nutznießer zum erhaltenden Heger wechselt.

Die Erhaltung der Rehbestände

Es ist äußerst leicht, Tiere auszurotten. Dies haben Menschen auf der ganzen Welt bewiesen. In den letzten 50 Jahren verschwanden unabänderlich 60 Arten. Umgekehrt ist es aber auch möglich, mit gutem Willen, wirksamen Gesetzen und einigem Verständnis Wildtierbestände anwachsen zu lassen, vorausgesetzt, es sind Arten, die in unserer Kulturlandschaft leben können. Dies zeigen uns die explosionsartigen Vermehrungen der Schalenwildbestände in Europa und Nordamerika. Hinzu kommen Tiere, beispielsweise Ratten und Krähen, die ohne aktives Wirken des Menschen in seiner Umgebung ideale Lebensräume fanden und in einem Maß zunehmen, das uns langsam unheimlich wird.

Dagegen gelang es uns bisher kaum, Wildbestände *balanciert* zu halten, also in einem Zustand, der zur Umwelt im Gleichgewicht steht. Wir sind offensichtlich nur fähig, auszurotten oder Überhege zu betreiben. *Regulieren* können wir kaum, weil uns einerseits noch Kenntnisse darüber fehlen, wie dies in der ungestörten Naturlandschaft geschieht, oder weil uns altüberlieferte Jagd- und Tierschutztraditionen hemmen, anders als gewohnt zu jagen. Folgen der Überhege sind allen geläufig: Wildschäden, dichte Bestände mit schlechten Konstitutionen, Krankheiten, Absinken der Körpergewichte, schlechte Trophäen, Wintersterben.

Auf dem mühsamen Weg zur Hege, den die Jäger und Naturschützer seit einigen Jahrzehnten beschreiten und dabei ganz enorme Erfolge erzielen, bedienen sie sich der jahrtausendealten Gesetze der Haustierzucht. Sie operieren vom Standpunkt des Tierzüchters aus, dem es um Anpassung von Tieren an die Bedürfnisse des Menschen geht. Jener Vergleich, den kürzlich ein Jagdfachmann in einem Vortrag zog, als er feststellte, unsere Rehbestände seien allzusehr »domestiziert«, ist gar nicht so abwegig, wie es zuerst scheinen mag.

Vergleichen wir kurz einmal Haus- und Wildtier miteinander und versuchen dabei eine Einordnung des Rehes. Wir finden zwar beim Reh noch typische Kennzeichen des Wildtieres, doch auch eine Zahl eigentlicher Haustiermerkmale. — Wildtiere leben in einer natürlichen Umwelt, Haustiere in einer künstlichen, Rehe in einer vom Menschen gestörten Umwelt. Wildtiere besitzen ein eigenes Raum-Zeit-System. Haustiere können nicht mehr nach ihren arteigenen Gewohnheiten über den Alltag verfügen, ihr Raum-Zeit-System wird weitgehend vom Menschen bestimmt. Der Lebensrhythmus des Rehes wird vom Menschen gestört.

In futterknappen Zeiten erfolgen bei Wildtieren Hungersterben. Haustiere werden praktisch dauernd künstlich gefüttert. Das Rehwild wird vielerorts vorübergehend künstlich ernährt. Wildtierbestände weisen eine hohe Sterblichkeitsrate auf. Die

Raubtiere schlagen nicht nur kranke, sondern auch viele junge Tiere. Die Überlebenden sind widerstandsfähig. Die Siedlungsdichte ist in der Regel niedrig. Haustiere wiederum werden vom Menschen getötet. Ihre Populationen sind aus wirtschaftlichen Gründen meist jung. Sie leben zusammengedrängt auf möglichst kleinem Raum. Das Rehwild besitzt in unserer Kulturlandschaft kaum natürliche Feinde. Der Mensch entscheidet über Leben und Tod. Die Sterblichkeitsrate ist niedrig. Die Bestände werden durch jagdliche Auslese meist sehr jung gehalten. Die Siedlungsdichte ist — verglichen mit unbeeinflußten Wildbeständen — hoch.
Wildtiere und Haustiere unterscheiden sich nicht nur durch einen ganz verschiedenen Fluchtabstand, sondern auch durch eine Reihe anderer Verhaltensunterschiede. Denken wir nur an das Sozialverhalten. In Wildbeständen sind alle möglichen Alters- und Geschlechterklassen vorhanden. In Kämpfen werden die Stärksten ermittelt. Reviere, Futterstellen und andere wichtige Bestandteile des Wohnraumes werden nach arteigenen Gesetzen an die Bewerber verteilt. Nach arteigenen Regeln finden sich auch die Fortpflanzungspartner.
Bei den Haustierbeständen sind die Alters- und Geschlechterklassen entsprechend ihrem Nutzen für den Menschen verteilt. Oft finden wir unnatürlich viele Weibchen und Jungtiere, etwa bei den Hühnern oder Rindern. Immer weniger erhalten Haustiere in ihren Zweckställen und Käfigen die Möglichkeit zu richtigen *Sozialkontakten*. Fortpflanzungspartner werden durch den Menschen zusammengeführt.
Beim Reh finden wir eine Sozialstruktur, die vieles mit derjenigen der Haustiere zu tun hat. Die Jagd verändert den Bestand. Es leben in den gestörten Beständen viel mehr Jungtiere und Weibchen und bedeutend weniger Männchen und Erwachsene als in Wildbeständen. Zwar laufen die Sozialverhalten noch nach arteigenen Regeln ab, sie werden allerdings häufig durch menschliche Einflüsse gestört. Durch geplanten Abschuß der sogenannten *schlechten Vererber* versucht der Mensch auf die Zuchtwahl der Wildtiere einzuwirken.
Verschiedene Forscher haben sich aus verschiedenen Gesichtswinkeln mit der Frage der *optimalen Wilddichte* beschäftigt. Näher auf ihre Ausführungen einzugehen, wäre Thema eines eigenen Buches. In der Kulturlandschaft spielen die wirtschaftlichen Bedürfnisse des Menschen eine ausschlaggebende Rolle. Förster sprechen daher von einer forstwirtschaftlich tragbaren Wilddichte und meinen damit die Höchstzahl von Rehen, die gemessen an einer bestimmten Waldfläche keinen ernsthaften Wildschaden anrichten. In stark genutzten Wäldern kann also die forstwirtschaftlich tragbare Wilddichte schon lange überschritten sein, bevor sich im Bestand selbst Zeichen einer unbiologisch hohen Wilddichte bilden.
Mehrere ostafrikanische Staaten haben uns in den letzten Jahren gelehrt, daß Wildtiere mehr Fleisch liefern als eingeführte Haustierbestände, weil sie weniger unter Krankheiten leiden und die Pflanzendecke der meist kargen Böden nicht überbean-

spruchen. Solche Farmen garantieren nicht nur den Schutz des Wildes, sie bringen auch meist mehr Gewinn, als wenn das Lebensgebiet der Wildtiere gerodet und mit Nutzpflanzen angebaut würde. Auch in Amerika, Rußland und in osteuropäischen Ländern spielt der Jagdertrag eine immer stärkere und bedeutendere Rolle. Man spricht von jagdwirtschaftlich optimalen Beständen. In Mitteleuropa weicht man diesem Gesichtspunkt aus. Dies sieht man auch darin, daß der englischen Bezeichnung für die neue, angewandte Wissenschaft der Wildbewirtschaftung, dem *Wildlife Management*, kein deutschsprachiges Wort entgegensteht. Die bei uns angestrebte Wilddichte wird zwar von forstwirtschaftlichen, nicht aber von jagdwirtschaftlichen Argumenten mitbestimmt. Unsere Jäger gehen kaum auf die Jagd, um zu verdienen. Im Gegenteil, die Jagd kostet in der Regel mehr als sie einbringt. Sicher sind unsere Jäger zumeist Idealisten, die auf die Pirsch ziehen, um dem geschäftigen Alltag zu entweichen, um für kurze Zeit ein naturverbundenes Leben zu gewinnen. Dafür bezahlen sie gern. Die Jagd, bei der wirtschaftliche Überlegungen keine oder nur eine geringe Rolle spielen, führt zwangsläufig zu hohen, biologisch zu überhohen Beständen, die — falls wir nicht reduzierend eingreifen — jederzeit zusammenbrechen können: oft sind genügend Tiere derart geschwächt, daß Epidemien ausbrechen.

Die Regeln der Haustierzucht waren durchaus brauchbar, als es darum ging, einen drastisch reduzierten Wildbestand, also z. B. den Rehbestand vor knapp 100 Jahren, in kurzer Zeit anwachsen zu lassen. Heute geht es allerdings nicht mehr um eine weitere Vergrößerung der Populationen, sondern darum, sie zu ihrem eigenen Vorteil und zum Schutz unserer Kulturlandschaft auf der erreichten Dichte zu halten oder gar zu dezimieren.

Lange versuchte man (und tut es oft heute noch), die Rehbestände durch Abschuß »schlechter« Vererber zu verbessern, eine Methode der Haustierzucht, ohne allerdings den gewünschten Erfolg zu verzeichnen. Vererbt werden nicht Merkmale, sondern nur die Fähigkeit, bestimmte Merkmale auszubilden. Wir wissen, daß negative Umwelteinflüsse, etwa Futterknappheit oder überhöhte Wilddichte, sich in der Geweihbildung zeigen. Werden nun auf der Jagd die am schlechtesten veranlagten Tiere erlegt, so beseitigen wir dadurch allerdings vorübergehend nur die Symptome, die Anzeichen der herrschenden Krankheit des Bestandes, aber nicht deren Ursache. Diese Behandlung ist zwar nicht falsch, sie ist aber nicht ausreichend. Die Ursachen des Übels können weiterhin bestehen, wenn wir nicht gleichzeitig den Bestand verkleinern oder das Angebot an natürlicher Äsung verbessern. Ich verwende in diesem Zusammenhang bewußt den Ausdruck Krankheit, wie es Schmid (1961) getan hat. Futterknappe Zeiten können durch Kunstfütterung z. T. überbrückt werden. Doch schaffen wir damit die sozialen Probleme, die Probleme der Dichte, nicht aus der Welt. Der Anbau natürlicher Äsung, wie ihn Weinzierl (1968) in seinem hervorragenden Werk vorschlägt, wäre dazu schon besser geeignet, denn so wird nicht nur

das Angebot an Nahrung, sondern auch das Angebot an geeigneten Ruhestellen, Fegeplätzen und anderen wichtigen Einrichtungen des Wohnraumes vergrößert.
Sinnvolle Bestandsreduktionen können nur mit Kenntnis des Sozialverhaltens der Rehe durchgeführt werden. Nehmen wir das Beispiel der Sippen. Überbeanspruchung der angebotenen Äsung führt zu Futterknappheit und Wildschaden. Diese Überbeanspruchung entsteht einerseits, wenn zuviele Tiere auf einer bestimmten Fläche leben, andererseits, wenn sie sich massieren und gleichzeitig am gleichen Ort äsen. Dabei können Totalschäden entstehen, d. h. daß die abgeästen Pflanzen kaum oder überhaupt nicht mehr regenerieren.

In unserem Beispiel wollen wir annehmen, die Sippe setzt sich aus vier Mutterfamilien zusammen. Die Mutterfamilien verteilen sich über den Sippenwohnraum. Die führenden Geißen und die in den Sprüngen anwesenden Böcke wachen selbst im Winter darüber, daß sich die Gruppen nicht oder nur in Ausnahmefällen zusammenschließen. Abgesehen von den Böcken, die wir bei unserer Betrachtung weglassen können, setzt sich die Sippe aus 4 führenden Geißen, 4 Schmalrehen und 8 Kitzen zusammen. Unsere Aufgabe: Reduktion um die Hälfte. Wir müssen also 2 Geißen, 2 Schmalrehe und 4 Kitze schießen, wollen wir den Altersaufbau nicht verändern. Erlegen wir diese Tiere, ohne auf den Aufbau der Sprünge zu achten. Wir schießen z. B. aus dem ersten und aus dem zweiten Sprung die führende Geiß, aus dem dritten und vierten Sprung das Schmalreh und aus jedem Sprung je ein Kitz. Nach den Beobachtungen, die ich im Kapitel über die Sippe erwähnt habe, wird sich jetzt folgendes ereignen: Das Schmalreh aus der ersten Sippe ist nicht in der Lage, seine jungen Geschwister zu führen. Es schließt sich mit ihnen zusammen einer anderen führenden Geiß der Sippe an. Sie zieht zur Ricke von der vierten Familie. — Das gleiche geschieht mit der zweiten Familie. Die alleinstehende Geiß von der dritten Familie schließt sich ebenfalls der führenden Geiß vom vierten Sprung an. Zusammengefaßt zeigt dies jetzt die obenstehende Tabelle der Seite 168.

Der Bestand ist um die Hälfte verkleinert worden. Trotzdem ist nicht damit zu rechnen, daß Verbißschäden um die Hälfte zurückgehen. Im Gegenteil, wir beseitigten genau den Mechanismus, der bisher garantierte, daß die Tiere verteilt äsen. Wir brachen die Mutterfamilien auseinander und ermöglichten einen neuen Zusammenschluß. Jetzt äsen gleichzeitig 8 Tiere auf demjenigen Gebiet, auf dem bisher nur 4 ästen. Der Verbiß nimmt also zu, weil er jetzt intensiver erfolgt.

Wie könnte dieser Abschuß besser durchgeführt werden? Sicher mit einem Abschußplan, nach dem die Mutterfamilien entweder nicht zerbrochen oder ganz eliminiert werden. Wir wollen uns vorerst noch daran halten, die genau gleichen Altersklassen zu erlegen wie im obigen Beispiel, um den Altersaufbau nicht zu verändern. Dies können wir durchführen, indem wir z. B. aus dem ersten Sprung ein Bockkitz erlegen und den zweiten und dritten Sprung ganz eliminieren (Tab. S. 168, unten).

Ausgangslage			Nach der Reduktion	
1. Sprung	Geiß	(erlegt)		
	Bockkitz	(erlegt)		
	Bockkitz			
	Geißkitz			
	Schmalreh			
2. Sprung	Geiß	(erlegt)	Zusammengesetzter Sprung:	
	Bockkitz		führende Geiß	(4. Sprung)
	Geißkitz	(erlegt)	Geiß	(3. Sprung)
	Schmalreh		Bockkitz	(1. Sprung)
			Bockkitz	(2. Sprung)
3. Sprung	Geiß		Geißkitz	(1. Sprung)
	Geißkitz	(erlegt)	Geißkitz	(4. Sprung)
	Schmalreh	(erlegt)	Schmalreh	(1. Sprung)
4. Sprung	Geiß		Schmalreh	(2. Sprung)
	Bockkitz	(erlegt)		
	Geißkitz			
	Schmalreh	(erlegt)		

Anzahl Tiere: 16
Anzahl Sprünge: 4

Anzahl Tiere: 8
Anzahl Sprünge: 1

Ausgangslage			Nach der Reduktion		
1. Sprung	Geiß		1. Sprung	Geiß	
	Bockkitz	(erlegt)		Bockkitz	
	Bockkitz			Geißkitz	
	Geißkitz			Schmalreh	
	Schmalreh				
2. Sprung	Geiß	(erlegt)			
	Bockkitz	(erlegt)			
	Geißkitz	(erlegt)			
	Schmalreh	(erlegt)			
3. Sprung	Geiß	(erlegt)			
	Geißkitz	(erlegt)			
	Schmalreh	(erlegt)			
4. Sprung	Geiß		2. Sprung	Geiß	
	Bockkitz			Bockkitz	
	Geißkitz			Geißkitz	
	Schmalreh			Schmalreh	

Anzahl Tiere: 16
Anzahl Sprünge: 4

Anzahl Tiere: 8
Anzahl Sprünge: 2

Wir haben zwar gleiche Altersklassen geschossen, aber nicht die gleichen Individuen. Es bleiben zwei Sprungeinheiten, die eine gleichmäßigere Bewirtschaftung des von ihnen bewohnten Gebietes gewährleisten, sich nicht massieren und deshalb geeignete Stellen nicht intensiv abäsen. Die erwähnte Bestandsreduktion erfordert nicht unbedingt, daß der Jäger die Rehe individuell kennt, wenn er sich an folgende Regeln hält:
1. Wird eine führende Geiß erlegt, dann sollen auch ihre sämtlichen Kitze und das Schmalreh geschossen werden.
2. Scheint es empfehlenswert, sämtliche Kitze zu eliminieren, dann sollen nach Möglichkeit auch deren Mutter und das Schmalreh erlegt werden. Die beiden ersten Maßnahmen müssen vor allem dann getroffen werden, wenn es schlechtveranlagte Tiere sind.
3. Bestehende Sprünge können verkleinert werden, indem man das Schmalreh und eines oder zwei Kitze (bei Drillingen) schießt. Dadurch zerfällt der Sprung nicht, denn die Mutter führt immer noch wenigstens ein Kitz. Ein solcher Abschuß würde wie folgt aussehen:

Ausgangslage			Nach der Reduktion	
1. Sprung	Geiß		1. Sprung	Geiß
	Bockkitz	(erlegt)		Bockkitz
	Bockkitz			Schmalreh
	Geißkitz	(erlegt)		
	Schmalreh			
2. Sprung	Geiß	(erlegt)		
	Bockkitz	(erlegt)		
	Geißkitz	(erlegt)		
	Schmalreh	(erlegt)		
3. Sprung	Geiß		2. Sprung	Geiß
	Geißkitz			Geißkitz
	Schmalreh			Schmalreh
4. Sprung	Geiß		3. Sprung	Geiß
	Bockkitz			Bockkitz
	Geißkitz	(erlegt)		
	Schmalreh	(erlegt)		
Anzahl Tiere: 16			Anzahl Tiere: 8	
Anzahl Sprünge: 4			Anzahl Sprünge: 3	

Auch jetzt wurde der Bestand um die Hälfte verkleinert. Es bleiben jedoch noch drei Sprünge, die sich ausweichen und verteilt äsen.
Wildzählungen sind sicher notwendige Hilfsmittel in der Berechnung der Abschuß-

zahlen. Sie erfüllen jeden Revierbesitzer, jeden Wildhüter und jeden Jäger, der mitarbeitete, voll Stolz. Sie sind jedoch nie mehr als grobe Schätzungen. Es ist sicher falsch, Wildschätzungen als einziges Argument bei der Abschußplanung vorzubringen.
Der Bestand wird meist angegeben als die Zahl geschätzter Rehe pro Hektar Wald- oder Nutzfläche, also einem Landschaftsausschnitt, der definierbaren Gegebenheiten entspricht. Bei Berechnung der Wilddichte gehen wir immer von der Annahme aus, daß sich Rehe gleichmäßig über ein von uns Menschen als gleichwertig betrachtetes Areal verteilen. Finden wir aber tatsächlich in allen Waldgebieten, Feldern und Äckern Rehe? Sicher nicht. K. EIBERLE (1962) studierte im Revier Aarburg während der Wintermonate die Verteilung von Rehsprüngen und stellte dabei fest, daß sie sich vor allem an Südhängen massieren. 54% seines Rehbestandes lebten auf nur 34% der zur Verfügung stehenden Waldfläche. Die für den Bestand maßgebende Wilddichte war also beträchtlich höher als die nach der Jagdpraxis errechnete Dichte.
Nicht jedes Gebiet kann gleich gut Rehe beherbergen. In einem Revier treten Wildschäden und Störungen beim Wild schon bei geringen, in einem anderen erst bei sehr hohen, absoluten Wilddichten auf. Ausgehend von dieser fundamentalen Erkenntnis erarbeiteten UECKERMANN (1952) und später andere Wildbiologen sogenannte *Standortziffern*, die mit Hilfe eines Punktierungssystems berechnet werden. Verschiedene Umweltbestandteile — der Feldgrenzenanteil, die relative Wiesenfläche, die Baumverteilung und das Grundgestein — dienen als Kriterien zur Beschreibung der Gebiete. Je nach der erhaltenen Gesamtsumme wird den einzelnen Rehrevieren eine optimale Dichte zugeordnet. UECKERMANNs detaillierter Studie verdanken wir heute eine Reihe grundlegender Erkenntnisse. Verschiedene Umweltforscher bezweifeln allerdings die Allgemeingültigkeit seiner Regeln, nicht zuletzt auch deshalb, weil eine dabei unerläßliche Größe, die Wilddichte, derart schwer zu berechnen ist. Viele Biologen lehnen den heute üblichen Dichtebegriff schlankwegs ab.
In sehr kurzer Zeit wandelte sich der europäische Jäger vom rücksichtslosen Beutemacher zum bewahrenden Heger, dem die Vermehrung der Wildbestände oberstes Gebot ist, fast sein ganzes Tun zielt nunmehr auf eine Erhaltung der einheimischen Tierwelt. Die heutigen Verhältnisse erfordern freilich ein weiteres Umdenken. Die Jäger müssen lernen, die Bestände in gesunden Schranken zu halten und — falls nötig — zu reduzieren. Diese Aufgabe ist schwer. Sie beansprucht genaue Kenntnisse der Wechselbeziehungen zwischen dem Rehwild und seiner Umwelt. Sie können erarbeitet werden, wenn Jäger, Förster und Forscher zusammenspannen und versuchen, einander zu verstehen. Dabei wird es jedoch nie genügen, mit Wilddichten und anderen nackten Zahlenwerten zu operieren. Wir müssen vielmehr lernen, aufgrund von Merkmalen am lebendigen Tier und von Spuren, die es in seiner Umwelt hinterläßt, den Gesundheitszustand des Bestandes zu erkennen.

Literatur

ANDERSEN, J.: Analysis of a Danish Roe-deer population. Danish Rev. of game biology. Copenhagen, 2, 127–155, 1953.
DERS.: Biology and Management of Roe-deer in Denmark. La terre et la vie 1, 41–53, 1961.
BAUMANN, F.: Die freilebenden Säugetiere der Schweiz, Bern, 1949.
BENINDE, J.: Zur Naturgeschichte des Rothirsches. Leipzig, 1937.
BIEGER, W.: Beiträge zur Wild- und Jagdkunde. Berlin, 1931.
BISCHOFF, T. L. W.: Entwicklungsgeschichte des Rehes. Gießen, 1854.
BREHM, A.: Tierleben. Leipzig und Wien, 1892.
BUBENIK, A.: Grundlagen der Wildernährung. Berlin, 1959.
DERS.: Le rythme nycthéméral et le régime journalier des ongulés sauvages – Problèmes théoretiques – Rythme d'activité du chevreuil. Mammalia XXIV, 1, 1–59, 1960.
DERS.: Geburtsverlauf und Mutter-Kind-Beziehung beim Reh (Capreolus capreolus L.) und Rotwild (Cervus elaphus L.). Zeitschr. f. Säugetierkunde 2, 65–128, 1965.
DERS.: Das Geweih. Hamburg und Berlin, 1966.
BURCKHARDT, D.: Über die biologische Ursache der Wildschäden im Wald. Schweiz. Zeitschr. f. Forstwesen 110, 598–616, 1959.
CHEATUM, E. L.: Disease in relation to winter mortality of deer in New York. J. Wildlife Management 15, 216–220, 1951.
CHEATUM, E. L. & C. W. SEVERINGHAUS: Variations in fertility of white-tailed deer related to range conditions. Trans. N. Amer. Wildlife Conf. 15, 170–189, 1950.
ECKSTEIN, K.: Die bisherigen Ergebnisse der Wildmarkenforschung in Deutschland. Vorschläge in Absicht auf deren Ausdehnung auf andere Länder. II. Int. Jagdkongr. Wien, 1910.
EIBERLE, K.: Beobachtungen über das Verhalten des Rehwildes. Schweiz. Zeitschr. f. Forstwesen 113, 660–668, 1962.
ESSER, W.: Beitrag zur Untersuchung der Äsung des Rehwildes. Zeitschr. f. Jagdwissenschaft 4, H. 1, 1958.
FATIO, V.: Faune des vertébrés. 1809.
GÖLDI, E. A.: Die Tierwelt der Schweiz in der Gegenwart und in der Vergangenheit. Band 1, Wirbeltiere. Bern, 1914.
GRZIMEK, B.: Die »Radfahrer-Reaktion«. Zeitschr. f. Tierpsychologie 6, 14, 1944.
VAN HAAFTEN, J. L.: Das Rehwild in verschiedenen Standorten der Niederlande und Slowenien. Institute for Biological Field Research 76, 1968.
HAGLUND, B.: Winter habits of the lynx (Lynx lynx) and the wolverine (Gulo gulo) as revealed by tracking in the snow. Ber. VII. Kongr. IUGB, Belgrad und Ljubljana, 1967.
HAMBURGER, C.: Über Auge und Sehkraft des Wildes. Deutsche Jägerzeitung, 23–26, 1908.
HEDIGER, H.: Tierpsychologie in Zoo und Zirkus. Basel, 1961.
DERS.: Jagdzoologie auch für Nichtjäger. Basel, 1966.
HENNIG, R.: Das Rehwildproblem in neuer Sicht. Bern, 1961.
DERS.: Über das Revierverhalten der Rehböcke. Zeitschr. f. Jagdwissenschaft 8, 61–81, 1962.
HUBER, W. & H. SÄGESSER: Wildforschung in der Schweiz. Jagd und Naturschutz in der Schweiz. Bern, 1966.

Jaczewski, Z.: Effect of unilateral castration on antlers growth in roe-deer (*Capreolus capreolus* L.). Zeitschr. f. Jagdwissenschaft *3*, 97–106, 1968. 199–205, 1952.
Klötzli, F.: Qualität und Quantität der Rehäsung. Bern, 1965.
Krebs, H.: Jung oder alt? München, 1964.
Kurt, F.: Das Sozialverhalten des Rehes (*Capreolus capreolus* L.). Mammalia depicta Bd. 3. Hamburg und Berlin, 1968.
Ders.: Zusammenhänge zwischen Verhalten und Fortpflanzungsleistung beim Reh (*Capreolus capreolus* L.). Zeitschr. f. Jagdwissenschaft *14*, 97–106, 1968.
Lorenz, K.: Der Kumpan in der Umwelt des Vogels. J. Ornith. *83*, 289–331, 1935.
Melchiar, J.: Das Abäsen der Waldvegetation durch Rot- und Rehwild. Ber. tschechoslow. Akad. Landwirtsch. Wiss. 1959, 17, 1960.
Morton, G. H. & E. L. Cheatum: Regional differences in breeding potential of white-tailed deer in New York. J. Wildlife Management *10*, 242–248, 1946.
Mottl, S.: Die Nahrung des Rehwildes. Biologica Bratislava, H. 1, 1957.
Ders.: Zur Frage der Wilddichte und der Qualität des Rehwildes. Beitr. z. Jagd- u. Wildforschung *11*, 35–40, 1962.
Müller, S.: Straßenverkehr und Wild. Straße und Verkehr 3, 1967.
Prior, R.: The Roe deer of Cranborne Chase. London, 1968.
Raesfeld, F. v., G. v. Lettow-Vorbeck & W. Rieck: Das Rehwild. Hamburg und Berlin, 1965.
Severinghaus, C. W.: A study of productivity and mortality of coralled deer. J. Wildlife Management *15*, 73–80, 1951.
Schmid, E.: Der Wildschaden als Krankheitsgeschehen. Schweiz. Zeitschr. f. Forstwesen *112*, 481–491, 1961.
Schumacher v. Marienfrid, S.: Jagd und Biologie. Berlin, 1939.
Short, R. V. & M. F. Hay: Delayed implantation in the roe deer. J. Reprod. Fertil *9*, 372–374, 1964.
Short, R. V. & T. Mann: Androgenic activity in a seasonally-breeding animal, the roebuck. J. of Endocrinology *31*, 19–20, 1965.
Smidt, L.: Beitrag zur Wildschadenfrage. Forstl. Bundesvers. Anst. Mariabrunn. Informations-Dienst 51, 1961.
Stieve, H.: Anatomisch-biologische Untersuchungen über die Fortpflanzungstätigkeit des europäischen Rehes. Zeitschr. f. mikrosk.-anatom. Forsch. 3 u. 4, 1950.
Svigelj, L.: The influence of the bear and the wolf on the intensive management of the hoofed game. Ber. VII. Kongr. IUGB, Belgrad und Ljubljana, 1967.
Tachezy, R.: Über den Einfluß der Sexualhormone auf das Geweihwachstum der Cerviden. Säugetierkundl. Mitteilungen *4*, 103–112, 1956.
Tegner, H. S.: The Roe deer. London, 1951.
Ueckermann, E.: Zulässige biologische und ökonomische Wilddichte. Diss. Hamburg, 1952.
Ders.: Wildstandsbewirtschaftung und Wildschadensverhütung beim Rehwild. Neuwied/Rh., 1957.
Wandeler, A. & W. Huber: Gewichtswachstum und jahreszeitliche Gewichtsschwankungen bei Reh und Gemse. Rev. Suisse de Zoolog. *3*, 686–694, 1969.
Weinzierl, H.: Reviergestaltung. München, 1968.
Ders.: Luchs zu Unrecht ausgerottet. Das Tier *12*, 14–16, 1969.
Ziegler, L.: Beobachtungen über die Brunft und den Embryo der Rehe. Hannover, 1843.

Sachregister

Aktogramm 57 f., 75
Alter, Altersverteilung in Beständen 139
Alterskriterien (Ansprechmethoden) 134 f.
Äsungsbedarf 33
Äsungspflanzen 28 f., 153–154
Äsungsrhythmus 32–33, 59
Äsungszentren 76
Aufzucht junger Kitze 105–106,
  s. auch Mutter-Kind-Beziehung

Bestandsdichte 119, 140 f., 170,
  s. auch Bestandsveränderungen
– u. Körpergewicht 152
Bestandsermittlung 145 f.
Bestandsreduktion 167 f.
Bestandsschwankungen 11–12
Bestandsveränderungen 151 f.
Blattzeit, s. Brunft
Brunft 109 f.

Decke des Rehes (Färbung, Färbungswechsel) 24–25
Durchdringung der Wohnräume 109

Farbvarianten 20
Feinde, Feindvermeidung 59, 61 f., 152, 159
Fixpunkte 75 f., 161
Fluchtdistanz 62
Fortbewegung, s. Ortsverschiebung

Geburtsablauf 48 f.
Gedrängefaktor 155
Gehörn (Geweih)
– Abnormitäten 39 f.
– Abwurf 38–39
– Aufbau u. Wachstum 34 f.
– Baupläne 44–45
– Bedeutung 38, 114
– Gehörnstärke u. Wilddichte 154
– Geißen, gehörntragende 44
– Periodik 43
– Umwelteinflüsse 45

– Vererbung 44
– Verletzungen, Schädigungen 39
Gehörsinn 88 f.
Geruchssinn 85 f.
Gesichtssinn 91 f.
Geschlechter, Unterscheidung der 129–130
– Verhältnis der 130 f.

Jägersprache 21–23

Kampfverhalten 113 f.
– in Gefangenschaft 115
Kitze, Verhalten der 101–106
Kulturlandschaft 9 f.
Körpergewicht 23–24

Lautskala, s. Gehörsinn
Lebensweise, arttypische 16–20

Markierstellen der Rehe 77
Markierung von Rehen 147 f.
Mutter-Kind-Beziehung 95 f.

Nachbrunft 52

Ortsverschiebung 55, 73, s. auch Wechsel

Parasitenbefall 153
Partnerbeziehungen 120, 123 f.
Putzen 56, 94, 102

Rangverhältnisse, s. Kampfverhalten
Raubtier-Beute-Beziehung, s. Feinde
Rettung vermähter Kitze, s. Vermähen
Revierverhalten 83
Rosenstöcke als Altersanzeiger 47
Ruhen 55, 76, 77

Satzgröße 50–51
Setzplätze 76 f., 95, 159
Setzzeit 48, 67, 72
Sichtmarken, s. Markierung von Rehen

Sippen (Familien), Entwicklung von 120 f.
Sozialverhalten 56 f., 92, 165,
  s. auch Kitze, Spielverhalten, Sprünge
Spielverhalten 102 f.
Sprünge 84 f., s. auch Sippen, Wintersprünge
Standorttreue 74 f., 81
Standortziffer 170
Stirnlockereiben 103, 111, 115–116
Systematische Stellung
(Anatom. u. biolog. Besonderheiten) 13 f.

Tagesrhythmus, s. Aktogramm
Territorialität, s. Wohnraumgröße
Tragzeit 51

Umwelt 9 f.
Unterkieferknochen, Präparieren von 138

Verkehrsunfälle mit Rehen 66–67
Vermähen von Kitzen 67 f.
Verständigungsformen, s. Sozialverhalten

Wasserbedarf des Rehes 32
Wechsel 77 f.
Wildbewirtschaftung 166
Wildschutz 67
Wildtier – Haustier 164–166
Wildzählungen 140 f.
Wintersprünge 127–128
Wohnraumgröße 74 f., 118

Aus der Reihe Moderne Biologie

Vogelzug

Finn Salomonsen

Eine umfassende Arbeit über das Phänomen des Vogelzuges und der Tierwanderungen. Das Buch enthält Karten über die Zugwege der Vögel und über Ringwiederfunde, Wetterkarten, Radaraufnahmen, Zugdiagramme ziehender Vögel, Fotos von Zugvögeln u. a. Die Darstellung basiert auf europäischen Verhältnissen. Der Autor ist Professor am Zoologischen Museum der Universität Kopenhagen. Sein Hauptarbeitsgebiet ist die Ornithologie.

200 Seiten, 82 Abbildungen

Ausgewählte Vorträge 1911–1969

Karl von Frisch (Nobelpreis für Medizin 1973)

Die gesammelten Vorträge widmen sich folgenden Themen: »Sprache« der Bienen; Sinnesphysiologie der Wassertiere; Riechen und Schmekken beim Menschen und bei den Tieren; Medizinstudium und Biologieunterricht; Versteckspiel im Tierreich; Gehörsinn der Fische; Symbolik im Reich der Tiere; Bienen und Blumen; Max Hartmann.
In diesen Band wurden nur solche Beiträge aufgenommen, die für den Biologen für heute interessant sind. Bei allen Vorträgen wurden die Themen durch einen Nachtrag bis zum heutigen Stand fortgeführt. Damit sind die »Ausgewählten Vorträge« historisch und zugleich aktuell.

280 Seiten

Biologie der Populationen

Robert H. McArthur / Joseph H. Connell

Dieser Band zeigt die Entfaltung des gesamten Lebens auf der Erde mit seinen vielfältigen Lebensformen und Lebensäußerungen. Die Beispiele werden immer an bestimmten Populationen demonstriert, nicht an einzelnen Pflanzen oder Tieren. Die Anpassungserscheinung einzelner Populationen an Umweltverhältnisse werden beschrieben, und es wird gezeigt, welche Beziehungen die einzelnen Mitglieder einer Population zueinander und zu anderen Populationen haben. Diese Ökologie geht streng wissenschaftlich vor. Es wird auf spekulative oder hypothetische Ansätze verzichtet. Biologie der Populationen macht auch mit den Arbeitsweisen und Untersuchungsmethoden des Populationsbiologen vertraut. Sie kann als Einführung oder als Nachschlagewerk benutzt werden.

200 Seiten, 80 Abbildungen

Tierisches Verhalten

Peter R. Marler / William J. Hamilton III

Dieses berühmte Standardwerk (»Mechanisms of Animal Behavior«) ist ein Lexikon der Verhaltensphysiologie.
Aus dem Inhalt: Schlüsselreize — Instinkt — Freiland- und Laborbeobachtung — Fortpflanzungsverhalten — Konflikt- und Spiel-Kommunikationssysteme — hormonale Steuerung — zentralnervöse Automatismen — chemische Reize — Lichtreize — raumorientierte Fortbewegung — Verhaltensentwicklung — Lernen und Prägen. Während genügend Literatur über Vergleichende Verhaltensforschung Mensch—Tier vorliegt, gab es bisher kein Handbuch der tierischen Verhaltensphysiologie in deutscher Sprache. Diese Lücke wird nunmehr gefüllt. Eine umfangreiche Literaturanalyse gibt Hinweise auf Bücher, Abhandlungen, Zeitschriften, Vorträge.

706 Seiten, 277 Abbildungen

BLV Verlagsgesellschaft mbH München